핑거 씨, 사실인가요?

베스트셀러 저자 스티븐 핑커와 한스 로슬링이 말하지 않은 사실들

Fact

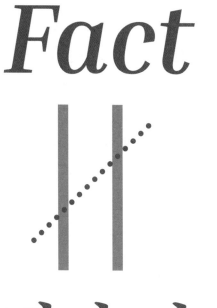

핑커 씨, 사실인가요?

이승엽 지음

어떤책

저자의 말

2018년 가을, 사회통계학 수업을 듣던 나에게 수업 교보재로 쓰인 한스 로슬링의 테드 강연은 무척 인상적이었다. 가난했고 단명했던 개방도상국 국민의 생활이 지난 수십 년간 경제성장을 거치며 얼마나 눈부시게 변화했는지, 로슬링만큼 단 몇십 초 안에 탁월하게 보여 주기도 힘들 것이다. 2019년 3월, 그의 테드 강연들이 고스란히 엮인 책 《팩트풀니스》가 한국어로 출간됐다. 많은 사람들이 이 책 이야기를 했지만 내 마음 한편에는 어떤 불편함이 들었다. 이후 스티븐 핑커의 《지금 다시 계몽》을 접하고 어렴풋이 감지했던 불편함의 정체가 뚜렷해졌다. 그들이 내놓은 통계들이 그리는 매끄러운 일직선의 발전상에는 많은 것이 생략돼 있었다.

《팩트풀니스》를 읽는 동안 이만큼 재미있게 잘 쓰이고 유익하기까지 한 책은 찾아보기 어려우리라 생각했다. 그렇기 때문에 오히려 빼어난 책조차 간과하고야 마는 인식론적 맹점이 있음을 밝히고, '팩트'라고 일컬어지는 것들의 중립성과 객관성에 의문을 붙이는 작업을 밀어붙일 수 있었다. 이 책 역시 확증 편향, 비확증 편향 등에서 비롯된 오류로부터 자유롭지 않음을 미리 일러둔다. 그리고 누구든 내가 보지 못하고 지나친 것들을 포착할 수 있게, 이책의 데이터를 분석하는 데 사용된 거의 모든 코드를 공개한다. 틀

리더라도 최소한 반증 가능하게 틀리기 위한 일이다.

책 작업은 나에게 20대 전반기를 관통하는 하나의 축이었다. 이 시간 동안 관련 주제로 여러 사람들과 스터디를 진행하기도 했고, 뜻밖의 계기로 이 책의 주요한 레퍼런스가 되어 준 세계적 경제학자 리처드 이스털린을 서면으로 인터뷰하기도 했다. 그 모든 내용을 이 책에서 조금씩 풀어냈다.

많은 독자들이 나의 지적 여정을 함께 경험해 주시기를, 더 나아가 나도 발견하지 못한 새로운 통찰을 발견해 주시기를 바란다.

이 책의 데이터 분석 코드를 확인할 수 있는 웹페이지

github.com/neinlee/factfulfake

차례

프레스턴 커브: 돈으로 수명을 얼마나 살 수 있을까

문제는 정치야, 바보야!

4장 가치: 팩트에도 불구하고 <small>행복과 웰빙</small>

5장 우리 본성의 천사, 혹은 국가 본성의 악마

6장 《지구를 위한다는 착각》은 무엇을 착각했나 환경 및 생태

결론: 팩트 너머의 공동체

팩트 시대의 탈진실을
어떻게 이해할 것인가

팩트의 시대다. 소련 공산주의의 붕괴를 목도한 정치학자 프랜시스 후쿠야마가 '역사의 종말'이라는 말로 자유민주주의의 최종 승리를 선언한 바와 같이, 이념의 시대는 저물었다. 서구 언론이 '팩트체크'라는 새 저널리즘 형식을 발굴함으로써 냉전기 문화전쟁의 첨병에서 팩트와 진실의 가치를 좇는 매체로 거듭난 것도 1990년대의 이런 시대적 변화와 맞물려 있다. 우리나라에서는 방송사 JTBC의 뉴스를 통해 팩트체크가 본격적으로 알려졌다. 2016년 국정농단 사태를 거치며 JTBC가 가장 신뢰받는 언론사 가운데 하나로 부상한 현상은 저널리즘 형식으로서 팩트체크의 성공을 상징적으로 보여 준다.

이제 팩트체크는 정격 저널리즘의 대명사처럼 여겨진다. 권력을 견제하는 언론의 기능은 무엇보다도 권력자의 발언이 팩트인지 아닌지를 검증하는 데 할애된다. 정치적 진리의 최종 심급이 더 이상 자유이니 평등이니 하는 이념적 가치가 아니라 팩트가 된 것이다. 이념적 가치를 앞세우는 이상주의자들은 팩폭**팩트폭력** 앞에 무

그림1. 2017년 트럼프 대통령 취임식 현장(왼쪽)과 2009년 오바마 대통령 취임식 현장(출처: 로이터통신)

력하고, 기껏해야 냉소와 비웃음을 마주할 뿐이다.

그런데 다른 한편에서는 탈진실post-truth의 부상을 경계하는 목소리가 들려온다. 탈진실이란 무엇인가. 2017년 도널드 트럼프 미국 대통령의 취임식 직후 백악관 대변인은 취임식에 모인 인파가 "역대 최다"였다고 발표했다. 이 발언은 사진 자료를 통해 곧 거짓으로 밝혀졌다(〈그림1〉). 그러자 트럼프의 측근인 백악관 고문 켈리앤 콘웨이가 그것은 거짓이 아니라 "대안적 사실alternative fact이었다"라고 변명했는데, 바로 이 장면이 탈진실이라는 새로운 시대정신의 상징이 됐다. 뉴미디어는 어떤가. 제 입맛에 맞는 정파적 뉴스만 선호하는 대중의 미디어 소비 행태에 편승하며 가짜뉴스의 시대를 연 지 오래다. 한국도 가짜뉴스가 던진 새로운 화두를 피해가지 못했다. 유튜브와 카카오톡에서 유포되는 가짜뉴스는 매번 정치권을 뜨겁게 달군다. 이를테면 탈진실이란, 더 이상 진실은 중요하지 않고 사실 역시 제 기호에 따라 소비하는 상품으로 전락해 버린, 대안적 사실과 가짜뉴스의 시대적 풍경이다.

그렇다면 모두가 팩트폭력의 쾌감에 중독됐지만 더 이상 진실은 중요하지 않은, '팩트 시대의 탈진실'이라는 이 이율배반을 우리는 어떻게 이해해야 할까?

팩트, 팩토이드, 사실관계, 맥락

영어권에서는 팩토이드factoid를 종종 팩트와 구별한다. 1973년 미국 작가 노먼 메일러가 만든 팩토이드라는 영어 단어는 어근 'fact'와 '유사한 것'이라는 의미를 더해 주는 접미사 '-oid'가 결합돼 "사실처럼 보이지만 사실이 아닌 것"을 의미하는 표현으로 사용돼 왔다.[1] 1980~1990년대에 CNN 뉴스는 팩토이드를 "사소하지만 흥미로운 단편적 사실"이라는 의미로 곧잘 활용했다.[2] 요컨대, 팩토이드는 사실의 형식을 취하지만 그 자체로는 큰 의미가 없거나, 실제로는 사실이 아닌 토막 정보라고 할 수 있다.

팩토이드는 팩트의 형식을 취하지만 팩트와 다르다. 팩트는 맥락 속에서 의미를 갖는다. 해외의 인터넷 커뮤니티에서 유행했던 〈그림2〉의 밈은 사실관계가 결여된 단편적 사실, 혹은 팩토이드가 어떻게 부조리한 결론을 내놓을 수 있는지를 재치있게 다룬다.

신형 아이폰 모델에 비해 돌멩이가 더 저렴하고"**Affordable**", 내구성이 좋고"**Shatter Proof**", 새로운 모델의 출시로 가치가 떨어질 일도 없다"**Won't Be Obsolete**". 하지만 그 누구도 이런 비교로 아이폰 대신 돌멩이를 선택하지는 않는다. 아이폰 소비자의 주된 관심은 통신 기능을 갖춘 장비를 구매하는 것이며, 가격과 내구성은 모두 통신 장비라는 전제하에서만 의미가 있는 사항이기 때문이다. 돌멩이와 아이폰 비교에는 이러한 사실관계가 고려되지 않았다. 팩트의 형식을 취하더라도, 적절한 사실관계와 맥락이 뒷받침되지 않는 팩

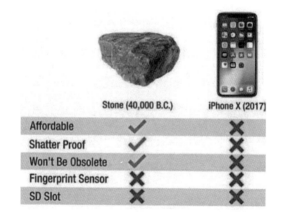

그림2. 아이폰과 돌멩이 비교 밈

서론

토이드에는 실질적 의미가 없다.

　반대로 팩트의 권위는 맥락과 사실관계가 부여하는 추론의 역할과 힘, 함축으로부터 비롯된다. 맥락이 제거된 팩트가 공허한 까닭이 여기 있다. 칼 마르크스는 자본주의 상품 사회가 빚어낸 관계적 속성을 배제한 채 상품의 가치만을 좇는 행태를 '물신주의Com-modity Fetishism'라고 이름한 바 있다. 마르크스의 이 도식에서 '상품'의 자리에 '팩트'를 넣는다면, 팩트의 맥락적 사실관계는 무시한 채 팩트의 권위만 좇는 행태를 우리는 '팩트물신주의Fact Fetishism'라고 부를 수 있겠다.

팩트물신주의와 반지성주의

우리나라에서 팩트물신주의라는 말을 학문적 용어로 가장 먼저 명백하게 정의한 이는 강준만으로 보인다. 강준만은 팩트물신주의를 "이성적 합리적 소통을 수용하지 않는 정신상태나 태도"인 반지성주의의 핵심적 작용방식으로 지목한다.[3] 그에 따르면 팩트물신주의는 자신이 쉽게 동원할 수 있는 익숙한 정보 자원을 중심으로 사고하려는 경향인 "가용성 편향"과 맞물려 동작한다.[4] 사람들은 가용성 편향에 따라 선별적으로 지각된 팩트에 스스로 매몰됨으로써 1인칭적 경험세계 바깥의 팩트들과, 단순명료한 팩트로 정리되지 않는 복잡한 의미관계를 인식에서 배제해 버린다. 편협하고 경직된 사고는 비슷한 성향의 사람들끼리 교류하며 가용성 편향이 더 강화되기 쉬운 온라인 환경에서 훨씬 두드러진다. 온라인 환경에서 팩트물신주의는 타자의 이질적 경험을 인정하지 않는 폐쇄적 소통 구조를 공고히 하고, 이는 결국 사람들의 합리적 커뮤니케이션에 장애물이 된다.[5]

사회 곳곳에 만연한 왜곡된 커뮤니케이션이 바로 우리가 탈진실이라고 부른 현상을 불러온다. 실제 사실과는 거리가 멀지만 팩트의 형식을 취하는 대안적 사실의 출현, 아무런 객관성을 담지하지 못하지만 뉴스의 형식을 취하는 가짜뉴스의 유통이 모두, 의미관계라는 추상적 구조에 대한 치밀한 검토를 생략한 채 단순명료한 팩트(혹은 팩토이드)를 좇는 현상과 무관하지 않기 때문이다. '세줄요약'이 상징하듯, 소셜 미디어는 단편적 정보 중심의 커뮤니케이션과 동질적 구성원들끼리의 폐쇄적 교류를 강화한다. 팩트물신주의 반지성과 긴밀히 연결된 이런 요소들을 사회과학자들 역시 가짜뉴스를 부추기는 환경 요인으로 꼽는다.[6]

팩트물신주의라는 개념을 통해 비로소 우리는 '팩트 시대의 탈진실'이라는 이율배반을 모순 없이 설명할 수 있다. 강준만의 논의에 기초해 우리는 팩트 시대의 상징적 현상인 팩트폭력이 단순하고 선명한 팩트로 상대를 제압하는 왜곡된 오락적 커뮤니케이션의

서론

한 방식이며, 사실관계가 아닌 팩트의 권위만 착즙하는 팩트물신주의의 한 형태라고 말할 수 있다. 또한 팩트물신주의는 폐쇄적이고 경직된 지식 구조를 형성하고 공론장을 게토화함으로써 대안적 사실과 가짜뉴스 같은 탈진실의 확산에 기여한다. 어떤 의미에서 팩트의 지배와 탈진실의 부상은 팩트물신주의라는 한 동전의 양면과도 같은 현상인 셈이다.

인문교양서의 팩트물신주의

얼마 전 여러분이 읽은 그 책도 팩트물신주의로부터 자유롭지 않을지 모른다. 인문사회 출판시장을 주름잡았던 익숙한 이름들에서도 팩트물신주의의 흔적을 찾을 수 있다. 아니, 오히려 팩트물신주의는 출판시장을 통해 번듯한 '인문교양'의 얼굴을 하고 전파되고 있다고 해도 과언이 아니다. 철학의 깊이, 사유의 체계보다는 지식의 넓이와 많음을 지향하는 일각의 독서 트렌드를 생각해 보면 아주 놀라운 일도 아니다.

이 책은 세계적 명성의 스티븐 핑커와 한스 로슬링의 책들이 번역 출간되며 국내에서도 인지도가 오른 신낙관주의 사조를 팩트물신주의에 관한 케이스 스터디의 소재로 삼고, 그에 관한 비판적 독해를 시도하고자 한다. 국내 시장에서 핑커와 로슬링만큼 흥행에도 성공하고 소위 지식인층과 비평가의 호평까지 얻은 사례는 많지 않기 때문이다.

신낙관주의란, 대략 사회가 좋아지고 있다는 믿음을 과학적 근거에 기초해 정당화하는 입장이라고 말할 수 있다. 이들의 신조가 "과학적"인 것은, 그들의 근거가 "팩트"에 기초하기 때문이다. 신낙관주의라는 이름으로 분류되는 가장 대표적 저서인 로슬링의 《팩트풀니스》와 핑커의 《지금 다시 계몽》에는 세상의 진보를 증명하는 팩트들이 도합 수십여 가지의 그래프와 함께 일목요연하게 제시돼 있다. 두 저자는 세상의 변화가 바람직한 방향으로 전개되고 있다는 믿음이 과학적이고 객관적인 근거, 즉 "팩트"로 뒷받침된다고 여기며, 놀랍게도 매우 널리 퍼져 있는, 세상이 점점 나빠진다는 생각은 큰 착각이라고 믿는다. 그래서 이들은 '세상이 점점 좋아진다'(핑커의 책에서 이 말은 "진보"라고 표현된다)라는 팩트에 무지한 사람들을 데이터와 그래프를 이용해 "계몽"하고자 한다.

신낙관주의 신조가 자유주의나 사회주의와 같이 방대한 내용을 가진 사상체계라고 말할 수는 없다. 그럼에도 여러 저술과 담론에 걸쳐 나타나는 이 일관된 지향을 하나의 범주로 분류하고자 한 몇몇 비평가들은 이들에게 '신낙관주의**New Optimism**'라는 이름을 붙여 주었다.[7]

사실에 충실하고자 한다는 신낙관주의의 표방에는 반대할 이유가 전혀 없다. 양질의 사회과학 데이터를 두루 인용하면서 세상을 오해하는 대중의 맹점을 꼬집었다는 점에서 《팩트풀니스》 같은 책의 유익은 부정할 수 없다. 문제는 신낙관주의자들이 나열하는 적잖은 팩트들이 때로 그 팩트에 의미를 부여하는 핵심적 사실관계들은 생략한 채 그들의 주의주장을 뒷받침하기 위해 편의적으로 배치되었다는 점이다.

하버드대학교의 저명한 심리학 교수이자, 인간의 본성과 언어 능력에 대해 몇 권의 대중서를 집필한 베스트셀러 작가 스티븐 핑커. 먼저 그의 가장 대표적 주장 하나를 살펴보자. '벽돌책'이라는 악명에도 불구하고 베스트셀러의 자리에 등극한 《우리 본성의 선한 천사》에서부터 《지금 다시 계몽》에 이르기까지 핑커는 뚝심 있게 '인류의 폭력성은 감소하고, 세상은 더 평화로워지고 있다'는 주장을 개진한다. 《지금 다시 계몽》은 가장 극단적 폭력인 전쟁이 감소하고 있다는 팩트를 평화의 근거로 제시한다.

《지금 다시 계몽》의 〈11장 평화〉에서 전쟁의 감소세를 보여 주는 증거로 인용되는 그래프는 두 가지다. 첫 번째는 1500년 이후 열강 사이의 전쟁 햇수 비율이고,[8] 두 번째는 1946년 이후 전투 사망자 비율이다.[9] 핑커가 제시하는 두 그래프는 모두 하향 추세를 그리고 있다. 그러나 '열강 사이의 전쟁 햇수 비율 그래프'는 열강 사이의 전쟁이 줄었다는 사실에만 초점을 맞춤으로써 전체 분쟁의 양상이 강대국 간 전쟁으로부터 식민지 정복과 내전 등으로 옮겨 왔다는 맥락은 드러내지 않는다.[10] 근대로 올수록 국가가 같은 기간에 발휘할 수 있는 살상력이 증가했다는 사실도 이 그래프가 선택한 햇수라는 단위는 반영하지 못한다. 그렇다면 과연 이 그래프를 두고 '전쟁이 감소하고 있다'고 해석하는 것이 평화의 추세를 증명하는 타당한 방법일까?

이 그래프들만이 아니다. 신낙관주의자들이 제시하는 팩트(데이터나 그래프)가 그들이 주장하고자 하는 바를 실제로 함축하는지 의문이 드는 부분이 결코 적지 않다. 《지금 다시 계몽》만 해도 곳곳에서 의심스러운 지점을 만나게 된다.

그들이 팩트를 사용하는 방식

신낙관주의자들의 팩트들 가운데 상당수가 '빈곤', '평화', '민주주의'처럼 자연세계의 물질적 배열과 관련한 사실이 아닌, 인간이 고안한 개념적 구성물에 대한 것이라는 점에서 문제는 더욱 심각해진다. 빈곤, 평화, 민주주의 등은 모종의 사회적 약속하에서 의미를 갖는 개념들인데, 신낙관주의자들은 그것이 가공을 거치지 않은 날것 그대로의 팩트인 양 논의 전개에 이용하기 때문이다. 《팩트풀니스》와 《지금 다시 계몽》에서 공히 극빈**극단적 빈곤**의 정의로 원용되는 세계은행의 국제빈곤선 '하루 1.9달러'는 인간의 기본적 욕구 충족이라는 관점에 비추어 중요한 기준이라고 할 수 있을까?

결론부터 말하자면, 세계은행의 국제빈곤선이 인류의 복리후생과 관련해 모든 시대와 지역, 계층에 걸쳐 일관된 의미를 보유하고 있다고 말하기는 어렵다.[1] 고려해야 할 많은 것을 고려하지 않은 채, 신낙관주의자들은 하루 1.9달러 미만의 소비로 사는 사람들의 비율이 줄었다는 기술적 사실을 두고 극단적 빈곤이 감소했다고 해석해 버리고 만다.

중요한 의미관계를 생략한 팩트 혹은 팩토이드의 자의적 배열이 "진보 공포증"을 가진 "(진보)지식인"에[11] 대한 적대적 표현으로 연결된다는 점은, 가장 많이 인용된 신낙관주의 저서 《지금 다시 계몽》의 성격을 규명하는 데 하나의 힌트가 된다. 《지금 다시 계몽》에서 핑커는 포퓰리즘에 기댄 반엘리트주의나 음모론적 반과학 등 미국의 정통 반지성주의에 시종일관 적대적이다. 하지만 프린스턴대학교 역사학 교수 데이비드 벨David A. Bell은 오히려 《지금 다시 계몽》의 반지성적 정치 효과를 지적한다.[12] 지식인에 대한 우익 포퓰리스트들의 적대를 지지하는 효과 말이다. 이 역설 역시 반지

---

1   세계은행의 국제빈곤선에 관해서는 산제이 레디와 토마스 포게(2009), 로버트 앨런(2017, 2020) 등 여러 학자가 최근까지도 지속적으로 문제를 제기하고 있다. 이 학자들이 어떤 기준으로 빈곤을 측정하고 있는지는 2장에서 살펴보자.

성주의를 특정한 이념적 지향으로서가 아니라, 설득 커뮤니케이션의 관점에서 미시적으로 정의한 강준만의 접근을 통해 해명될 수 있다.《지금 다시 계몽》에서 핑커가 드러내는 추상적 의미구조에 대한 성찰 결여, 지식인을 향한 적대와 몰이해는 강준만이 반지성주의 정치 커뮤니케이션의 특징으로 지목한 "성찰 불능", "적대적 표현"[13] 등과 꼭 대응하기 때문이다.

《지금 다시 계몽》과 신낙관주의의 논리적 귀결을 제대로 평가하려면 신낙관주의자들이 "사실"로 유포해 온 팩트를 그 의미관계 속에서 재조명해 검토하는 작업이 필요하다. 그리고 이는 빈곤, 불평등, 민주주의 등 사회 발전의 핵심 영역에 관한 담론에서 팩트물신주의가 질식시킨 합리적 정치 커뮤니케이션을 복원하는 작업이기도 하다. 그 긴 여정을 시작해 보자.

서론 미주

1   팩토이드의 정의는 메리엄 웹스터를 참고했다. www.merriam-webster.com/
dictionary/factoid#learn-more

2   영문 위키피디아 '팩토이드' 항목 참고. en.wikipedia.org/wiki/Factoid

3   강준만, 〈왜 대중은 반지성주의에 매료되는가〉, 《정치정보연구》, 48호, 한국
정치정보학회, 2019, 27~62쪽 참고.

4   위의 글, 43쪽 참고.

5   김수아, 〈남성 중심 온라인 커뮤니티에서의 페미니즘 주제 토론 가능성〉, 《미
디어, 젠더&문화》, 32권 3호, 한국여성커뮤니케이션학회, 2017, 5~45쪽; 김수
아, 〈지식의 편향 구조와 혐오〉, 《미디어, 젠더&문화》, 35권 1호, 한국여성커뮤니
케이션학회, 2020, 141~183쪽 참고.

6   Hunt Allcott and Matthew Gentzkow, "Social Media and Fake News in the
2016 Election", *Journal of Economic Perspectives*, vol. 31, no. 2, 2017, pp.
211~236; Hunt Allcott, Matthew Gentzkow and Chuan Yu, "Trends in the
Diffusion of Misinformation on Social Media", *Research&Politics*, vol. 6, no. 2,
2019(2053168019848554) 참고.

7   Oliver Burkeman, "Is the World Really Better than Ever?", *Guardian*, 2017. 7.
28. 참고.

8   스티븐 핑커, 《지금 다시 계몽》, 김한영 옮김, 사이언스북스, 2021, 249쪽, 〈그
림11.1〉.

9   《지금 다시 계몽》, 252쪽, 〈그림11.2〉.

10 Nicolas Guilhot, "Review of Steven Pinker, Enlightenment Now", *H-Diplo*,
2018. 7. 4. 참고.

11 "진보 공포증"은 《지금 다시 계몽》의 4장 제목이다. 이 장은 "지식인은 진보

를 싫어한다. 자칭 '진보적'이라는 지식인들이 진보를 싫어하다니"라는 문장들로 시작한다(《지금 다시 계몽》, 71쪽.)

12   David A. Bell, "The Power Point Philosophe: Waiting for Steven Pinker's Enlightenment", *The Nation*, 2018 참고.

13   강준만, 앞의 글(미주 3), 36쪽.

1장

팩트물신주의가
보여 주지 않는 것

《빈 서판》,《우리 본성의 선한 천사》등 900페이지를 상회하는 두꺼운 책으로 악명 높은 저자이자, 다양한 저술 활동으로 논쟁적 지식인의 반열에 오른 심리학자 스티븐 핑커의 책답게,《지금 다시 계몽》역시 2018년 출판 이후 여러 오피니언 리더들의 입도마에 올랐다. 이후 그 책 내용으로 테드 강연에 나선 스티븐 핑커. 해당 강연의 제목은 이런 질문을 던진다. "이 세상은 나아지고 있을까요, 아니면 나빠지고 있을까요?" 그의 답은 명료하다. 세상은 더 좋아지고 있다. 왜냐고? 객관적 통계가 그렇게 말해 주고 있기 때문이다!

《팩트풀니스》와《지금 다시 계몽》

《지금 다시 계몽》에서 핑커는 세상이 나빠지고 있다는 사람들의 오해를 여러 통계와 그래프로 반박한다. 산업혁명 이래 유례없는 물질적 풍요를 누리게 된 인류는 빈곤으로부터 벗어났고, 과거에 비해 더 건강해졌고, 더 오래 살며, 더욱 평화로워졌고, 더 민주적인 사회에서 산다는 것이다. 그런데도 사람들이 세상이 나빠지고 있다고 오해하는 이유는 무엇일까?

핑커가 지목하는 한 가지 이유는 언론이다. 부정적이고 자극적인 어휘를 헤드라인으로 선정해 앞다퉈 암울한 보도를 쏟아내는 언

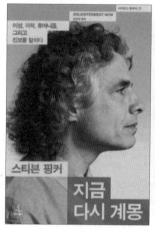

그림1. 스티븐 핑커의 《지금 다시 계몽》(왼쪽), 한스 로슬링의 《팩트풀니스》

론이, 세상이 더 나빠지고 있다는 오해를 부추긴다는 것이다.

핑커는 세계적 석학의 강연 프로그램으로 화제를 모은 우리나라 방송사 EBS의 〈위대한 수업〉에도 출연했다. 그가 출연한 회차는 2021년 10월에 방영됐는데, 제목이 다소 부박하다. '팩트폭격'. 강연의 주요 내용은 그의 전작 《지금 다시 계몽》과 큰 맥을 같이하는데 대략 이렇다. "세상은 나아지고 있다. 데이터가 그렇게 말한다. 하지만 사람들은 데이터가 말하는 객관적 사실에 무지하거나, 혹은 거부감을 보인다. 이는 사람들의 인지체계에 뿌리박힌 심리적 편향과 부정적인 사건만 보도하는 언론 때문이다. 우리는 데이터와 수치, 사실에 근거해 세상을 이해해야 하고, 이를 통해 진보를

그림 2. 스티븐 핑커가 출연한 EBS 〈위대한 강의〉 '팩트폭격' 2강 화면 캡처. 이 방송에서 그는 "세상은 우리의 통념보다 훨씬 나아졌습니다. 잘못된 통념은 데이터가 아닌 뉴스만 봤기 때문에 생긴 겁니다"라고 말한다.

이룰 수 있다."

출판계 동향에 밝은 사람이라면 이런 내용에 기시감을 느낄 법하다. 이미 사회과학 분야의 스테디셀러 자리에 오른 한스 로슬링의 《팩트풀니스》와 거의 똑같은 주장이기 때문이다. 하지만 이제 두 책이 신낙관주의라는 이름으로 한데 묶이는 가장 대표적인 저서들이라는 사실을 아는 우리로서는 더는 놀랍지 않다.

역시 테드 강연으로 스타 반열에 오른 로슬링은 2014년 6월 자신의 마지막 테드 강연에서 청중을 향해 몇 가지 질문을 던져 사람들이 세상을 매우 체계적으로 오해하고 있음을 인상적으로 깨우쳐

1장 팩트물신주의가
보여 주지 않는 것

준다.

1. 지난 세기 동안 연간 자연재해 사망자 수는 어떻게 변했을까?

2. 30세 여성은 평균적으로 몇 년을 학교에서 공부했을까? (같은 나이의 남성은 평균적으로 8년을 공부했다.)

3. 지난 20년 동안 극단적 빈곤 속에 사는 사람들의 비율은 어떻게 변했을까?[1]

로슬링이 던진 3지선일의 퀴즈에 사람들은 일관되게 상황이 더 나빠지고 있다거나, 혹은 실제보다 상황이 더 나쁘다고 응답한다. 사람들은 첫 번째 질문에 재해 사망자가 "두 배 이상 증가"했거나 (33퍼센트) "변함없이 그대로"라고 응답했다(37퍼센트). 반면, 정답은 "반 이상 줄었다"였다. 두 번째 질문에도 사람들은 "7년"이라는 정답 대신 "5년"(31퍼센트), "3년"(49퍼센트)이라는 오답을 선택했다. 마지막 질문에도 "거의 절반이 줄었다"는 정답을 택한 사람들은 32퍼센트에 불과했다. 정답률이 찍어서 맞힐 확률에 근접하거나 그보다 못한 수준이다. 청중은 자신들이 이 객관식 퀴즈에 무작위로 아무 버튼이나 눌렀던 침팬지보다도 낮은 응답률을 기록했

---

1   한스 로슬링, 2014년 6월 테드 강연, "How Not to Be Ignorant about the World". youtu.be/Sm5xF-UYgdg?si=glJKb3f9UyQKZ5TS

다는 사실을 꼬집는 로슬링의 유머에 파안대소한다. 몇 번의 비슷한 질문으로 훈련된 사람들은 이제 다음 질문에서는 침팬지를 이길 수 있을 테다. 새로운 사실을 알게 되었기 때문이 아니라, 세상을 보는 더 올바른 '관점'을 처방받았기 때문이다. 우리의 체계적인 오해가 세상의 긍정적인 변화에 무지하게 만들고 있지만, 그럼에도 세상은 더 좋아지고 있었다는 관점 말이다.

로슬링은 저서 《팩트풀니스》에서도 그 밖에 여러 질문을 던지며 세상에 대한 사람들의 오해가 매우 체계적이라는 점을 설득력 있게 보여 준다. 로슬링이 《팩트풀니스》에서 던진 질문 가운데에는 이런 질문도 있다.

1996년 호랑이, 대왕판다, 검은코뿔소가 모두 멸종위기종에 등록되었다. 이 셋 중 몇 종이 오늘날 더 위급한 단계의 멸종위기종이 되었을까?[2]

물론 정답은 "없다"이다. 동물 생태와 환경 문제만큼은 문명의 진보에 따라 점점 나빠지고 있다고 믿었던가? 그 예측은 보기 좋게

---

2 한스 로슬링, 올라 로슬링, 안나 로슬링 뢴룬드, 《팩트풀니스》, 이창신 옮김, 김영사, 2019, 16쪽. 《팩트풀니스》는 2017년 저자들이 14개국 1만 2천 명에게 물었다는 열세 개의 질문으로 시작한다. 멸종위기종 관련 질문은 그중 열한 번째 질문으로, 한국 사람 중 정답을 맞춘 확률은 8퍼센트였다.

빗나갔다. 무언가 더 나빠지고 있다는 우리의 직관이 이다지도 틀려 먹었다는 걸 이제는 인정할 수밖에 없지 않을까.

《팩트풀니스》〈2장 부정 본능〉에서 로슬링은 사람들에게 세상이 좋아지고 있다고 생각하는지, 혹은 나빠지고 있다고 생각하는지 직접 물어보았다. 그리고 그 결과는 로슬링의 말대로다. 대다수의 사람은 세상이 나빠지고 있다고 응답했다. 로슬링은 이 응답 결과를 '부정 본능'이라는 인지 편향의 증거로 간주한다. 자신이 수많은 통계로 증명했듯, 세상은 더 좋아지고 있기 때문에 세상이 더 나빠진다는 사람들의 응답은 틀린 답이 된다.

그런데 로슬링의 논리 전개는 사실판단과 가치판단의 범주를 제대로 구별하지 못한 범주 혼동의 오류다. 아무리 자연재해의 사망자 수가 지난 세기 동안 줄었어도, 극단적 빈곤율이 20년 전에 비해 줄어들었어도 사람들은 세상의 변화에 대해 제 나름의 기준을 가지고 그 의미를 다르게 해석할 수 있다. 이 질문에 대한 사람들의 대답은 그 판단의 준거를 어떤 가치에, 어떤 시점에 두느냐에 따라 달라질 수 있다. 그런데도 로슬링은 자신이 준비한 통계만으로도 간단히 세상이 좋아진다는 가치판단이 굳건히 정당화된다고 의심치 않는 모양이다. 그는 세상이 나빠지고 있다는 사람들의 판단이 어떤 가치와 사실에 준거를 두는지는 따지지 않는다. 그러나 자신들이 세상의 변화에 대해 침팬지보다도 무지하다는 사실을 충격적으로 깨닫고 로슬링의 강연에 매료된 사람들은 로슬링에게 이미 설득되어 버렸다. 로슬링이 선사한 상쾌한 충격이 그의 호언장담대로 세상을 바라보는 사람들의 사고방식을 뒤집은 것이다. 마침 스티븐 핑커는 《팩트풀니스》에 이런 추천사를 남긴다.

> 풍부한 데이터를 통해 우리의 세계관을 교정하고, 우리의 인지과정이 어떻게 우리를 잘못된 길로 이끌 수 있는지를 합리적으로 설명한다.[3]

《팩트풀니스》를 자신이 읽은 "가장 중요한 책"이라고 극찬하며 미국의 모든 대학 졸업생에게 선물했다는 빌 게이츠는 이 책이 "세계를 명확히 이해하기 위한 유용한 안내서"라고 호평한다. 덕분에 이제 사람들은 세상을 더 정확하게 이해할 수 있게 된 것만 같다. 로슬링의 강연과 《팩트풀니스》에 매료된 사람들이 얻었을 가장 분명한 교훈은, 한스 로슬링의 바통을 이어받아 테드 강연에 공동 강연자로 나선 아들 올라 로슬링의 다음 발언으로 잘 요약된다. "대부분의 것들은 나아집니다. (세상의 변화 방향에 관한) 여러분 앞의 질문에 대해 확실하지 않으면 '나아진다'라고 추측해야 합니다."[1]

정말 그럴까? 로슬링의 강연을 통해 새로운 세상에 눈뜨게 된

---

3 《팩트풀니스》, 뒤표지.

1장 팩트물신주의가
보여 주지 않는 것

대중이 만약 아래와 같은 질문을 받았다면 어떻게 대답할까?

2000년 이후, 지난 약 15~20년 동안

1. 우울증 비율은 어떻게 변했을까?

2. 성인 비만 비율은 어떻게 변했을까?

3. 충분한 휴식, 존중, 웃음, 흥미, 즐거움 등 긍정적 감정 경험은 늘어났을까, 줄어들었을까?

4. 육체적 고통, 걱정, 슬픔, 스트레스, 분노 등 부정적 감정 경험은 늘어났을까, 줄어들었을까?

5. 민주주의 체제에 살고 있는 사람의 비율은 어떻게 변했을까?

6. 자유민주주의 지수는 어떻게 변했을까?

7. 세계 난민 수는 어떻게 변했을까?

8. 무장 분쟁으로 인한 사망자 수는 어떻게 변했을까?

9. 척추동물의 생물다양성은 어떻게 변했을까?

10. 멸종위기에 처한 생물종의 수는 어떻게 변했을까?

각각의 질문에 로슬링이 그랬던 것처럼 "더 나빠졌다", "변함없다", "더 좋아지고 있다"라는 세 가지 선택지 중 하나를 고르게 했다면? 로슬링의 강연에 매료된 사람들이라면 이제 "더 좋아지고 있다"는 대답을 일관되게 내놓지 않을까? 지난 20년 동안 줄어든

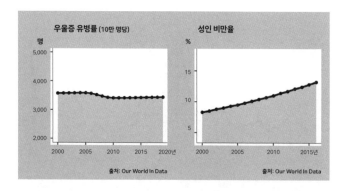

우울증 유병률 (10만 명당)

명

출처: Our World In Data

성인 비만율

%

출처: Our World In Data

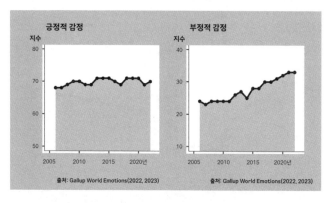

긍정적 감정

지수

출처: Gallup World Emotions(2022, 2023)

부정적 감정

지수

출처: Gallup World Emotions(2022, 2023)

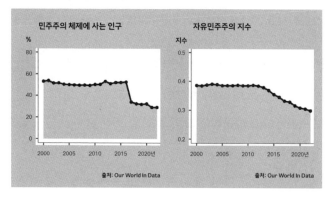

민주주의 체제에 사는 인구

%

출처: Our World In Data

자유민주주의 지수

지수

출처: Our World In Data

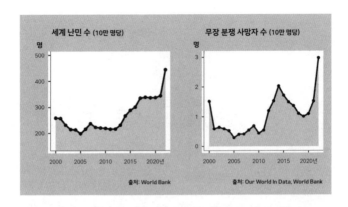

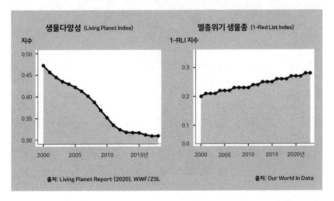

그림3. 지난 20년간 세계가 어떻게 변화했는지 보여 주는 그래프들

극단적 빈곤 비율과 자연재해 사망자 수처럼, 우울증과 비만, 부정적 감정 경험은 줄어들고, 세상은 더 민주적으로 변하며, 환경 문제에 관한 의식도 꾸준히 진보하고 있을 것만 같은 느낌이 들지 않는가?

만약 그런 느낌을 따라 열 가지 항목 모두에서 세상이 더 좋아지고 있다고 대답했다면, 당신의 정답률은 0퍼센트다. 이 항목들은 지난 20년 사이에 큰 변화 없이 거의 일정하거나, 혹은 더 나빠졌다. 세계적 연구기관들의 자료를 바탕으로 열 개 항목에 관한 데이터를 그래프로 정리해 보았다(단, 3번 항목, 4번 항목의 감정 시계열은 2006년부터 시작한다는 점에 유의하자).

사회학자 크리스티안 베르그렌Christian Berggren이 《팩트풀니스》에 대해 남긴 서평처럼, 괴상하게도 로슬링의 책에는 "줄어드는 나쁜 것들"과 "늘어나는 좋은 것들"에[2] 관한 그래프만 있을 뿐, 늘어나는 나쁜 것들에 대한 이야기는 찾아볼 수 없다. 전반적으로 생물다양성이 감소하고 멸종위기에 처한 생물종이 증가하는 판에, 멸종위기에서 벗어난 세 종류의 동물만 콕 집어 물어보는 대목에서는 의심스러워진다. 일부러 자신의 논지에 부합하는 팩트만을 선별한 것은 아닌지 말이다.

단순히 세상의 나빠지고 있는 면에 대해서 눈을 감았다는 것만이 이 두 낙관주의자(로슬링의 말대로라면 "가능성 옹호론자"[3])의 문제는 아니다. 두 저자를 비평하는 목적이 세상이 실제로는 나빠지고 있다고 말하는 것에 있다면, 이 책은 유치한 물량 공세로 귀결될 테다. 세상이 나빠지고 있다는 비관주의자의 그래프와 좋아지고 있다는 낙관주의자의 그래프 중 어느 쪽이 더 많은지 따위가 과연 중요할까? 《팩트풀니스》와 《지금 다시 계몽》을 공동체 커뮤니케이션에 도움이 되는 방향으로 비평하려면 더 많은 카운터 팩트가 아니라, 그들이 내세우는 팩트의 사실관계와 의미구조를 해부해 그 세계관을 해체해야 한다.

여기에서 세계관이란 무엇인가? 핑커와 로슬링이 낙관주의자라는 건 이미 세상이 알고 있다. 그런데 세상이 좋아지고 있다는 이들의 낙관주의를 두고 어떤 사람들은 프랑스 작가 볼테르의 소설 《캉디드 혹은 낙관주의》에 나오는 '팡글로스'라는 인물을 떠올렸나 보다. 팡글로스는 주인공 캉디드의 가정교사인데, 상식적이지 않은 황당한 사고로 캉디드에게 낙관주의를 설파하는 인물이다. 팡글로스는 캉디드에게 이런 식으로 말하곤 한다. "최선의 세계에서는 모든 사건들이 연계되어 있네. 만일 자네가 퀴네공드 양을 사랑한 죄로 엉덩이를 발길로 차이면서 성에서 쫓겨나지 않았더라면, 또 종교 재판을 받지 않았더라면, 또 걸어서 아메리카 대륙을 누비지 않았더라면, 또 남작을 칼로 찌르지 않았더라면, 또 엘도라도에서 가지고 온 양들을 모두 잃지 않았더라면 자네는 여기서 설탕에 절인 레몬과 피스타치오를 먹지 못했을 것 아닌가."[4] 팡글로스의 사고방식은 그의 이름을 '근거 없이 낙천적인 사람'을 뜻하는 대명사로 만들었다.

핑커는 자신을 비롯한 오늘날의 낙관주의자는 팡글로스가 아니라고 힘주어 말한다. 오히려 팡글로스는 오늘날의 기준으로는 "비관주의자"인데, "요즘의 낙관주의자들은 세계가 지금보다 훨씬 더 좋아질 수 있다고 믿기 때문"이다.[5] 그의 말대로 팡글로스에게 세상이 나아질 수 있다는 믿음이 없었는지는 모르겠지만, 과연 오늘날의 낙관주의자는 어떤 의미에서 팡글로스와는 다르다. '신낙관주의자'라고 불리는 오늘날의 낙관주의자는 팡글로스와 같은 허황된 예언이 아니라, 팩트에 근거해 세상의 변화는 긍정적인 곳을 향하고 있다고 설파한다.

신낙관주의의 세계관

올리버 버크먼Oliver Burkeman은 〈가디언〉지에서 '신낙관주의'라는 용어가 리처드 도킨스와 대니얼 데닛, 샘 해리스 등 과학의 기치를 내걸며 신앙과 유신론에 맞서 싸웠던 신무신론New Atheism의 신조를 떠올리게 한다고 말한다.[6] 과연 신무신론자들처럼 신낙관주의자들은 인간 이성의 새로운 한계를 거듭 개척하는 과학의 가치를 신뢰하며, 세상의 진보를 과학적 증거와 팩트로 증명해 보일 수 있다고 믿는다.

　재치 있는 입담과 화려한 그래프로 대중이 미처 몰랐던 점을 멋지게 꼬집어 낸 로슬링의 테드 강연은 신낙관주의가 대중 담론으로 흥행하는 데 가장 결정적 장면이었다고 할 수 있다. 호평을 받

1장 팩트물신주의가
보여 주지 않는 것

았던 첫 강연 이후 그는 빈곤과 경제성장, 유아 사망률 등 개발과 보건 문제에 관한 몇 개의 테드 강연을 더 남겼다. 베스트셀러《팩트풀니스》는 바로 이 테드 강연들에서 설파한 내용을 하나로 엮어 탄생한 책이었다.

세상의 진보를 데이터로 입증하겠다는 시도는《팩트풀니스》와 비슷하지만,《지금 다시 계몽》은 여기서 한발 더 나아가 진보의 동력으로 계몽주의를 주목한다. 핑커는《지금 다시 계몽》의 1부 제목을 "Enlightenment**계몽, 계몽주의**"로 이름 지으며, "그때 나의 생각은 지금까지 200여 년 동안 모습을 갖추어 왔고 그 어느 때보다 지금 더 큰 타당성을 지닌 믿음과 가치관에 연결되어 있었다. 다름 아닌 계몽주의라는 이념이다"라고 서술한다. 또한 "21세기 특유의 방식인 데이터로 계몽주의의 이상을 옹호하는 일에 이 책의 많은 지면을 할애할 것이다"라고 말한다. 그러나 동시에《지금 다시 계몽》의 학술적 엉성함이 드러나는 대목도 바로 이 계몽사상에 대한 이해에 있다.

계몽의 시대인 17~19세기 프랑스사를 전공한 역사학자 데이비드 벨은《지금 다시 계몽》서평에서 이렇게 말한다. "핑커가 '계몽'이라는 단어로 무엇을 의미하고자 하는지 전적으로 불분명하다. (중략) 그는 계몽주의를 18세기의 마지막 3분의 2에 해당하는 시기에 위치 지으면서도 정작 그 시기의 사상가와 저술가는 거의 참고하지 않는다."[7]

자기 저서의 핵심 주제를 두고 지적하는 사람들에게 핑커는 대답한다.

'계몽'이라는 단어를 제목으로 고른 이유는 그것이 내가 옹호하려는 이상을 더 캐치하게 표현하는 가장 적절한 제목이었기 때문이다. (중략) 《지금 다시 계몽》은 지성사 연구가 아니다. 그 시대의 모든 작가들이 그 이상에 똑같이 찬성하지 않았다는 이유로 그 단어를 두고 트집잡는 건 무의미하다. (중략) 계몽은 관습적으로 인류 복지를 증진하기 위해 이성과 과학을 사용하는 이념을 의미하는 것으로 이해된다.[4]

여기서 핑커가 말하는 계몽주의는 계몽주의 시대의 사상가들에게 보편적 지지를 얻은 이념이 아니다. 핑커 본인이 지지하는 이성적 과학적 이상일 뿐이다. 이건 그야말로 무적의 정의다. 계몽주의의 모든 나쁜 것은 그저 간편하게 이성과 과학의 잘못된 사용, 오용이었다고 말하면 그만이기 때문이다. 자신에게 제기된 비평에 응답하는 핑커의 말은 구구절절 길지만, 그 논지는 한 문장이면 요약된

---

4 Steven Pinker, "Enlightenment Wars: Some Reflections on 'Enlightenment Now', One Year Later", Quillette, 2019.

다. "그것은 계몽이 아니다!"

계몽에 대한 고무줄 같은 느슨한 정의는 연쇄적으로 '역사의 모든 진보와 사회의 긍정적 변화는 계몽주의의 성공'이라는 식으로 확장된다. 그저 세상의 진보를 나타내는 수많은 단편적 팩트(또는 팩토이드)를 늘어놓을 뿐, 《지금 다시 계몽》에서 진보들이 계몽주의로부터 비롯됐다는 인과관계를 입증하려는 어떤 본격적인 학술 논의도 전개되지 않는 건 이 때문이다. 다시 말해 《지금 다시 계몽》은 정의상 계몽주의는 옳으며 곧 진보이기에, 진보가 있었다는 사실을 그저 보여 주는 것만으로도 논증이 완결되는 구조를 선취하고 있다. 그래서 《지금 다시 계몽》은 저자 본인이 쉽게 인정해 버린 것처럼 계몽주의에 대한 학술적 정의에 기초한 지성사적 작업물이 아니다. 그것은 저자의 조야한 이해로 캐치하게 **"catchier"** 정의한 용어를 제재로 한 인상비평집이라고 할 수 있다.

핑커의 계몽주의 정의는 너무 쉽고 간편하게 핑커 자신의 정치적 입맛에 맞게 확장된다. 그리하여 핑커에게 계몽주의란 "휴머니즘"이고 "열린 사회"며, "코스모폴리타니즘"이고 "고전적 자유주의"다.[8] 이런 식으로 자유민주주의가 곧 계몽정신의 구현이고, 자유주의적 시장경제체제도 역시 계몽정신의 구현이 된다. 《지금 다시 계몽》이 자유주의 변론의 아류로 노정되는 이유가 바로 여기에 있다. 신낙관주의의 세계에서는 자유민주주의와 자본주의, 계몽정신, 더 나아가 진보의 상관관계는 입증할 필요가 없는 당연한 것이 되고 만다.

《지금 다시 계몽》에서 핑커는 산업 자본주의의 출현으로 인류는 이전의 보편적 빈곤으로부터 "위대한 탈출the Great Escape"을 경험했고, 21세기에는 이 흐름으로부터 비교적 소외되었던 저소득 국가들이 선진국 선발주자들을 따라잡는 "위대한 수렴the Great Convergence"을 이루어 내 "인류의 나머지 부분을 탈출시키고 있다"라고 주장한다.[9] 그는 "지식인들은 자본주의 옹호론을 읽는 순간 입에 물고 있는 음료를 바지에 쏟지만, 자본주의의 경제적 혜택은 너무나 명백"하다고 말한다.[10] 돈으로 행복을 살 수는 없지 않냐고? 핑커에 따르면, 경제적으로 부유할수록 더 건강하고 긴 수명을 누리며, 심지어 더 행복해진다.[11]

올리버 버크먼의 지적처럼 "신낙관주의는 이념적 주장이다. 전반적으로 그 지지자들은 자유시장의 힘을 옹호하며, 자신들의 정치를 정당화하기 위해 인류의 최근 과거와 임박한 미래에 대한 밝은 그림을 유도한다."[12] 자본주의의 세계적 확산과 더불어 수명은 늘어났고 빈곤과 불평등은 줄어들었다며 신낙관주의자를 자처하는 역사학자 요한 노르베리Johan Norberg의《글로벌 자본주의를 옹호하며》는[13] 세상이 나아지고 있다는 이들의 낙관이 오늘날 경제질서에 대한 합리화로 연결된다는 사실을 직설적으로 보여 주는 텍스트다. '합리적 낙관주의자'를 자처하며 역시 세상은 더 나아지

1장 팩트물신주의가
보여 주지 않는 것

고 있다고 말하는 저널리스트 매트 리들리Matt Ridley도 누구보다 시장경제의 순기능을 역설하는 인물 가운데 하나다.[14]

특히 빈곤율이 줄고 있다는 사실은 불평등의 확대와 금융 위기 등에 비난의 목소리를 높여 온 비평가들에 맞서 자본주의를 합리화해 준다. 자유지상주의 성향의 영국 싱크탱크 애덤스미스연구소Adam Smith Institute의 시니어 펠로 팀 워스톨Tim Worstall이 2016년에 쓴 글이 그런 예다. 이 게시물은 신자유주의가 우리가 겪는 모든 문제의 근원이라는 〈가디언〉의 어느 칼럼에 대해, 한스 로슬링과 스티븐 핑커, 신낙관주의자들이 인용해 온 것과 꼭 같은 빈곤율 통계를 인용하며 이렇게 반박한다. "자유무역과 세계화, 워싱턴 컨센서스에 이르기까지, 전 세계적으로 적용된 신자유주의의 세대는 어떤 영향을 남겼을까? 바로 인류종의 역사상 가장 큰 절대적 빈곤의 감소다. 이 감소가 매우 컸던 덕분에 불평등도 세계적으로 감소해 왔다."[15]

역시 자유지상주의 성향으로 미국 워싱턴에 본부를 둔 카토연구소Cato Institute는 빈곤율과 불평등, 사망률과 기대수명, 교육 햇수와 문해율 등 인류의 진보를 증거하는 다수의 지표를 일목요연하게 정리한 웹사이트 휴먼프로그레스humanprogress.org를 운영하며 대중 교육에 앞장서는 모습이다.

도대체 실체가 불분명한 '포스트모던 네오-마르크스주의'에 대해 비판의 목소리를 내는 스타 심리학자 조던 피터슨 역시 마르크스주의자로 알려진 철학자 슬라보예 지젝과의 공개 토론에서 세상은 유례없이 부유해졌고 빈곤은 전대미문의 속도로 줄었다며 다음과 같이 말한다.

> 1800~2017년 인플레이션을 보정한 소득은 40배 증가했으며, 생산직 노동자의 경우 미숙련 노동의 소득이 16배 증가했습니다. GDP는 180~1800년 단지 약 0.5배 증가했을 뿐입니다. 즉, 180~1800년에는 거의 아무런 변화가 없이 평평했습니다. 지난 217년 사이에 갑자기 이런 믿을 수 없는 부의 증가가 일어난 것이며, 이는 분명 그 부의 대부분을 소유하고 있는, 꼭대기에 있는 소수의 사람들에게서만 특징적으로 나타난 현상도 아닙니다. 절대적 빈곤을 겪는 가장 밑바닥에 있는 사람들에게 무슨 일이 일어나고 있는가라는 질문에 대한 대답은, 그들이 역사상 그 어느 때보다도 빠른 속도로 부유해지고 있고, 온건한 자유시장 정책을 채택한 국가들에서 비교할 수 없는 속도로 빨리 빈곤을 근절하고 있다는 것입니다.[5]

---

5 조던 피터슨의 유튜브 채널에서 이 발제문을 포함해 피터슨과 지젝의 토론을 동영상으로 확인할 수 있다. 이 토론은 2019년 4월 19일 "Happiness: Capitalism vs Marxism"이라는 제목으로 토론토에서 열렸다. youtu.be/ lsWndfzuOc4?si=kSbapwKiH6obK7mV

1장 팩트물신주의가
보여 주지 않는 것

오늘날 인류가 빠른 속도로 빈곤을 근절하고 있다는 피터슨이 제시하는 증거는 세계은행이 발표해 온 극단적 빈곤에 관한 통계다. 이 자리에서 피터슨은 2030년까지 극단적 빈곤을 완전히 근절할 수 있으리라는 희망적인 전망을 언급하며 자본주의가 부익부 빈익빈을 가져온다는 비판은 사실이 아니라고 말한다. 오히려 가난한 사람들의 삶도 어느 때보다 눈부시게 개선되고 있다는 것이다. 빈곤율에 관한 통계만이 전부가 아니라 오늘날 가장 가난한 대륙인 아프리카의 유아 사망률도 과거 1952년 유럽과 같은 수준으로 줄어들었다고 그는 언급한다. 그러고는 다음과 같이 결론짓는다. "그러므로 여러분들이 가난한 사람들을 위한다면, 실제로 가난한 사람들이 기아로부터 벗어나기를 바란다면, 모든 증거들은 그 최선의 방법이 자유시장 경제에 가까운 무언가를 실행하는 것임을 가리키고 있습니다."

피터슨과 지젝의 토론이 한동안 유행하던 '자본주의 vs 사회주의' 논쟁의 흐름에 "행복: 자본주의 vs 마르크스주의"라는 이름으로 올라탄 이벤트였다는 점을 상기하면, 뜨거운 이념 논쟁 속에 신낙관주의의 언어가 자본주의 우파 진영으로 호출된 것은 대단히 시사적이다. 신낙관주의가 자본주의, 더 나아가 신자유주의에 대한 비판에 맞서 우파적으로 전용될 가능성이 매우 농후한 담론이라는 점을 증명하는 사례라고 할 만하다.

'탈정치'라는 착각

신낙관주의의 자본주의 변론에 대해 누군가는 이렇게 반문할 것이다. "여전히 굶주린 배를 안고 잠에 드는 사람들이 지구상에 남아있지 않은가?" 하지만 스티븐 핑커에게 빈곤과 굶주림의 존재는 사회구조를 비난할 이유가 전혀 되지 않는다. 빈곤은 누군가의 잘못으로 생기는 게 아니기 때문이다. 빈곤은 인간 존재 본연의 상태다. 핑커는 이 인간 삶 본연의 생태를 열역학 제2법칙, 즉 닫힌 계에서 분자 배열의 무질서한 정도인 엔트로피는 결코 감소하지 않는다는 '엔트로피의 법칙'으로 설명한다.[16] 엔트로피 법칙의 지배를 받는 세상에서는 그 어떤 물질도 인간의 필요를 위해 알아서 쓰임새가 있는 물건으로 질서 있게 정렬될 수 없다. 그러므로 인간이 물질적 필요를 만족시키지 못한 상태인 빈곤은 세상의 기본 설정과도 같다. 핑커의 서술로 이제 세상의 기본 설정은 이런 정치적 함축을 띤다. "우리 사회에 빈곤이 존재한다는 이유로 누군가를 비난할 근거는 없다. 못난 정치인이든, 탐욕스러운 부자든, 불합리한 사회구조든, 그 어떤 불의한 이유로 가난이 생겨나는 것이 아니며, 빈곤은 인간 실존의 기본값이기 때문이다. 거꾸로, 빈곤이 줄었다는 사실은 자본주의 사회구조가 바람직한 방향을 향하고 있다는 증거인 셈이다!"

1장 팩트물신주의가
보여 주지 않는 것

"천재지변이나 질병에 가해자가 있다고 믿는 사람이 거의 없는 오늘날에도 가난을 논할 때는 가난은 누구 탓인가 하는 주장들이 난무하다"며[17] 핑커는 비난할 누군가를 찾아내는 정치적 담론이 그가 계몽주의의 핵심 정신으로 간주하는 이성의 이상적 작용을 방해한다고 말한다. 덧붙여 그는 "이슈들이 정치화되지 않을 때 사람들은 완전히 이성적일 수 있"으며, 따라서 "공공 담론을 더 이성적으로 만들고자 한다면 이슈들을 가능한 한 탈정치화해야 한다"고 말한다.[18]

한스 로슬링의 《팩트풀니스》는 어떤가. 로슬링도 《팩트풀니스》에서 문제의 원인을 제공하는 특정 개인이나 집단을 지목해 비난하는 '비난 본능'을 비판하는 데에 한 장(〈9장 비난 본능〉)을 할애하는가 하면, 이렇게 말하기도 한다. "이념은 전문가나 활동가처럼 한 가지 생각이나 한 가지 해결책에 매몰되게 하고, 그러다 보면 더욱 해로운 결과를 가져오기도 한다."[19] "이념은 우리에게 자유민주주의와 공공 의료보험을 안겨 주었다"라고도[20] 말하는 로슬링의 관점은 핑커에 비교하면 다소 완화된 편이다. 그렇지만 신낙관주의의 대표 저술로 거론되는 두 책이 탈정치적, 탈이념적 지향을 공유하고 있다는 점은 분명하다.

사람들이, 특히 자본주의가 불편하고 사회에 불만이 많은 진보적 지식인이, 세상이 좋아진다는 신낙관주의자들의 이야기에 그토록 반발하는 이유를 이제 알 수 있을 것 같다. 세상이 더 좋아지는 것을 거부할 사람은 없다. 문제는 신낙관주의자들의 귀인attribution 논리에 있다. 신낙관주의자들에게 진보는 진보주의자의 정치가 아니라 기술관료적으로 운용되는 자본주의 시장질서 덕분에 이뤄진다. 발전의 척도로서 진보가 정치-이념적 의미의 진보 없이도 이뤄진다는데 어떤 진보주의자가 좋아할까? "진보주의자progressives는 진보progress를 정말 싫어한다"는 핑커의 말처럼 그의 이야기에 화내는 사람들이 대략 다 진보주의자인 것은 이런 이유다.

좌파의 내러티브에 계급갈등이 있고, 우파의 내러티브에 민족공동체와 국민국가가 있다면, 핑커의 내러티브는 계몽정신과 계몽의 적들(종교, 좌우파 포퓰리스트, 사회정의 투사Social Justice Warrior, SJW, 이데올로그) 사이의 갈등으로 구성된다. 좌파 내러티브의 주인공이 계급투쟁이고 우파 내러티브의 주인공이 국민국가의 결속이라면, 핑커의 내러티브에서 역사의 진보를 견인하는 건 계몽의 승리다. 그의 정의대로라면, 고전적 자유주의의 승리다. 핑커는 다음과 같은 도식으로 계몽주의를 이해하고 있다.

진보=이성=계몽주의=세속주의=고전적 자유주의

이와 관련해 정치철학자이자 지성사 연구자인 존 그레이John

1장 팩트물신주의가
보여 주지 않는 것

Gray는 적잖은 계몽사상가들이 자유주의적 가치와 불화했다고 지적한다. 특히 핑커가 지목한 19세기 프랑스 사상가 오귀스트 콩트는 그야말로 핑커의 도식에 대한 매우 정확한 반례다. 실증사회학의 창시자로 일컬어지는 콩트의 사상에 대해 그레이는 이렇게 말한다.

> 인류의 진보는 이성의 길을 따라 마술적 사고에서 과학적 탐구로 이동하는 것을 의미했다. 과학에 기초한 사회에서는 자유주의적 가치가 필요하지 않을 것인데, 이는 도덕적이고 정치적인 질문들은 전문가들에게 맡겨질 것이기 때문이다.[6]

콩트에게 과학은 중세 유럽의 정치, 사회, 경제, 학문, 문화를 유기적으로 통합하던 종교의 대체물에 가까웠던 것 같다. 그레이는 계몽주의가 유일신론monotheism에 적대적일수록 더 반자유주의적이었다고 서술한다. 그레이가 지적했듯, 콩트의 지향은 엘리트주의적이고 권위주의적이었다. 이는 계몽주의라는 시대정신의 세례 속에 탄생한 콩트의 사상이 파시스트 이론가로 비판받는 샤를 모라스Charles Maurras에게 영감을 주었다는 사실을 이해할 수 있는 하나

---

6 John Gray, "Unenlightened Thinking: Steven Pinker's Embarrassing New book Is a Feeble Sermon for Rattled Liberals", *New Statesman*, 2018. 2. 22.

의 단초다.

이와 같이(그리고 핑커 본인 역시 어렴풋이 인지하듯) 계몽주의는 하나의 완결체가 아니다. 핑커의 단순한 생각처럼 계몽주의가 반드시 세속주의와 일치하는 것도 아니었다. 계몽주의에 관한 복잡한 사실관계를 알고 나면 '계몽=고전적 자유주의'가 인류의 진보를 견인해 왔다는 《지금 다시 계몽》의 테제는 썩 매끄럽지 않아 보인다.

계몽주의 사상사 연구자인 조너선 이스라엘Jonathan Israel은 세속주의를 포함해 핑커가 옹호하는 근대의 중추적 가치인 민주주의와 평등, 사상과 표현의 자유 등을 정초하는 데 사상적으로 가장 크게 기여한 주역은 계몽사상의 급진적 분파였다고 말한다.[21] 문제는 이스라엘이 보여 주듯, 급진 계몽주의는 자유시장 경제의 이념에 기초한 고전경제학의 자유주의와 길항관계를 맺어 왔다는 점이다. 이스라엘에 따르면, 사유재산에 기초한 경제활동과 무역을 보장하는 자유시장 자본주의의 이념형적 원리를 옹호했던 고전경제학의 지지자들은, 동시에 군주제와 식민 지배 등 앙시앵 레짐**구질서**을 옹호하며 그 안에서의 점진적 개혁을 지향했던 보수적 계몽주의자들이었다.[22] 재산권을 이론적으로 정당화한 사상가로서 고전적 자유주의의 기본 원리를 닦았다고 평가받는 존 로크. "모든 사람은 평등하게 태어났다는 자명한 진리"를[23] 제시했다는 그는 노예무역을 하던 왕립 아프리카 회사에 투자하는 노예제의 지지자였다. 이 사실은 그저 한 개인의 모순을 드러내고 있지만은 않다. 그것은 로크가 대표하는 보수적 계몽주의의 논리적 귀결이었다. 이스라엘은 로크의 평등 원리는 신학적이었으며, "개인들이 그리스도 앞에 영적으로 평등하다고 보았을 뿐, 시민의 지위가 평등하다고 여기지는 않았"다고 말한다. 이스라엘은 저서에서 신학적 원리로서의 평등을 시민사회의 영역에까지 확장해 우리가 곧 고전적 자유주의의 이념이라고 믿어 의심치 않는 근대적 개념의 평등을 완성한 건 스피노자로 대표되는 급진 계몽주의였음을 강조한다.

보수적 계몽주의자들에 비해, 부의 재분배를 포함한 보다 근본적인 사회개혁을 주장했던 급진적 계몽사상가들 가운데에는 장 멜리에Jean Meslier도 있다. 그는 사적 소유를 부정적으로 바라보며 토지 등 재산의 공유를 주장한 공산주의 성향의 계몽주의자였다.[24] 가장 유명한 계몽사상가 장 자크 루소 역시 사유재산 제도를 불평등의 기원으로 지목한 사실이 잘 알려져 있다. 저술가 제임스 밀러James Miller의 말처럼, 루소의 민주주의론은 종종 유럽 주류 사회주의 운동의 전통에 흡수되었다고 해석되기도 한다.[25]

계몽주의는 핑커의 고전적 자유주의뿐만 아니라, 우익 파시즘의 계보에서도, 좌익 사회주의 계보에서도 이름을 찾아볼 수 있을 만큼 매우 다원적인 운동이었다. 그리고 《지금 다시 계몽》에서 이 모든 논의들은 탈정치화를 위해 생략되어 있다. '계몽=고전적 자유주의=과학=이성≠이데올로기=정치=좌우익=종교'와 같은 조야한 도식을 위해 《지금 다시 계몽》은 이 복잡한 사실관계를 삭제해 버렸다.

다시, 팩트는 무엇인가: 팩트의 구성, 관련, 가치

《지금 다시 계몽》(과 신낙관주의)의 탈정치화 과정에서 또 삭제된 것이 있다면, 진보를 위해 불가결했던 사회운동이다. 데이비드 벨은 《지금 다시 계몽》서평에 이렇게 썼다.

> 진보를 설명할 때, 핑커는 일상을 더 안전하게 만들어 준 백신 발명가, 화학 비료 개발자, "주목받지 못한 발명가와 공학자, 정책 연구자, 그리고 수치를 만지는 사람들"을 하나하나 특정하며 칭찬한다. (중략) 하지만 민주주의나 평등권과 같은 주제에 대해서 말할 땐, 마치 전체 인구가 자연적으로 더 계몽되고 너그러워진 결과로 진보가 혼자 알아서 이뤄졌다고 믿는 것 같다. 그는 "정의를 향해 구부러지는 신비한 궤적이 실재로 존재"하는 것처럼 말한다. 576페이지의 《지금 다시 계몽》에서 완전히 부재한 것은 바로 수세기 동안 평등권과 노예제 폐지, 노동조건 개선, 최저임금, 결사권, 기본적 사회보장,

1장 팩트물신주의가
보여 주지 않는 것

더 깨끗한 환경, 다른 수많은 진보적 이상을 위해 투쟁한 사회운동이다.[7]

경제인류학자 제이슨 히켈 **Jason Hickel** 역시 인간 복지 향상에 있어 가장 중요한 성과는 노동조합과 사회운동, 공적자금 지원을 받은 연구, 공공 의료 및 교육 시스템으로 가능했으며, 신낙관주의자들은 역사적으로 자본가들이 이런 사회개혁을 거부해 왔다는 사실을 생략해 버린다고 꼬집는다.[26]

데이터, 수치, 통계, 팩트. 모두 거부할 수 없는 지적 권위가 느껴지는 말들이지만, 이 말들에 누구보다도 집착하며 자부심을 느끼는 신낙관주의자들조차 그 어떤 해석의 층위 없이 날것 그대로의 사실만을 전달하지는 않는다. 가령, ① 어떤 팩트는 만들어진다. 신낙관주의자들이 인용하는 팩트들 상당수가 인간이 고안해 낸 개념적 추상물(빈곤, 민주주의, 평화 등)에 관한 것이기 때문에 더욱 그러하다. 팩트의 공정을 누락하는 신낙관주의자들의 서술은 우리에게 때로 가짜 객관성의 환상을 일으킨다. 신낙관주의와 팩트물신주의가 우리에게 어떤 객관성의 환상을 불러일으켰는지를, 우리는 이 책의 2장에서 따져 볼 것이다.

---

7 David A. Bell, "The Power Point Philosophe: Waiting for Steven Pinker's enlightenment", *The Nation*, 2018. 여기서 576페이지는 원서 기준이다.

그뿐만 아니라, ② 어떤 팩트는 관련성을 결여하고 있다. 팩트가 우리의 담론에서 그토록 강한 힘을 발휘하는 것은, 그것이 그 의미관계가 부여해 준 추론적 역할을 수행하며 우리의 판단을 어떤 방향으로 인도하기 때문이다. 하지만 팩트가 판단과 추론의 타당함과 건전함을 보증해 줄 적절한 의미관계나 인과적 유관성을 결락한 채 이를 호도한다면, 우리의 판단은 팩트라는 껍데기만을 좇아 잘못된 길로 들어서기도 한다. 우리는 신낙관주의의 팩트들이 다른 팩트들과 적절하게 관련지어졌는지를 이 책의 3장에서 검토할 것이다.

그에 더해 ③ 어떤 팩트는 다른 팩트보다 더 가치 있다. 그리고 그 가치를 저울질하는 것 역시 사실판단이 아닌 해석의 영역이다. 우리는 이 책의 4장을 통해 신낙관주의의 팩트들을 가치체계 안에서 검토해 볼 수 있을 것이다.

팩트물신주의의 원자론적 팩트주의를 넘어 사실관계와 맥락들을 하나하나 따져 볼 때, 우리는 신낙관주의의 팩트폭격에 빼앗겨 버리고 말았던 해석의 권한을 되찾아올 수 있다. 빈곤과 건강, 행복, 평화와 민주주의 등 사회의 진보를 증명하는 신낙관주의자들의 온갖 데이터와 수치, 통계 역시 그 위에 덧칠된 해석의 층위를 뜯어 보면, 중요한 사실관계를 발견할 수 있다. 세상이 나아졌는지 나빠졌는지 알아보기 위해 수치를 들여다보자고 핑커가 얘기할 때,

1장 팩트물신주의가
보여 주지 않는 깃

우리는 그 수치가 무엇을 세고, 무엇을 세지 않았으며, 어떤 방식과 어떤 단위로 세었는지, 그 수치 이면의 사실관계를 더듬어 보고 해석하는 작업을 해야 한다. 그럼 이 책의 여정 끝에 우리는 핑커에게 이렇게 말하게 될지도 모른다. "그건 계몽이 아니다."

1장 미주

1   올라 로슬링, 2007년 3월 테드 강연, "New Insights on Poverty". youtu.be/YpKbO
    6O3O3M?si=v3r9HiTg2gnjVIvV

2   Christian Berggren, "Good Things on the Rise: the One-Sided Worldview of
    Hans Rosling", 2018. overpopulation-project.com/wp-content/uploads/2018/12/
    acritical-review-of-rosling-and-factfulnessberggren-181012.pdf

3   《팩트풀니스》, 100쪽.

4   볼테르, 《캉디드 혹은 낙관주의》, 이봉지 옮김, 열린책들, 2009, 200쪽.

5   《지금 다시 계몽》, 72쪽.

6   Oliver Burkeman, "Is the World Really Better than Ever?", *Guardian*, 2017. 7.
    28. 참고. 실제로 스티븐 핑커는 신무신론자들의 지향에 상당한 동의를 표한
    다(《지금 다시 계몽》, 649~650쪽 참고).

7   David A. Bell, "The Power Point Philosophe: Waiting for Steven Pinker's
    enlightenment", *The Nation*, 2018.

8   《지금 다시 계몽》, 21쪽.

9   《지금 다시 계몽》, 550쪽. 이 책에서 핑커가 자주 사용하는 '위대한 탈출'은
    노벨경제학상 수상자 앵거스 디턴의 용어다. 핑커는 인류의 소득 증가가 전
    세계적 빈곤 감소, 수명 향상을 이끌었다는 자신의 논지를 강화하기 위해 디
    턴을 언급하지만, 정말 디턴이 논문을 통해 밝힌 바가 핑커의 논지와 같은 맥
    락인지는 이 책의 2장과 3장에서 자세히 살필 것이다.

10 《지금 다시 계몽》, 149쪽.

11 《지금 다시 계몽》, 157쪽 참고.

12 Oliver Burkeman, 앞의 글(미주 6).

13 Johan Norberg, *In Defence of Global Capitalism*, Academic Foundation,

2005.

14   Matt Ridley, *The Rational Optimist: How Prosperity Evolves*, Harper Perennial, 2010.

15   Tim Worstall, "George Monbiot Say We're to Blame for Everything. Perhaps He's Even Right", 2016. www.adamsmith.org/blog/george-monbiot-says-were-to-blame-foreverything-perhaps-hes-even-right

16   《지금 다시 계몽》, 2장 참고.

17   《지금 다시 계몽》, 52쪽.

18   《지금 다시 계몽》, 576~577쪽.

19   《팩트풀니스》, 278쪽.

20   《팩트풀니스》, 278쪽.

21   Jonathan Israel, *A Revolution of the Mind: Radical Enlightenment and the Intellectual Origins of Modern Democracy*, Princeton University Press, 2009 참고.

22   위의 책, 3장 참고.

23   《지금 다시 계몽》, 622쪽.

24   Christopher Pierson, *Just Property Volume Two: Enlightenment, Revolution, and History*, Oxford University Press, 2016, pp.52~53 참고.

25   James Miller and Jim Miller, *Rousseau: Dreamer of Democracy,* Hackett Publishing, 1984, p.118 참고.

26   Jason Hickel, *Progress and Its Discontents*, New Internationalist, 2019 참고.

2장

어떤 팩트는
만들어진다
- 빈곤과 발전

그들은 극단적 빈곤을 어떻게 측정했는가

신낙관주의자 스티븐 핑커와 한스 로슬링은 테드 강연, 혹은 EBS 강의에서 기대수명의 증가와 극빈율의 감소, 재해 사망자의 감소, 전투 사망자의 감소, 민주주의의 확산 등 수많은 데이터를 통해 세상이 나아지고 있다는 것을 증명한다. 하지만 어떤 사람들은 이렇게 반문할 법도 하다. "그 데이터는 진짜야?" 이런 말도 있지 않은가. "세상에는 세 가지 종류의 거짓말이 있다. 거짓말과 새빨간 거짓말, 그리고 통계."

그러나 핑커와 로슬링이 조작된 데이터로 주장을 전개하는 이들은 아니다. 핑커는 EBS 프로그램 〈위대한 강의〉에서 이렇게 말한다.

물론 데이터도 잘 살펴봐야 합니다. 조작되기도 하거든요. 가짜일 수 있어요. 당연히 뉴스도 거짓일 수 있습니다. 조작될 수 있죠. 또, 완전하지 않은 데이터가 오해를 불러오기도 합니다. 기자, 과학자, 통계학자, 작가 들이 데이터 출처를 확인해야 하는 이유입니다. 대표성이 있는지, 오염되지는 않았는지도 확인을 해야죠.[1]

---

[1]   스티브 핑커, EBS 〈위대한 강의〉 '팩트폭력', 2021년 10월 26~28일 방영분.

2장 어떤 팩트는
만들어진다

핑커와 로슬링이 인용하는 주요 통계들에서 그 어떤 "조작"이나 "가짜"나 "오염"을 찾기는 어렵다. 신낙관주의자들의 데이터를 두고 우리가 해야 할 질문은 "그게 진짜냐" 따위가 아니다. 이렇게 고쳐 물어야 한다. "조작되지 않은 진짜 데이터는 과연 진실인가?"

극단적 빈곤은 어떻게 정해졌을까

팩트라는 말을 들을 때면, 그것이 인식 주체의 주관으로부터 독립적인 객관적 사태라는 존재론적 가정이 우리 마음속에 은밀히 자리잡는다. 하지만 "사실은 제조된다"는 명제가 유행하는 데 가장 기여가 컸던 철학자 브루노 라투르Bruno Latour는 '팩트'의 라틴어 어원인 파체레facere, 혹은 팍툼factum에는 '만들다', '하다'라는 의미가 있다고 말한다.[1] 라틴어에서 '팍툼'이라는 명사는 인간의 성취, 업적, 결과 등을 의미했다고 하는데, 그런 의미에서 신낙관주의자들이 팩트라고 주장하는 것 가운데 상당수는 인간이 제작한 개념적 구성물에 바탕을 둔, 그야말로 '팍툼'이라고 할 수 있다.

빈곤은 줄었고, 세상은 더 평화로워지며, 사회는 더 민주적으로 변한다는 신낙관주의자들의 주장을 실증적으로 검증하려 들면, 당장에 '빈곤'과 '평화', '민주주의'같이 인류가 만들어 낸 개념들을 어떻게 측정해야 하는가 하는 문제가 부상한다. 사회과학자들은 조작화operationalization를 통해 측정 가능한 방식으로 개념을 다시 정의해 연구에 사용한다. 그래서 사회과학 연구에서는 과연 측정하고 있는 현상이 애초에 연구하고자 했던 개념과 얼마나 정확히 대응하는지가 방법론적 관심이 될 수밖에 없다. 신낙관주의자들의 팩트폭격에서 생략된 건 바로 이런 의미관계이고, 팩트물신화의 함정에 빠지지 않기 위해 우리는 팩트의 제작 과정을 들여다보며 의미관계를 치밀히 검토해야 한다. 팩트의 배후에 무엇을 측정할지, 혹은 측정하지 않을지를 결정한 그 제작자들의 선택이 있다는 점을 기억해야 한다. 이렇게 우리는 팩트를 해부해볼 수 있다.

어떤 팩트가 제작된 사회적 공정을 비판적으로 검토하지 않으면 현실 진단이 크게 달라질 수 있음을 극명히 예증하는 것이 바로 신낙관주의자들이 입을 모아 인용하는 '극단적 빈곤' 통계다. 이들은 먹고사는 문제와 관련한 기본적 욕구조차 충족하지 못하는 극단적 빈곤 인구의 비율이 산업화 이래 눈부시게 감소했다고 주장한다.

지난 20년간 세계 인구의 극빈층 비율은 어떻게 바뀌었을까?

로슬링이 《팩트풀니스》에서 던진 이 3지선일의 객관식 문제에 4~5퍼센트를 제외한 대부분의 미국인과 한국인이 "거의 두 배로

2장 어떤 팩트는
만들어진다

늘었다", 혹은 "거의 같다"라는 선택지를 골랐지만, 로슬링에 따르면 지난 20년 동안 극빈층의 비율은 "거의 절반으로 줄었다."《지금 다시 계몽》에서 핑커 역시 1820년 90퍼센트에 육박했던 극빈층 비율이 200년 사이에 10퍼센트로 감소했으며, 감소분 중 절반이 지난 35년 동안, 즉 1980~2015년에 이뤄졌다고 말한다.

세상이 점점 좋아지고 있다는 신낙관주의자들에게 인류의 대다수가 빈곤으로부터 탈출하고 있다는 사실만큼 기쁜 소식은 없다. 사람들의 삶이 더 나아지고 있다는 결정적 증거이기 때문이다. 이 극빈율 통계는 로슬링이《팩트풀니스》의 〈2장 부정 본능〉에서 세상이 실제로는 더 좋아지고 있다는 가장 중요한 두 증거 가운데 하나로 인용하고 있는 통계이기도 하다. 제아무리 살림살이가 팍팍하고 인심이 강퍅해지는 것 같아도, 인구의 절대 다수가 궁핍한 삶을 살았던 과거가 더 나았다고 말할 사람은 없다.

〈그림1〉은 핑커와 로슬링이 이용한 것과 같은 자료를 바탕으로 극단적 빈곤의 비율을 시간의 흐름에 따라 그린 그래프다. 산업화 이전에는 전 세계 인구의 대부분이 극단적 빈곤에 시달렸지만, 이후 극빈율은 눈부시게 감소했으며 특히 최근으로 올수록 그래프의 기울기가 더 가팔라지고 있다. 이대로라면 몇 년 안에 빈곤을 완전히 종식시키는 것도 허황된 꿈은 아닌 것 같다.

손쉽게 낙관적인 결론을 내리기 전에, 우리는 이 팩트의 사실관계를 면밀히 검토할 필요가 있다. 핑커와 로슬링의 그래프는 빈곤, 그것도 극단적 빈곤을 측정하기 위해 어떤 조작적 정의를 사용하고 있을까? 핑커와 로슬링이 인용하는 그래프들은 모두 세계은행이 정의한 국제빈곤선인 1.9달러에 근거를 두고 있다. 다시 말해, 세계은행에서는 하루 1.9달러 미만으로 살아가는 상태를 '극단적 빈곤'으로 정의했다. 그렇다면 1.9달러 국제빈곤선은 빈곤을 측정하기 위한 적절한 기준일까?

질문을 바꿔 표현해 보자. 하루에 1.9달러로 최소한의 기본적 욕구를 충족하는 것이 가능할까? 연 국민소득 3만 달러의 생활 수준을 누리는 한국인의 관점에서 "그렇다"라고 선뜻 대답하기는 어려

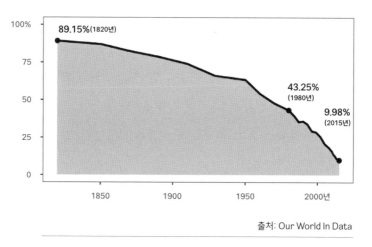

출처: Our World In Data

그림1. 1820~2015년 전 세계 극빈율

2장 어떤 팩트는
만들어진다

위 보인다. 제이슨 히켈은 여기에 착안해 신낙관주의자들의 극빈율 통계를 비판한다. 그는 〈가디언〉에 게재한 칼럼에서 이들이 사용하는 1.9달러 빈곤선이 지나치게 낮다고 지적한다.[2]

하지만 누군가는 이렇게 생각할 법하다. '1.9달러는 미국이나 한국에서는 매우 작은 가치일 뿐이지만, 가난한 사람들 대부분이 살고 있을 저소득 국가에서는 그보다 훨씬 큰 구매력을 갖지 않을까?' 단도직입적으로 말하자면, 그렇지 않다. 세계은행의 국제빈곤선 1.9달러는 나라별 물가 수준과 그로부터 생기는 구매력의 차이를 반영한 2011년 PPPPurchasing Power Parity, **구매력 평가**달러를 기준으로 하기 때문이다. 그러므로 이론적으로는 저소득 국가에서도 2011년 미국에서 1.9달러가 보유하고 있는 구매력과 동일한 구매력의 금액이 화폐로 환산된다.

1.9PPP달러를 한국 화폐인 원₩으로 환산한 후, 2011년과 2020년 사이 소비자물가상승률을 반영해 2023년의 화폐가치로 바꾸면 하루 2,100원 정도다. 따라서 세계은행의 극단적 빈곤의 정의는 한국에서 하루 2,100원으로 사는 것에 준하는 상태인 셈이다. 이론적으로는 그렇다.

세계은행은 어떤 이유로 이렇게 낮은 빈곤선을 기준으로 빈곤율을 측정하는 것일까? 세계은행의 국제빈곤선보다 높은 기준으로 빈곤을 측정해야 하는 게 아닐까?

세계은행이 사용하는 국제빈곤선은 경제학자 마틴 라발리온 **Martin Ravalion**의 연구에 기초하고 있다. 1991년, 라발리온은 33개 국가의 빈곤선을 1985년 PPP달러로 환산해 비교했다. 그랬더니 저소득 국가들 가운데 6개국의 빈곤선이 한 달 31달러 수준에 형성돼 있었다.[3] 이후 31달러 빈곤선이 세계은행이 사용한 하루 1달러 국제빈곤선의 중요한 근거가 됐다. 2001년, 라발리온은 표본 국가 가운데 빈곤선이 가장 낮은 10개국의 중위값을 취해 1993년 기준 1.08PPP달러로 국제빈곤선을 수정했고,[4] 2008년, 분석의 범위를 더 많은 나라들로 확장해 에티오피아, 르완다, 가나 등 가장 가난한 15개국의 평균 빈곤선인 2005년 기준 1.25PPP달러로 국제빈곤선을 업데이트했다.[5] 핑커와 로슬링이 사용하는 1.9달러 빈곤선은 라발리온이 도출한 빈곤선에 물가의 변화를 반영해 이를 2011년 PPP달러로 환산한 세계은행 소속 경제학자들의 연구가[6] 뒷받침하고 있다(2023년 12월 현재 세계은행은 2017년 물가를 기준으로 국제빈곤선을 2.15달러로 업데이트했다). 그러니까 세계은행의 국제빈곤선은 가장 가난한 국가들의 빈곤선을 바탕으로 정해졌다.

하지만 표본 국가 가운데 가장 가난한 나라들의 빈곤선을 동일한 단위로 환산해 지구상의 모든 나라에 적용하면, 빈곤선이 비교적 높은 나라들의 빈곤율은 과소평가되지 않을까? 부유한 나라에도 생계가 어려운 사람들이 분명 있을 텐데, 가장 가난한 나라들의 눈높이에 맞춰진 국제빈곤선으로 이들의 빈곤을 측정할 수 있을까? 이런 의문에 대해 세계은행 입장에서는 다음처럼 반박할 수 있다. "저소득 국가의 빈곤선은 모든 빈곤을 측정하기에는 충분하지 못한 기준일지 모르겠지만, 가장 보수적인 추정으로서 그 어떤 눈높이로 보든지 '빈곤하다'는 것에 동의할 수밖에 없는 명백한 가난을 측정하는 데는 나름의 의미가 있다."

라발리온은 데이터셋에 포함된 전체 국가들 사이에서는 그 나라의 평균적 소비 수준이 증가함에 따라 빈곤선도 따라서 증가하는 현상이 나타나 양(+)의 기울기를 보이지만, 국제빈곤선 근처에 빈곤선을 형성하고 있는 가장 가난한 나라들 사이에서는 그런 관계가 비교적 약하거나, 혹은 그 기울기가 거의 평평하다고 주장한다.[7] 말하자면, 가장 가난한 나라들의 빈곤선은 그 나라의 소득 수준에 따라 달라지는 상대적 의미의 빈곤이 아니라, 최소한의 보편적 필요 수준에 미치지 못하는 절대적 의미의 빈곤을 반영하고 있다는 해석이다. 세계은행이 1.9달러의 국제빈곤선을 통해 측정한 빈곤을 기본적 욕구조차 충족하지 못하는 '극단적 빈곤'이라고 부를 수 있는 근거가 여기에 있다.

세계은행의 국제빈곤선이 지나치게 낮다는 사실이 문제는 아니다. 빈곤선을 어떤 수준으로 설정할지는 어느 정도 자의적일 수밖에 없다. 빈곤선이 낮은 게 문제라고 해도, 단순히 빈곤선을 높이는 것으로 문제를 해결할 수 없다. 빈곤선을 어느 정도로 높이든, 그 기준은 항상 임의적이기 때문이다. 더 복잡한 진짜 문제는 세계은행이 빈곤선을 환산할 때 사용하는 '구매력 평가'라는 개념에 있다. 세계은행은 국제빈곤선을 계산하기 위해 가장 가난한 나라들의 빈곤선을 달러$라는 동일한 단위로 환산한다. 이때 환산에 적용되는 것이 바로 구매력평가지수Purchasing Power Parities, PPPs다. 예를 들어, 한국에서 1.9달러 미만 빈곤율을 계산하려면 1.9달러를 한국의 화폐 단위인 원₩으로 변환해야 하는데, 단순히 달러/원 환율을 적용해 변환하면 한국과 미국의 물가 차이 때문에 구매력의 차이가 발생한다. 이런 차이를 제거하고 미국의 1.9달러와 동일한 구매력을 가진 한국 원₩이 얼마인지를 계산하기 위해 필요한 게 PPP 환산율이다.

팩트가 구성된다는 것은

구매력 평가 개념을 이해하는 데 있어서 가장 쉬운 예시는 빅맥지수다. 영국의 경제지 〈이코노미스트〉는 전 세계 맥도날드 매장에서 판매하고 있는 빅맥 햄버거의 가격을 달러로 환산해, 여러 나라 사이의 물가 수준을 비교할 수 있는 빅맥지수를 발표해 왔다. 〈이코노미스트〉에 따르면, 2023년 1월 기준 빅맥 가격은 한

2장 어떤 팩트는
만들어진다

국에서는 4,900원, 미국에서는 5.36달러로, 동일한 구매력(=빅맥 하나를 살 수 있는 구매력)을 가진 두 화폐 사이의 교환 비율은 914.18(4900/5.36)이다(실제 원/달러 환율인 1235.45에 비해 약 26퍼센트 낮다).[8] 세계은행이 적용하는 구매력평가지수의 산출은 물론 빅맥지수보다 복잡하지만, 기본 논리는 같다고 말할 수 있다. 다만, 고정된 재화(빅맥 햄버거) 하나만을 기준으로 측정되는 빅맥지수와 달리, 세계은행의 PPP 환산율은 사람들이 소비하는 여러 재화와 용역에 대해 집계된다.

당연하게도 구매력의 실제 측정이 이론만큼 간단하지는 않다. 빅맥이 여러 나라 사이의 물가 차이를 비교할 수 있는 기준이 되는 까닭은 전 세계 매장에서 똑같은 레시피로 만들어져 표준화된 재화이기 때문이다. 여러 나라 사이에서 비교가 이뤄질 품목을 선정할 때, 항상 어느 정도의 자의성이 개입하기 마련이다. 1~2년 쓰면 금방 닳아 없어지는 저품질의 신발과 고가의 유명 브랜드 신발의 차이를 떠올려 보자. 부유한 나라에 비해 저품질 재화가 일반적일 개발도상국 시장에서 부유한 나라와 가격을 비교할 재화를 고르는 것은 상당히 어려운 일임을 짐작할 수 있다. 부유한 나라에서 통상 소비되는 재화와 질적으로 맞먹는 재화를 저소득 국가나 개발도상국에서 찾아낸다고 해도 문제가 해결되지는 않는다. 대체로 그런 재화들은 그 나라의 평균적인 시민이 일반적으로 구매할 재화는 아닐 가능성이 높기 때문이다. 경제학자 앵거스 디턴**Angus Deaton**의 표현을 빌리자면, "두 상충하는 목표 사이의 줄다리기가 있다. 국제적으로 비교 가능한 품목의 가격만 수집하려는 목표와 사람들이 대표적으로 구매하는 품목의 가격만 수집하려는 목표가 그것이다."[9] 이 같은 딜레마는 무엇이 가격비를 산출할 적당한 재화인지를 매우 모호하게 만든다. 이런 작업에서 자의성을 배제하기란 불가능에 가까울 테다. 결국 구매력은 객관적 물리계에서 우리의 측정을 가만히 기다리고 있는 사물이 아니다. 인간의 개념 작용이 만들어 낸 추상물을 현실에서 만져지는 숫자로 가공하고자 하는 부단한 사회적 결정의 산물, 팍툼인 것이다. 따라서 그 '사회적 결정'의 내용이 우리가 구매력평가지수를 활용하는 목적에 비추어 타당한지를 검토해 볼 필요가 있다.

무엇을 측정할 것인가

경제학자 산제이 레디**Sanjay Reddy**는 구매력 평가의 기준이 되는 품목들이 세계은행의 빈곤 측정이 안고 있는 큰 문제 중 하나라고 주장한다. 세계은행이 사용한 PPP는 전체 인구가 일반적으로 소비하는 재화와 용역을 반영한다.[10] 저소득층일수록 전체 지출에서 식료품이 차지하는 비율이 높다는 건 잘 알려져 있는 사실이다. 먹거리는 인간이 생명을 유지하는 데에 절대적이다. 무엇보다 우리가 빈곤을 측정하는 것이 생명체로서 기본적 욕구를 채우지 못하는 궁핍의 실태를 파악하기 위해서라면, 생명 유지를 위한 물질대사와 직결되어 있는 음식의 섭취에 더 큰 관심을 두는 것이 당연하다. 극단적 빈곤을 측정하는 본디의 목적을 만족시키려면, 기본적 욕구의 충족과 직결되는 재화에 대한 구매력을 측정하는 것이 타당하다. 결국 저소득 국가에서 식품 등 필수품을 그 나라의 빈곤선 수준만큼 구매하는 데에 필요한 달러가 얼마인지를 계산하고, 그렇게 산출된 달러 기준 국제빈곤선(예를 들어 1.9달러)만큼의 필수품들을 구매하는 데에 필요한 각국 화폐(예를 들어 인도 화폐 루피)의 액수를 계산해야 국제빈곤선을 각 나라의 화폐로 적절히 환산할 수 있다.

   이런 지적에 이어 레디는, 세계은행이 사용하는 방법의 대안으로 식품의 물가를 이용해 PPP 환산율을 산출하고 빈곤선을 환산했다. 그러자 각 나라의 화폐로 환산된 국제빈곤선이 전체 품목으로 계산한 PPP 환산율을 적용했을 때보다 높아졌다.[11] 이는 세계은행의 방법론이 많은 나라들에서 빈곤율을 실제보다 낮게 측정하고 있을 가능성이 크다는 증거다.[12] 이어 레디는 식품 가운데서 특히 주식에 가까운 곡물 및 빵의 물가로 PPP 환산율을 계산해 국제빈곤선을 다시 계산했다. 이번에는 국가별 소비 수준과 빈곤선 사이의 관계가 보다 가파른 기울기로 변했다. 이런 관계는 가난한 나

72

라들 사이에서도 드러났다. 이는 애초에 라발리온이 주장한 것과 조금 다른 결과다. 레디의 계산 결과를 이용해 그래프를 그리면, 저소득 국가의 달러 환산 빈곤선은 1993년 가치로 한 달 26~87달러 구간에서는 전체 품목의 평균적 소비 수준과 비교적 완만한 양(+)의 기울기를 가지며 분포했고, 빈곤선을 빵 및 곡물 물가를 기준으로 PPP 환산을 했을 때는 그 기울기가 두 배로 커졌다. 빈곤층과 가장 밀접한 식품들(빵, 곡물)에 대한 구매력을 기준으로 빈곤선을 측정했더니, 가난한 나라들에서도 한 나라의 1인당 소비 수준의 증가는 빈곤선의 상승으로 이어지는 통계적 관계가 있었던 것이다. 소비 수준이 높은 나라에서 기본적 욕구를 충족하려면 소비 수준이 낮은 나라에서보다 소득이 더 높아야 한다는 의미다. 레디의 분석대로라면 세계은행의 국제빈곤선이 소득 수준에 대해 상대적이지 않은, 절대적인 최소한의 욕구를 반영한다는 주장은 근거가 취약해진다.[13] 세계은행의 1.9달러가 어떤 기본 욕구의 비용에도 기초하지 않은 자의적 기준일 수 있는 것이다.

식품의 물가를 반영한 구매력평가지수로 빈곤율을 계산해도 전 세계의 빈곤율이 감소해 왔다는 결과가 나올까? 미국 농무부의 영양정책진흥센터Center for Nutrition Policy and Promotion는 미국에서 권장식이허용량Recommended Dietary Allowance을 충족하기 위해 필요한 비용을 2인 자녀 포함의 4인 가구 기준 1인당 하루 5.04달러로

2장 어떤 팩트는 만들어진다

추산한 바 있다. 레디는 PPP가 모든 나라에서 똑같은 수준의 구매력을 보전한다는 논리를 따른다면, 국제빈곤선은 PPP 기준 국가인 미국에서 역시 최소한의 필요를 충족할 수 있는 구매력을 보유해야 한다고 주장한다. 동시에, 이 5.04달러를 식량빈곤선의 기준으로 제시한다.[14] 레디는 그 구성개념(권장식이허용량)과 일관되게 식품 PPP를 적용해 환산한 식량빈곤선을 기준으로 빈곤율을 계산했다. 그 결과 1.9달러의 빈곤선에 일반 PPP를 적용했을 때보다 빈곤 인구가 훨씬 늘어난 것은 물론이고, 같은 5.04달러의 빈곤선에서도, 식품 PPP로 환산했을 때 일반 PPP로 환산한 경우보다 빈곤 인구가 더 많이 계수되었다. 5.04달러 미만을 빈곤의 기준으로 삼으면 빈곤 인구수는 1980년 28억 8천만 명에서 38억 8천만 명으로 증가하고, 빈곤율 역시 1980년 68.9퍼센트에서 2000년 70퍼센트로 소폭 증가했다가 2000년대 이후에야 의미 있는 감소세가 나타나기 시작했다(〈그림 2〉).

문제는 여기서 끝나지 않는다. PPP는 주어진 한 시점에서 서로 다른 화폐의 구매력을 비교하는 것과 관련한 수치지만, 세계은행은 서로 다른 화폐를 통일된 단위(달러)로 환산할 뿐만 아니라, 서로 다른 연도의 화폐가 동등한 가치를 보유하도록 물가지수를 적용해 명목금액을 실질금액으로 환산한다. 1990년의 100원을 물가지수를 이용해 2011년 기준으로 환산해야 하는 셈이다. 여기에서도 물가지수의 산출 기준이 되는 재화와 용역의 집합이 빈곤이라는 구성개념에 비추어 타당한가 하는 문제가 발생한다. 전체 인구의 소비 패턴을 반영하는 일반 재화의 물가 변화가 아니라 기본적 욕구를 충족하는 데에 필요한 재화의 물가 변화를 측정하는 게 맞지만, 세계은행이 사용하는 물가지수는 평균적 물가 변동을 반영하는 지수다.

물가지수가 보여 주는 것과 숨기는 것

생각해 보라. 세상 어디에도 모든 종류의 재화들이 균일하게 평균

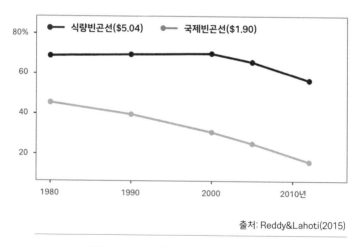

출처: Reddy&Lahoti(2015)

그림2. 5.04달러 식량빈곤율과 1.9달러 국제빈곤율

적으로 가격이 변해야 할 이유는 없다. 어떤 재화는 물가의 평균 동향을 크게 벗어나 가격이 천정부지로 치솟는 반면, 어떤 재화는 가격이 감소한다. 물가지수는 물가의 평균 동향을 나타낼 뿐, 그 숫자를 한꺼풀 벗겨 보면 단순히 요약되지 않는 다이내믹함이 배후에 숨어 있다. 정치경제학자인 심숀 비클러**Shimshon Bichler**와 조너선 닛잔**Jonathan Nitzan**은 물가동향을 나타내기 위해 사용되어 온 CPI**소비자물가지수**와 같은 물가지수들이 변화율의 차이가 매우 큰 여러 품목의 가격을 (가중)평균함으로써 변화율이 작은 품목과 큰 품목의 물가동향 편차를 숨기는 경향이 있다고 지적한다.[15] 이 편차가 '승자'와 '패자'를 가르는 차별적 소득 재분배 효과를 반영하고 있다는 점을, 그들은 저서 《권력자본론》에서 설득력 있게 예증한다. 다시 말해, 물가동향의 편차를 숨기면 차별적인 소득 재분배도 가려진다.

닛잔과 비클러는 지난 수십 년간 미국의 도매물가지수가 오를 때마다, 미국 500대 기업의 이윤이 미국 전체 기업에 비해 상대적으로 증가하는 역사적 패턴을 발견했다.[16] 인플레이션이 있을 때마다 대기업의 이윤이 다른 기업에 비해 상대적으로 증가하는 경향이 있었다는 의미다. 인플레이션이 채권자와 채무자 사이에서 부**wealth**의 구매력을 이전함으로써 재분배 효과를 야기한다는 점은 잘 알려져 있던 경제학적 사실이지만, 닛잔과 비클러의 분석은 보다 정치학적이다. 인플레이션 상황에서 기업들이 제품 가격을 인상해 이윤을 늘릴 때, 시장점유율과 가격결정력이 더 높은 기업들이 그 이득을 더 크게 누려 왔다는 것이다. 이 말은 대기업이 가격결정력을 행사하는 품목들에서 물가 변화가 더 크게 나타난다는 의미다.

닛잔과 비클러의 발견은 인플레이션의 재분배 효과가 그저 화폐적 현상의 부수적 효과가 아니라, 서로 다른 가격결정력을 가진 행위자들의 "가격 인상을 통한 재분배 투쟁"[17] 결과로서도 나타난다는 사실을 알려 준다. 더 나아가 닛잔과 비클러는 인플레이션이 계급적이기도 하다고 말한다. 1950년대 이후 미국 민간 부문의 평균 시간당 임금 대비 S&P 500 기업의 주당순이익 비율 그래프를 시간축에 따라 그려 보면, 역시 물가 변화와 상당한 상관관계를 띤다는 것이다. 인플레이션이 높을수록 노동자는 울고 자본가는 웃었다는 의미다. 대기업과 자본가가 인플레이션의 승자였다면, 중소기업과 노동자는 인플레이션의 패자였다.[18]

가격들 사이의 편차가 무시된 평균적인 물가 변화에 따라 빈곤율을 산출하는 방법이 서로 다른 가격결정력을 가진 상이한 계층 사이의 권력적 다이내믹을 반영하지 못하며, 빈곤층이 직면하는 살림살이의 실태를 제대로 드러내지 못할 것이라는 걱정은 기우가 아니다. 닛잔과 비클러의 주장을 일반화할 수 있다면, 물가 변화는

가격결정력이 낮은 빈곤층에게 덜 호의적일 테니 말이다. 생각해
보자. 자동차의 가격 변화와 먹을거리의 가격 변화 중 빈곤의 실태
를 파악하는 데 더욱 중요한 정보는 후자겠지만, 세계은행이 사용
하는 물가지수에는 그런 변별력이 없다. 그렇다면 빈곤층이 생계
를 위해 소비해야 할 물건들의 물가가 전반적인 물가 상승 폭보다
더 높은 폭으로 상승해서 실제로는 빈곤층의 살림살이가 더 팍팍
해졌더라도, 물가지수를 이용해 환산하는 계산법으로는 이걸 알
길이 없는 것 아닐까? 인도 경제학자 웃사 파트낙**Utsa Patnaik**은 서
로 다른 연도의 액수를 비교하는 매개인 물가지수가 빈곤층의 영
양 섭취 비용과 동떨어져 있는 까닭에, 인도의 빈곤율이 생활 수준
저하에도 불구하고 감소하는 통계적 착시가 있다고 주장한다.[19]

빈곤 통계의 바탕이 되는 자료에서 서로 다른 두 시점의 소득을
비교할 때 나타나는 난점은 또 있다. 시간이 지나며 경제가 성장하
고 사회구조가 복잡해짐에 따라, 사회에서 통용되는 최소한의 생
활 수준을 유지하기 위해 누려야 할 새로운 종류의 재화와 용역이
생기기도 한다는 점이다. 일터와 가정의 거리가 물리적으로 멀지
않았던 농업사회에 비해, 도시화가 한층 진척된 산업사회에서는
먼 거리의 통근, 통신 등이 일반적이며 대중교통 요금이나 자가용
유류비, 통신비 등이 새로 발생한다. 이런 경우, 빈곤층의 구매력이
향상하더라도 증가한 구매력의 상당량이 사회구조 변화에 수반한

새로운 종류의 비용에 흡수될 수 있다. 이런 사정을 고려하지 않는다면, 빈곤층의 소득과 소비의 증가가 실제로 생활 수준을 높이는 데 의미 있는 기여를 하지 못했더라도 빈곤율은 감소하는 것처럼 보일 수 있다.

인도는 지금까지 살펴본 이론적 문제들이 빈곤 통계의 해석에 큰 영향을 미칠 수 있음을 경고하는 사례로 주목된다. 세계적으로 극빈층 비율의 시계열적 변화를, 즉 최근으로 올수록 극빈율이 줄었다는 신낙관주의자들의 팩트를 견인한 두 주역 가운데 하나이기 때문(다른 하나는 중국이다)에 인도는 과연 인류의 80퍼센트가 빈곤에서 벗어났는가를 답하는 데 아주 결정적인 사례다. 인도의 빈곤율 통계에 태클을 걸었던 경제학자 웃사 파트낙은 높은 경제성장률로 통계상 빈곤율이 감소하는 시기에 보통 영양 결핍 상태로 간주되는 하루 영양 섭취량 2,100칼로리 미만의 인구 비율은 오히려 증가했다고 지적한다.[20]

이 밖에도 세계은행의 빈곤선이 타당한지 의심할 만한 이유는 몇 가지 더 있다. 단적으로, 빈곤율이 높은 지역의 물가 자료가 선진국에 비해 신빙성이 낮다는 문제가 있다. 통계 자료를 생성할 사회 인프라가 부실하고, 빈곤 통계가 정치적 고려로부터 자유롭지 못한 저소득 국가의 빈곤선을 액면 그대로 믿을 수 있는가?[21]

같은 재화여도 빈곤층이 부담하는 물가 수준은 그 나라의 일반

시민이 경험하는 물가와 다를 수 있다는 문제도 있다.[22] 빈곤층은 같은 재화를 구입하더라도 더 적은 수량을 구입할 수밖에 없어 높은 단가를 지불하게 되기 때문이다.

2020년 유엔 '극단적 빈곤 및 인권 문제에 관한 특별보고관' 필립 올스턴**Philip Alston**은 세계은행의 빈곤선 관련 여러 논의들을 검토한 끝에 최종 보고서를 유엔 인권이사회에 제출한다. 이 보고서에서 그는 세계은행의 1.9달러 국제빈곤선이 빈곤 문제의 실태를 이해하기 위한 근거로서는 부적절하다고 결론짓는다.[23]

어떻게 측정해야 할까

또 다른 문제는 1.9달러 빈곤선이 작은 오차에도 민감하다는 것이다. 경제학자 앤디 섬너Andy Sumner와 피터 에드워드Peter Edward는 소득 크기에 따른 인구밀도의 분포를 따져 보았을 때, 1.9달러 빈곤선에서는 그보다 단 10센트 많은 2달러로 빈곤선을 조정하면 통계상 빈곤 인구가 1억 명이나 증가한다는 점을 지적한다(현재 세계 인구는 대략 80억 명이다).[24]

섬너와 에드워드가 빈곤율 감소의 실태가 세계은행 통계가 암시하는 전망만큼 낙관적이지 않다고 생각하는 또 다른 이유는, 빈곤율이 감소하는 세계적 추세에 단 한 개 국가인 중국의 기여가 매우 크다는 점에 있다. 두 사람은 세계에서 인구수가 가장 많은 중국에서 빈곤율이 빠른 속도로 감소하며 전 세계 빈곤율 추세 역시 우하향의 궤적을 그린 점을 짚는다. 중국의 빈곤율 추정치가 믿을 만하지 않다면, 중국의 빈곤율에 크게 영향받는 전 세계 빈곤율 추이도 잘못된 방향을 그리고 있을 수 있다. 그럼 중국을 제외하고 그 바깥 세계의 빈곤율을 계산한다면 어떻게 될까? 여전히 빈곤율이 감소하는 선형적 추세가 나타날까?

2장 어떤 팩트는
만들어진다

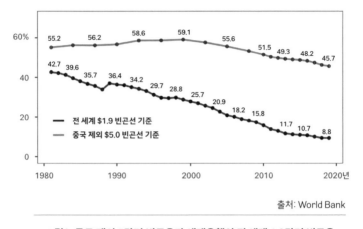

출처: World Bank

그림3. 중국 제외 5달러 빈곤율과 세계은행의 전 세계 1.9달러 빈곤율

섬너와 에드워드가 1.9달러 빈곤선의 대안으로 제시하는 건 5달러 빈곤선이다. 전 세계 국가들의 빈곤선 평균과 세계 시민의 소비 수준 중위값이 모두 하루 5달러쯤에 형성되어 있으며, 측정 오차에 대한 민감도가 크게 낮아지기 시작하는 구간도 5달러 근처이기 때문이다. 〈그림3〉에서 파악할 수 있듯, 세계은행의 1.9달러 빈곤선 기준으로는 1981년부터 빈곤율이 우하향한다. 그러나 중국을 제외하고 5달러 빈곤선을 기준으로 하면 1981~1999년 55.2퍼센트에서 59.1퍼센트로 증가한다(빈곤이 증가했다는 사실에 너무 큰 의미를 부여해서는 안 된다는 점에 주의하자. 빈곤율이 높은 개발도상국의 인구 증가율이 선진국보다 높다는 점을 고려해 해석해야 한다). 이후 2000년대에는 다시 감소하기 시작해 2016년 45.7퍼센트를 기록하지만 빈곤율이 증가하기 이전 1981년에 비해서는 35년 동안 9.5퍼센트포인트 감소한 수준이다.

이것이 스티븐 핑커가 산업화 이래 빈곤율 감소의 절반(40퍼센트)이 일어난 시기로 지목했던 1980~2015년에 이뤄진 변화의 보다 구체적인 실상이다. 섬너와 에드워드의 빈곤선으로 측정하면 세계은행의 기준을 따라 그린 애초의 그래프에 비해 빈곤율이 매 시점 더 높을 뿐만 아니라, 특히 1980~1990년대 약 20년에 걸쳐서는 시간의 경과에 따른 추세 역시 감소세가 아닌 완만한 증가세로 나타난다(거듭 당부하건대, 이 증가에 지나친 의미 부여를 하지 말길 바란다). 세계적 차원의 불평등을 나타내는 지니계수[2] 역시 중국을 제외하고 나면 2000년까지 증가하는 추세를 관찰할 수 있다.

세계은행 빈곤선의 진짜 문제

안타깝게도, 세계은행의 '틀린' 빈곤선 대신 다른 빈곤선(즉, '5달러')으로 그래프를 그리는 게 세계은행의 빈곤 측정법이 가지고 있는 근본적 문제를 해결해 주지는 않는다. 핑커는 전 세계의 소득 분포 자체가 상향 이동했기 때문에, 빈곤이 감소했다는 자신의 팩트가 어떤 빈곤선을 선택하는지와 무관하게 타당하다고 주장한다. 그

---

2   소득 분포의 불평등도를 측정하기 위한 계수. 0에 가까울수록 평등하다는 의미다.

런데 이 논리 뒤에는 같은 수준의 소득, 같은 수준의 빈곤선이 세계의 모든 곳에서, 모든 사람에게, 모든 시기에 걸쳐 비슷한 구매력과 생활 수준을 보장한다는 암묵적 전제가 있다. 하지만 앞선 연구들에서 보다시피 이는 사실과 멀다. 지역과 국가별로 여러 빈곤선 근처 소득 분포 변화를 조금 더 뉘앙스 있게 이해하는 것이 필요하다. 예컨대, 평균 소득이 비교적 낮고 사회적 개발이 덜 됐던 아시아나 사하라 이남 아프리카 등의 지역에서는 1.9달러 빈곤선이 의미 있을지 모르겠지만, 그에 비해 사회경제적 수준이 높았던 지역에서 살아가는 빈곤층의 생활 수준 변화는 보다 높은 빈곤선을 통해 가늠할 수 있을 것이다.

세계은행은《앳킨슨 리포트》라고 불리는 보고서의 권고를 수용해 소득 수준에 따라 빈곤선을 차별적으로 제시한 바 있다. 세계은행의 소득 분류 기준에 따라 빈곤선을 달리 계산하면 중하위 소득국가 빈곤선의 중위값은 하루 3.2달러, 중상위 소득 국가 빈곤선의 중위값은 하루 5.5달러다.[25] 세계은행의 분류체계상 저소득 국가의 빈곤선에 해당하는 1.9달러를 제외하고는, 중하위, 중상위 소득 국가의 빈곤선에서 중국 바깥의 빈곤율이 2000년까지 소폭 증가하는 현상을 확인할 수 있다(〈그림4〉, 〈그림5〉).

1.9달러의 빈곤선에서도 인도의 기여를 제외하면 중국 바깥 세계의 빈곤율은 2000년까지 뚜렷한 변화 없이 정체하는 양상을 띤

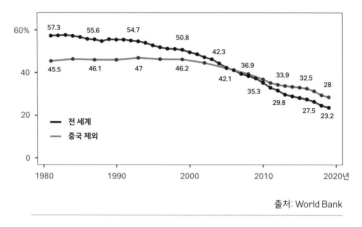

그림4. 3.2달러 국제빈곤선에서의 빈곤율

다. 같은 기간 인도 빈곤율의 감소를 액면 그대로 신뢰하기 어려웠던 사정을 고려하면, 어떤 기준으로든 빈곤 상태가 명백하게 개선되기 시작하는 건 2000년대 이후다. 핑커가 1820년 이래 인류사에서 이뤄진 빈곤율 감소의 절반, 그러니까 40퍼센트가 일어난 시기로 지목한 35년의 기간 중 첫 절반 동안(1981~1999년) 중국 바깥에서는 전반적으로 빈곤의 개선이 정체하고 있었다.

최근 경제학자 미카일 모아소스Michail Moatsos와[26] 로버트 앨런 **Robert Allen**이[27] 제안한 방법으로 극빈율을 새로이 계산한 결과도 비슷한 패턴을 드러낸다.[28] 앞에서 검토한 세계은행 식의 빈곤 측정법에 제기된 비판들은 대략 PPP와 CPI 등 지수 문제에 수렴하고 있다고 해도 과언이 아니다. 서로 다른 단위로 측정된 다른 연도,

2장 어떤 팩트는
만들어진다

다른 지역의 소득 수준을 일관되게 비교하기 위해 필요한 것이 이 지수들이기 때문이다. 지수의 사용으로부터 비롯된 문제를 피하는 방법은 지수를 통해 빈곤선을 환산하지 않고, 매 시점 지역별로 빈곤선을 고유한 화폐 단위로 측정해 계산하는 것이다. 이에 따라 모아소스와 앨런은 당해 그 지역의 물가 자료를 이용해, 각 품목의 영양 함량과 그 물가라는 조건하에 일정한 수준의 영양 함량을 섭취할 수 있는 최소한의 소득을 계산하는 최적화를 수행했다. 그 지역 화폐로 빈곤선을 정하고 빈곤율을 측정한 것이다.

이 방법으로 극빈율을 다시 계산한 모아소스 데이터의 시계열(〈그림6〉의 CBN**Cost of Basic Needs**)은 세계은행의 방법으로 그린 그래프(〈그림6〉의 DAD**Dollor A Day**)와 비교했을 때 1980년 이후의 전

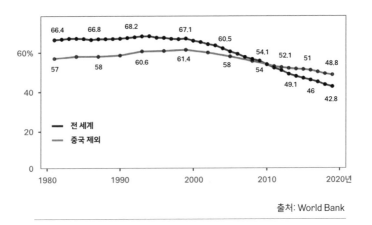

출처: World Bank

그림5. 5.5달러 국제빈곤선에서의 빈곤율

개가 사뭇 다르다. 1980~1990년대 20년을 그 전후 20년씩과 대조해 보면 문제가 명료해진다. 세계은행의 방법으로는 드러나지 않았던 뚜렷한 정체 혹은 퇴보의 구간이 이 기간에 나타난다. 특히 1990년 이후로 빈곤율이 뚜렷하게 상승하는 궤적이 보이는데, 이는 중국 때문이다. 하지만 이 시기 중국의 자료를 어떻게 해석해야 할지에 대해서는 곤란한 문제들이 여럿 뒤따른다. 모아소스는 2023년 다른 공저자들(추후 서술할 설리번과 히켈)과 함께 집필한 논문에서 이 시기 중국의 빈곤율이 급증했다는 입장을 취하는데, 뒷부분에서 다시 살펴보도록 하자. 해석이 까다로운 중국 사례를 제외하더라도, 우리는 최소한 1980~1990년대 빈곤율의 개선이 정체하는 구간이 있다고 말할 수 있다.

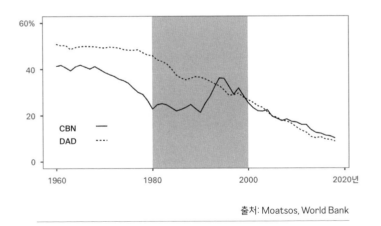

출처: Moatsos, World Bank

그림6. 서로 다른 방법으로 계산한 극빈율

87

스티븐 핑커와 한스 로슬링이 고려하지 못한 사실관계가 너무 많다는 점은 점점 분명해진다. 여기서는 단정적인 결론을 내리기보다는, 어느 사실관계에 초점을 두고 빈곤율의 변화를 해석하는지에 따라 그 정치적 함의가 크게 달라진다는 점에 주의를 환기하면 충분할 듯하다.

해석자와 정치적 함의

이제 핑커와 신낙관주의자들의 해석이 어떤 정치적 함의를 갖는지 따져 보자. IMF, 세계은행과 같은 국제금융기구의 주도하에 1980~1990년대 많은 개발도상국들이 구조조정 프로그램을 거쳐 세계 시장으로의 통합을 단행한다. 핑커와 신낙관주의자들의 극빈율 그래프는 바로 이 시기에 세계의 가장 궁핍한 사람들이 가난의 질곡으로부터 벗어나기 시작했다고 말하고 있다. 1960~1980년대 비슷한 구간을 맴돌다가 1980년대 이후 급격한 기울기로 감소하기 시작하는 〈그림6〉 점선 그래프의 궤적이 정확히 그런 내러티브를 뒷받침한다. 핑커는 《지금 다시 계몽》〈8장 부〉에서 같은 방법으로 그려진 극빈율 그래프를 들이밀며, 오늘날 개발도상국의 빈곤 인구를 가난의 구렁텅이로부터 구원하고 있는 '위대한 수렴'은 1980년대 이후 전개된 세계화의 물결과 공산주의 및 사회주의의 몰락에 그 원인이 있다고 말한다. '신자유주의 쌍두마차'의 일역을 담당했던 영국 수상 마가렛 대처의 자문 싱크탱크로 알려진 애덤스미스연구소의 시니어 펠로 팀 워스톨은, 1장에서 이미 언급했듯, 이 그래프의 의미를 좀 더 노골적으로 말했다. "자유무역과 세계화, 워싱턴 컨센서스", "신자유주의" 덕분에, 인류 역사상 빈곤이 가장 크게 줄었으며, 불평등도 감소했다고 말이다.[29] 이들에게 팩트는 신자유주의와 세계화, 자본주의의 편이다.

그런데 빈곤층의 살림을 보다 현실적으로 반영하는 방법으로 극빈율의 시계열을 다시 그려 보면 그림이 사뭇 달라진다는 점을, 세계은행과 신낙관주의자들은 알지 못했던 것일까. 저 국제금융기구들이 주도하는 세계화가 가장 급진적으로 전개되던 시기에 실은 극빈율의 개선이 정체되기 시작했으며 일부 지역에서는 오히려 상승하기도 했다는, 신낙관주의자들의 그래프가 보여 주지 않는 사실관계로 그들의 팩트는 와해된다.

그러나 신낙관주의의 팩트가 얼마나 허술한 방법론적 가정 위에 세워졌는지를 밝히는 것만으로는 부족하다. 결과적으로 40년 전에 비해 분명하게 극빈율이 감소했기 때문이다. 세계 시장의 통합이 심화된 2000년대 이래, 세계의 빈곤이 점차 줄었다는 사실은 앞의 어느 그래프로든 분명해 보인다. 그렇다면 이 논의는 빈곤이 감소하고 있다는 사실을 축하하고 긍정하며 마무리되어도 좋은

2장 어떤 팩트는 만들어진다

가? 그러고 싶지 않아서 나는 이 책을 시작했다.

새로 그려진 그래프들 때문에 문제는 더 복잡해진 것 같다. 세계은행의 국제빈곤선을 기준으로 한 그래프에서는 지난 약 40년간 (1980~2010년대) 극빈율이 줄곧 감소했으므로, 신낙관주의자들은 마찬가지로 이 40년 사이에 일관되게 진행된 거대한 변화인 세계화의 진척을 극빈율 감소와 관련짓는 것만으로도 세상의 진보를 설득력 있게 설명할 수 있었다. 이것이 세계화의 쾌거라고 말이다. 하지만 빈곤의 감소가 2000년 전후에야 뚜렷해지는 새로운 그래프들을 해명하기 위해서는 왜 2000년경 이전 20년 동안 정체하던 감소세가 뚜렷해지는지를 통합적으로 설명할 수 있어야 한다.

핑커는 빈곤 퇴치를 이끄는 요인 다섯 가지 가운데 하나로 세계화를 꼽는다. 그의 말이 틀리지 않았다면, 세계화가 심화된 이 40년 사이에 무슨 변화가 있었길래 많은 개발도상국이 세계화의 혜택을 그 절반의 기간 동안은 제대로 누리지 못하다가 20년이 다 지나가서 상승의 물결에 올라탈 수 있었던 걸까?

핑커 본인의 말처럼 "세계화라는 단어를 들으면 정치 스펙트럼 여기저기서 공포스럽다, 혐오스럽다 하는 반응이 튀어나"오는 만큼, 세계화는 줄곧 논쟁적인 주제였다. 하지만 그는 "개발 전문가들은 세계화가 각국의 빈곤층에게 수지맞는 일이었다는 점에 동의"한다고[30] 언급한다. 실로 국가 간 경제 교류의 확대가 개발도상국 빈곤층에게 생활 수준의 향상을 선물했다는 점에는 이견이 있기 어렵다. 무역 확대가 개발도상국 빈곤층에 어떤 영향을 미치는지 분석한 두 경제학자 데이비드 달러David Dollar와 아트 크레이Aart Kraay의 이정표와 같은 논문 〈무역, 성장, 그리고 빈곤Trade, Growth and Poverty〉은 세계화에 대해 여기저기서 제기되는 불만을 일거에 불식시켜 주었다. 두 사람은 1980년대 이후 20년간, 세계화에 적극 동참한 세계화 국가들은 다른 개발도상국이나 선진국에 비해 더 높은 경제성장률을 기록했고, 경제성장률이 높을수록 저소득층의 소득도 증가해 절대적 빈곤이 급격히 감소했다는 사실을 실증했다.[31]

그렇다면 세계화가 그렇게 뜨거운 감자인 이유는 무엇이었을까? 핑커의 말마따나 전문가를 무시하는 무지한 우민, 이데올로그, 포퓰리스트의 불평불만일 뿐이었을까? 하지만 대니 로드릭Dani Rodrik이나 조지프 스티글리츠Joseph Stiglitz 등 세계화 논쟁에서 비판적 입장을 취했던 이들이 제기해 온 쟁점은, 핑커의 말을 빌리자면, "컨테이너선과 제트 비행기 덕분에 (중략) 폭발적으로 증가"한 무역 그 자체에 관한 것이라기보다는, "투자와 거래에 드는 관세와 여타 장벽"[32] 등을 급격하게 제거하는 개방정책 혹은 함께 진행된 민영화 및 규제 완화 등에 관한 것이었다. 즉 1980~1990년대 개발도상국에게 구제금융을 대가로 정책 개혁을 공격적으로 요구해 온

2장 어떤 팩트는 만들어진다

IMF와 세계은행 등 워싱턴에 위치한 국제금융기구들의 주도로 확산된 소위 '워싱턴 컨센서스', 그 정책 패러다임의 세계화에 관한 것이었다.[33] 세계은행 부총재이기도 했던 스티글리츠는 워싱턴 컨센서스를 지탱하는 "세 기둥"이 바로 재정긴축, 민영화, 시장 자유화라고 했다.[34] 세계화 비판이 많은 경우 신자유주의 비판과 연동되어 왔던 까닭이 여기 있다.

그럼 워싱턴 컨센서스의 정책 영향력을 어떻게 측정할 수 있을까? 워싱턴 컨센서스 확산의 주역 IMF는 채무국에 융자 제공의 조건으로 재정, 무역 및 환율, 노동규제와 민영화 등 여러 정책 영역에서 개혁을 내용으로 하는 신용공여조건conditionality을 요구해 왔다. IMF와 채무국 사이에 체결된 협정을 하나하나 검토하며 정책 영역별로 신용공여조건을 분류하고 데이터화한 사회과학자들의 수고 덕분에, 다행히도 우리는 IMF 신용공여조건의 확산과 영향력을 측정할 수 있다. 〈그림7〉은 이 데이터로 IMF 신용공여조건의 추세를 그려 본 것이다. IMF 조건의 개수는 전 세계에서 1980년 이후 늘기 시작하다가 1990년대 후반에서 2000년을 전후로 한 몇 년 사이에 정점을 찍고 감소하기 시작한다. 워싱턴 컨센서스의 세 기둥으로 지목된 재정긴축, 민영화, 시장 자유화가 각각 해당하는 재정 이슈, 국유기업 민영화, 대외부문, 세 개 정책 영역의 구조개혁 조건의 영향 아래 있던 인구의 비율 역시 비슷한 패턴을 보인다

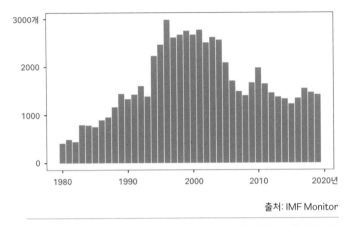

출처: IMF Monitor

그림7. IMF 신용공여조건의 개수로 살펴본 워싱턴 컨센서스의 확산과 퇴조

(〈그림8〉). 워싱턴 컨센서스는 이렇게 채무국에게 금융 지원의 대가로 구조조정 조건을 부과하며 개발도상국의 개발 정책 패러다임을 지배했다.

　IMF와 세계은행 등의 워싱턴 컨센서스가 주도하는 1980~1990년대 세계화 시기를 포함해 약 반세기에 걸친 세계의 발전 지표 변화를 추적 비교하는 페이퍼를[35] 발행해 온 경제학자 마크 와이즈브롯**Mark Weisbrot**은 IMF의 정책 영향력이 개발도상국들 사이에서 퇴조하는 2000년대 이후의 분위기를, 기대수명 등 여러 발전 지표의 개선율이 2000년경 다시 회복된 까닭으로 꼽는다.[36] 국제금융기구들이 주도한 세계화가 사회 지표를 진보시킨 것이 아니라, 이들 때문에 위축되었던 진보가 이들의 영향을 벗어나며 회복되었다는

2장 어떤 팩트는
만들어진다

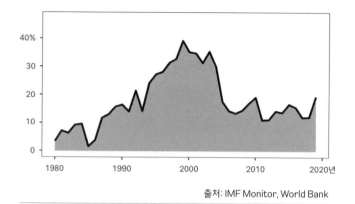

그림8. IMF 구조조정 조건을 부과받은 국가들의 인구 비율
(전 세계 인구=100%, 중국, 인도 제외)

것이다. 이는 핑커와는 완전히 다른 해석이다.

그럼, 와이즈브롯의 설명이 새로 그려진 빈곤율 그래프들을 납득시켜 줄 수 있을까? IMF가 확산시킨 워싱턴 컨센서스에 입각한 정책들이 개발도상국의 빈곤을 가중했을까?

풍요의 세계화인가, 빈곤의 세계화인가

〈그림7〉에 사용된 것과 같은 IMF 조건 자료를 이용해 1986~2016년 81개 개발도상국의 빈곤율에 대해 통계적 분석을 수행한 2020년의 연구 결과를 보면, 무역 자유화 및 민영화 등 정책 개혁과 긴밀히 결부된 구조개혁 조건의 증가가 이후 빈곤율의 증가로 이어지

는 유의미한 통계적 관계가 있었다.[37]

핑커가 빈곤 감소의 또 다른 원인으로 지목한 공산주의 몰락은 어떤가? 동유럽 및 과거 소련 연방 지역의 극빈율은 소련 해체 직전까지 감소하며 거의 0퍼센트에 가까운 바닥을 찍었다가, 1990년대 소련 붕괴 직후 수직 상승한 후로는 가장 최근까지도 자본주의 이행 직전의 수준을 회복하지 못하고 있다(〈그림9〉). 동유럽 및 중앙아시아 지역의 과거 사회주의 국가에서 자본주의 이행기에 빈곤율이 상승한 현상은 이미 알려져 있던 사실로, 세계은행에서 출간한 연구 자료 역시 자본주의 이행 과정에서 동유럽과 중앙아시아의 옛 공산권 국가의 빈곤율이 상승했다는 사실을 중요하게 논의할 정도였다.[38]

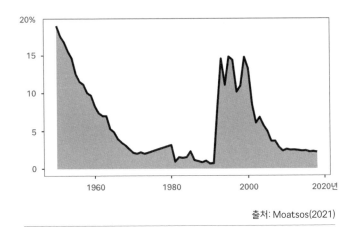

출처: Moatsos(2021)

그림9. 동유럽 및 과거 소련 연방 지역의 극빈율 추이

2장 어떤 팩트는
만들어진디

소련과 마찬가지로 공산주의 계획경제를 운용하던 중국의 성적표는 조금 더 복잡하다. 1980년대부터 직선적인 감소세를 그리는 신낙관주의자들의 그래프든, 혹은 1990년대에 오히려 치솟은 봉우리를 만든 새로운 그래프든, 1980~1990년대 약 20년간의 추세에 가장 큰 기여를 한 나라가 바로 중국이다. 중국이 겪은 변화의 방향이 긍정적이었는지 부정적이었는지를 판정하는 것이 이 시기 극빈율 성적표에서 핵심 이슈로 부상한다.

신낙관주의자들의 데이터가 말하는 대로, 이 시기에 중국의 극빈율이 눈부시게 감소했다고 가정해 보자. 그렇다고 해도, 워싱턴 컨센서스의 굴기와 사회주의의 몰락이 중국의 진보를 이끈 원인이라고 말할 수 있는가? 그런 단순명쾌한 결론을 가로막는 가장 눈에 띄는 요인은 중국이 시장경제로 이행과 경제 개방 과정에서 운용했던 제도가 개발도상국들과는 달랐다는 점이다. 스티글리츠와 로드릭이 공히 지적한 것처럼, 과거 소련 출신의 이행기 국가들에 비해 중국의 경제 개발은 이중가격제 및 집단소유 향진기업 등 '가격 통제'와 '공공 소유'라는 계획경제의 요소를 활용하는 방식으로 이뤄졌다.[39] 계획경제 시대의 유산인 집단농장의 해체가 곧 자본주의적 농업의 발달로 귀결되지 않고 가족농을 성장시킨 것 역시 1980~1990년대 중국 경제 개발의 특징적 면모라고 할 수 있다. 대규모 서베이 자료를 이용한 한 연구는 중국 농업 인구 중 전형적

의미의 자본주의적 임금노동자 비율을 최소 3.0~3.4퍼센트에서 최대 5~8퍼센트로 추산하는데, 18세기 농업혁명기의 영국은 물론, 동시대의 인도, 동아시아 모델의 일본 등과 비교해 보아도 그 비중이 낮은 수준이다.[40]

이런 차별성은 어디에서 비롯되는가? 개혁개방 초기에도 중국은 토지의 국가 소유제하에서 농민이 할당 생산량을 정액에 상납하고 정부는 노동자에게 물량을 배급하는 과거 계획경제 시스템의 요체를 완전히 폐지하지는 않았다. 단, 집단농장을 해체해 가족농장을 촉진하며 점진적 시장화의 길을 선택했다.[41] 로드릭의 말처럼, 중국은 계획경제의 요소를 일거에 제거하지 않고 시장이 주는 인센티브를 제도에 접목해 제도 변화의 충격을 완화했던 것이다. 이렇게 시장 사회주의의 틀 안에서 시장경제로 이행한 중국의 빈곤율은 1980년대를 거쳐 직선적으로 감소한다. 신낙관주의자들이 사용한 세계은행 데이터에서만 감소세가 나타나는 건 아니다. 이 시기의 빈곤 감소세에 관해서는 모아소스 데이터도 방향이 일치된다. 모아소스 데이터에 따르면, 중국은 1968년 56.1퍼센트에서 시작한 극빈율의 감소세를 1980년대 개혁개방 초기까지도 비교적 안정적으로 관리해, 1990년에는 국빈율이 거의 0퍼센트에 도달했다(《그림10》). 급진적 시장화와 민영화 속에서 극빈율이 치솟았던 동구권 사회주의의 몰락과는 딴판이다.

2장 어떤 팩트는
만들어신다

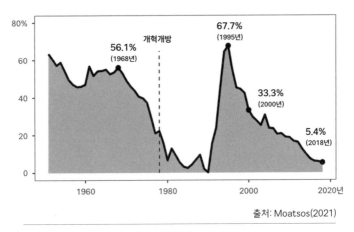

출처: Moatsos(2021)

그림10. 중국의 극빈율 추이

구소련 연방 출신 국가들과 달리, 중국은 지금까지도 국유 부문
이 경제에서 차지하는 비중과 역할이 가장 큰 혼합경제를 운용하
고 있다. 경제학자 토마 피케티**Thomas Piketty** 연구팀의 논문을 보면,
2015년 기준 중국의 공공 자산 비율(약 30퍼센트)은 과거 서구 국
가들이 2차대전 이후 운용했던 혼합경제(약 15~25퍼센트)에 비해
서도 높으며, 중국 법인 지분의 공공 소유 비율 역시 2015년 기준
약 60퍼센트 수준으로 매우 높은 편이다.[42]

그러나 중국도 시장화의 거센 물결이 미친 영향으로부터 아주
자유로웠던 것은 아니다. 모아소스의 계산 결과를 보면, 1990년대
자유화가 본격화되며 극빈율도 함께 급증했다. 여기서부터는 세
계은행의 데이터와 모아소스의 데이터가 가리키는 방향이 다르다.

세계은행의 데이터가 말하는 대로 1990년대에도 일관되게 빈곤율이 감소했다면, 그 감소를 설명하기 위해 새로운 원인을 찾을 필요는 없다. 하지만 그 전까지 안정적으로 관리되던 극빈율이 1990년을 기점으로 치솟기 시작했다면, 이 시기 전개되기 시작한 새로운 사회 변화에 눈을 돌릴 필요가 있다. 2023년, 모아소스는 두 명의 공저자와 함께 이 시기 중국 빈곤율의 전개를 다루는 논문을 펴냈다. 이 논문에서 그는 1990년대에 보다 광범위하게 진행된 국유기업의 민영화와 가격 자유화 정책이 필수품의 가격을 급격히 인상시켜 중국 극빈율을 높였다고 지적한다.[43]

1990년 중국을 바라보는 두 가지 시선

개혁개방 이후 중국이 급속한 경제성장을 경험하며 평균적인 부의 수준을 전례 없는 규모로 크게 늘려 왔다는 데에는 의심의 여지가 없다. 하지만 서민들의 빈곤이나 궁핍과 직접적으로 관련 있는 건, 기본적 욕구 충족에 필요한 재화를 누릴 수 있도록 해 주는 경제적 역량이다. 그러므로 필수품들의 물가동향에 기초해 빈곤선을 산정할 수 있다면, 우리는 그 방법으로 산출한 데이터에 귀를 기울일 필요가 있다. 모아소스는 이 시기 중국의 경제 실적을 평균이나 총량이 아니라, 일반 서민들의 경제적 역량에 의거해 평가했고, 그러자

2장 어떤 팩트는
만들어진다

빈곤율의 그림이 달라졌다. 〈그림10〉은 모아소스가 측정한 중국의 기본 욕구 빈곤율로, 1995년 67.7퍼센트로 최고점을 찍고 있다.

　모아소스가 사용한 물가 자료의 의미를 과연 어디까지 해석해야 할지는 그렇게 단순한 문제가 아니다. 액면상으로 필수품의 가격이 낮았다고 해도, 가격에 대한 국가 통제가 만연했던 계획경제 체제의 중국에서는 해당 필수품이 충분히 공급되지 못했을 가능성이 있다. 그렇다면 모아소스의 빈곤율 데이터도 중국이라는 특수한 사례에 관해서 단순한 결론을 내릴 수 있을 만큼 강력한 증거라고 하기 어렵다. 하지만 2000년대 이후로 중국의 극빈율이 감소했다는 점에 관한 한, 세계은행의 데이터와 모아소스의 데이터가 모두 일치한다. 어찌 되었건, 지난 20년간 중국이 세계적 극빈율 감소를 견인하는 주역이었다는 사실은 비교적 분명해 보인다.

　그러므로 "자유무역과 세계화, 워싱턴 컨센서스", "신자유주의" 덕분에 인류 역사상 빈곤이 가장 크게 줄었다는 해석은 사실관계와 어긋난다. 자유무역과 워싱턴 컨센서스, 신자유주의가 가장 공격적으로 확장되던 시기 중국과 개발도상국들의 성적표는 오히려 썩 만족스럽지 못했다. 공산주의 혹은 사회주의 몰락과 세계화가 빈곤의 감소를 견인했다는 핑커의 해석도, 이 시기 극빈율의 지역별 동향에 나타나는 중요한 차이를 일관되게 해석하는 데에 한계가 있기는 마찬가지였다. 사회주의 체제에서 자본주의로의 이행이 급진적으로 이어진 1990년대 구소련 연방에서는 극빈율이 급증했다. 과도하게 힘이 큰 정부의 잘못된 정책이 진보를 역행시키기도 한다는 사실은 이미 역사가 예증해 준 바 있다. 로드릭의 말처럼 빈곤의 감소를 이끄는 진보의 방향타는 시장의 제도적 장점을 정부의 적절한 역할로 잘 살려낸 혼합경제가 쥐고 있었다고 말하는 게 균형 잡힌 해석일 테다.

자신이 제시한 통계가 시장 자유화 확산으로 극빈율이 감소했다는 주장을 지지하지 않는다는 비판에, 핑커는 뭐라고 답할까? 어느 독자가 〈가디언〉에 게재된 비판 기사에 대한 입장을 핑커에게 물은 적이 있다. 핑커가 남긴 답장을 보면, 대략 "팩트를 부정하다니, 극좌 마르크시스트 이데올로그가 틀림없군!" 정도가 그의 생각인 것 같다. 그의 발언은 정확히 이렇다.

> "내가 왜 세계적 경제 개발에 대한 (전문가들의) 컨센서스를 마르크시스트 이데올로그에 대항하여 옹호해야 하는지 모르겠군요"[3]

이처럼 핑커는 진지한 학술적 쟁점들을 균형감 있게 검토하기

---

3 Whyevolutionistrue, "Is the World Really Getting Poorer? a Response by Steven Pinker", 2019. 1. 31. whyevolutionistrue.com/2019/01/31/is-theworld-really-getting-poorer-a-response-to-that-claim-by-steve-pinker/

2장 어떤 팩트는 만들어진다

보다 개중에 가장 정치적인 반응을 콕 집어 이념적으로 비방했다. 그가 언급한 제이슨 히켈의 〈가디언〉 기사가 핑커를 비롯한 신낙관주의자들의 내러티브를 비판하는 방식은 학술적으로 엄밀하지 않은 구석이 적지 않다. 그럼에도 핑커의 언술은《지금 다시 계몽》에서 공공 담론의 탈정치화를 역설하는 인물이 자신에게 제기된 비판에 대응하는 방법치고 굉장히 정치적이지 않은가?

핑커는 국제 무역의 확대라는 세계화의 경제적 차원이 가져다주는 분명한 이득과, 세계화와 관련한 공공 담론에서 중요한 쟁점이 되어 온 정치적 차원의 정책 변수를 구분하지 않고 그저 세계화가 빈곤을 줄였다고 한다. 그러나 문제는 어떤 세계화인지였다. 세계화에 동참하는 것만으로 높은 경제성장률과 생활 수준을 이룰 수 있다면, 정치의 역할은 세계화의 도도한 흐름을 방해하지 않으며 대류에 순응하는 것뿐이었을 테다. 즉, 세계화라는 경제적 힘이 빈곤의 종식을 가져올 것을 낙관하며, 그 흐름을 거스르려는 무지한 대중의 포퓰리즘을 방어해 내면 되었을 것이다. 그렇지만 어떤 방식으로 세계화에 참여하는지가 결과를 크게 좌우하는 중요한 매개라면, 정치가 가진 역할의 무게가 사뭇 달라진다. IMF, 세계은행 등 국제금융기구의 주도하에 이뤄진 워싱턴 컨센서스에 입각한 세계화가 1980~1990년대에 많은 개발도상국에 야기한 생활 수준의 후퇴 혹은 정체, 그 이후의 반등은 정치적 선택이 결과의 큰 차이를 낮은 핵심 변수일 수 있다는 점을 시사한다.

경제학자 로드릭은 중국을 비롯한 아시아 국가들이 세계화를 긍정적으로 바라보는 진영에게도, 반대로 부정적으로 바라보는 진영에게도 적절한 사례가 된다는 아이러니를 지적한다.[44] 어떤 방식으로 세계화에 참여하는지가 1980~1990년대 아시아 개발도상국들의 운명을 나눈 변수였다. 1980년대 이래 거의 직선적 하향세를 보여 주는 신낙관주의자들의 매끄러운 극빈율 그래프만으로는 알아채기 어려운 사실관계다.

빈곤이 줄어들었다는 신낙관주의자들의 주장은 어떤 의미에서 과연 팩트다. 신낙관주의자들이 말해 온 것처럼 눈부시지는 않아도, 적어도 2000년을 전후해 세계의 극빈율은 꾸준히 줄어들고 있다. 세계은행 빈곤 데이터의 시계열이 시작된 1980년대 이래 35년 동안 어떤 시점의 빈곤율보다도 오늘날의 빈곤율이 더 낮다는 데에는 거의 의심의 여지가 없다. 그렇다면 이대로 충분한 걸까. 신낙관주의의 문제적 팩트가 극단적 빈곤이라는 추상적 개념을 측정할 기준에 대한 학자 및 관료 사회의 합의와 CPI 및 PPP 등을 통한 환산 과정을 거쳐 사회적으로 구성된 것임을 의식할 때, 우리는 비로소 그 배후에 자리한 암묵적 가정을 발견하고 이 장의 〈그림2〉나 〈그림6〉에서 볼 수 있는 것처럼 완전히 새로운 그래프들을 그릴 수 있었다. 신낙관주의자들은 우리가 지금까지 살펴본 팩트의 제

2장 어떤 팩트는
만들어진다

작 과정을 비판적으로 검토하는 작업을 생략했다. 팩트의 제작자가 암묵적으로 설정한 가정과 관점을 승인하면서도, 이를 중립적이고 객관적인 사실로 자연화했다. 신낙관주의자들의 작업은 사실관계로부터 우리가 배울 수 있는 것들을 얼마나 많이 누락한 것일까. 팩트물신은 이렇게 만들어진다.

지수의 정치

극단적 빈곤의 측정을 통해 보았듯이, 여러 추상적 개념을 측정해 분석하고자 하는 사회과학에서는 측량 가능한 지표들을 종합해 구성개념을 요약적으로 정량화한 지수index의 활용도가 높을 수밖에 없다. 따라서 지표들의 구성 과정에서 무엇을 어떤 기준으로 측정하며, 혹은 무엇은 측정하지 않을지, 그리고 어떤 지표를 각각 어느 정도의 비중으로 반영할지 등의 문제에 관한 제작자의 정성적 판단에 크게 의존할 수밖에 없다. 그렇기에 지수의 구성 과정을 비판적으로 검토하는 것은 사회과학적 주제를 다루는 커뮤니케이션에서 필수다. 이런 비판적 검토가 생략된 팩트물신주의적 태도는 때로 우리의 논의를 오도한다.

우리가 팩트물신을 해체하며 팩트의 구성 과정을 들여다볼 때, 그제야 팩트의 권위 뒤에 가려져 있던 정치적 파워 게임이 드러난다. 극빈율 통계의 산출에서도 중요한 역할을 했고 우리에게도 익숙한 물가지수의 뒤에도 이런 정치적 입장과 움직임이 있었다는 점을 상기해 보자. 중립적인 것처럼 보이는 지수의 뒤에 숨어 작동하는 것은 큰 편차를 만들어 내는 파워 게임이었다. 물가지수로

2장 어떤 팩트는
만들어진다

는 물가동향의 편차가 드러나지 않는다는 닛잔과 비클러의 분석은 '팩트'라고 일컬어지는 숫자가 우리에게 강권하는 객관성에 대한 믿음을 얼마간 유보하고 분석의 목적에 비추어 비판적으로 이를 검토할 때, 정말 중요한 진실을 발견할 수 있다는 것을 확인해 준다. 좀 상투적으로 말하자면, 사실이 곧 진실은 아니다.

정치학자 김상배와 공저자 김유정은 논문에서 현실을 지수로 집약하기 위해 현상의 어떤 요소와 지표를 사용할지, 어디에 가중치를 부여해 지수로 변환할지를 결정하는 일련의 과정이 현실과 지수 사이의 불일치를 야기할 가능성을 환기한다. 두 저자는 이 불일치는 결국 "수많은 요인들과 복잡한 조건 가운데 무엇을 보여 줄 것인가를 선택하는, 일종의 권력의 반영물"이라고 말한다.[45] 또한 어떤 지수의 구성은 현상 배후의 정치적 역학을 숨기기만 하는 것이 아니고, 그 자신이 몸소 정치적 힘을 휘두르기도 한다고 지적한다.[46] 공신력 있는 국제금융기구들이 만들어 온 지수가 제시하는 표준이 현실의 정책 결정에 적잖은 영향력을 미친다는 것이다.

경제학자 장하준 역시 경제 개발과 제도 사이의 관계를 연구할 때 도구로 쓰이는 여러 지수가 세계은행, 헤리티지재단, 세계경제포럼 등 영미식 시장 자유화 정책을 편애하는 조직의 주도로 구성되어 왔다는 점을 꼬집는다. 이런 지수들을 산출하는 데에 바탕이 되는 서베이 응답 자료를 제공해 주는 투자자, 사업가와 학자, 애널리스트의 정성적 판단은 시장 자유화 편으로 치우쳤을 뿐만 아니라, 경제 상황에 적잖은 영향을 받는다고도 지적한다.[47] 통치자의 자의적인 법 집행을 막는 법치주의와 재산권의 보호 등 여러 국가들 사이의 발전 격차를 설명하기 위해 사용된 지수들 다수가 그렇다. 식민지 역사와 긴밀히 관련 있는 변수를 이용해 제도가 경제성장에 미치는 인과적 효과를 밝혀 내는 데 가장 실증적 기여를 한 기념비적 연구로 평가받는 대런 아세모글루Daron Acemoglu 등의 논문 〈비교적 발전의 식민적 기원: 경험적 조사The Colonial Origins of Comparative Development: an Empirical Investigation〉 역시 국제적 컨설팅 회사 PRS그룹이 해외 투자 환경 리스크를 평가해 지수화한 자료를 분석에 사용했다.[48] 그 외에도 특히 정치 공론장에서 빈번하게 소환되어 온 경제적자유지수Economic Freedom Index가 있다. 이 지수들은 이해관계와 인지적 편향으로부터 자유롭지 않은 여러 사람의 정성적 판단을 가공하는 모종의 사회적 공정을 통해 만들어졌다. 그럼에도 숫자가 내뿜는 객관성의 아우라에 힘입어 팩트의 권위를 누려 왔다.

로드릭의 말을 빌리자면, 이런 식으로 만들어진 자료로부터 알 수 있는 것은 이를테면 "투자자가 자신의 재산권이 보호받는다고 느끼면 좋은 결과가 나온다는 것" 정도뿐이다.[49] 투자자들과 애널리스트들이 어떤 나라의 법치주의와 재산권 보호 수준이 높다고

2장 어떤 팩트는
만들어진다

느끼는 까닭이 실제로 그 나라의 법제가 사유재산 보호에 충실하기 때문인지, 혹은 그저 그 나라가 높은 수익성을 기대할 수 있는 안전한 투자처이기 때문인지 어떻게 알겠는가. 로드릭이 지적한 것처럼, 공산당의 일당 독재하에 사법의 독립이 보장받지 못하고 재산권의 법률적 보장이 미비했던 1990년대 중국이 더 수익성이 좋은 투자처라는 이유로 러시아보다 더 높은 법치주의 점수를 받는다면, 그런 결과가 정말 두 나라의 제도 차이를 객관적으로 측정했다고 보기는 어려울 것이다.

삭스와 워너의 지수가 갖는 문제

로드릭은 경제 개방의 긍정적 효과를 보여 주는 도구로 많은 경제학자들이 사용해 왔던 지수의 구성에 적잖은 문제가 있다는 걸, 로드리게즈Francisco Rodríguez와 함께 쓴 2000년 논문 〈무역 정책과 경제성장: 국가 간 증거에 대한 회의론자의 안내Trade Policy and Economic Growth: a Skeptic's Guide to the Cross-National Evidence〉에서 조목조목 밝힌 바 있다.[50] 그리고 이 논문은 세계화 논쟁에 있어 하나의 이정표를 찍었다. 가령, 무역 개방과 경제성장 사이의 긍정적 관계를 발견했다고 밝힌 적지 않은 중요한 연구들은 관세 및 비관세 장벽, 사회주의 경제 여부, 주요 수출 산업의 국가 독점, 암시장 프리

미엄 등 다섯 가지 항목으로 구성된 제프리 삭스Jeffrey Sachs와 앤
드류 워너Andrew Warner의 지수를 '개방'을 나타내는 변수로 활용해
왔다.[51] 즉 삭스와 워너의 '개방지수'는 많은 연구에 '팩트'로 사용됐
다. 그런데 로드릭과 로드리게즈가 삭스와 워너의 연구를 재분석
한 결과, 개방지수는 다섯 항목 가운데 암시장 프리미엄과 수출의
국가 독점, 단 두 개 항목에 매우 크게 의존하고 있었다. 이 두 항목
이 애초에 삭스와 워너의 지수가 측정하고자 한 구성개념에 정확
히 들어맞는지도 의문이다. 로드릭과 로드리게즈는 특히 암시장
프리미엄이 정치적 갈등이나 분쟁, 외부로부터의 충격, 정부 관료
의 부패와 무능 등, 무역 개방 말고도 여러 거시경제적 불안 요인
과 관련된 변수라는 점에서 무역 개방의 효과를 특정하기에 부적
절하다고 비판한다.[52]

이처럼 세계화라는 주제를 분석하는 데에는 분석의 목적과 결
론에 비추어 무역 개방과 같은 추상적 개념을 어떻게 정의하고 측
정할지가 핵심 쟁점이었다. 그리고 어떤 방법을 선택했는지에 따
라 연구자들의 분석은 아주 다른 결론을 내놓기도 했다.[53] 그렇다
면 구성 타당도가 의심스러운 몇 가지 지수에 기초한 분석이 팩트
의 자리를 꿰차는 순간, 공공 담론의 방향이 크게 달라질 수 있지
않았겠는가. 만일 삭스와 워너의 지수에 기초해 개발도상국의 발
전을 위한 정책을 결정한다면 정책가들이 어떤 결정을 내릴지 상

2장 어떤 팩트는
만들어진나

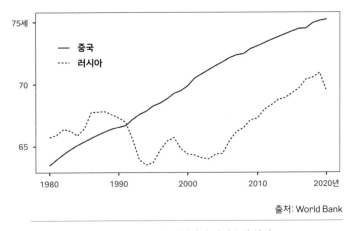

그림11. 중국과 러시아의 기대수명 차이

상해 보라. 사회주의 제도와 관세 및 비관세 장벽, 수출의 국가 독점 등 자유로운 무역에 장애물이 되는 제도들을 제거해 버리는 무역 자유화 정책을 처방하지 않겠는가?

급진적인 무역 자유화가 경제성장에 긍정적 영향을 미친다고 생각했던 학자들의 주장을 강력하게 뒷받침하는 지수를 개발한 제프리 삭스는 어떤 인물인가. 그는 개방지수에 관한 1995년 논문을 집필하기 전, 그러니까 1990년대 초반에 러시아가 경제정책을 마련하는 데 자문 역할로 참여했었다. 훗날 그는 자유화와 민영화의 충격요법을 러시아에 처방했던 인물 중 하나로 지목되며 비판받았다.[54] 사회주의 '철밥통'의 보호를 받다가 자유화와 민영화의 세례 속에 자본주의 시장에 무방비로 노출된 구소련 시민들의 충격은 〈그림9〉의 극빈율 통계에서만이 아니라, 기대수명 및 사망률 통계에서도 고스란히 드러난다. 저명한 의학 저널 《란셋The Lancet》에 게재된 사회학자 데이비드 스터클러David Stuckler 등의 연구는 러시아뿐 아니라 동유럽 및 과거 소련 출신의 여러 국가들에서 체제이행기의 급격한 민영화가 노동연령층 남성의 사망률 증가로 이어지는 유의미한 통계적 관계를 발견했다.[55] 동일 저자들이 참여한 후속 연구는 개인 단위의 자료를 이용한 준실험 방법을 통해 비슷한 결론을 내리고 있다.[56]

비슷한 시기에 계획경제 체제에서 시장경제로의 이행을 겪었던 중국은 워싱턴 컨센서스 아래 전면적인 민영화와 시장화의 길을 걸었던 구소련 국가들과 사망률 통계에서도 큰 대조를 이룬다. 〈그림11〉에서 볼 수 있듯, 중국은 기대수명이 꾸준히 상승했고, 러시아는 사망률 상승으로 기대수명 그래프가 움푹 패인 골을 만들고 있다. 러시아의 기대수명은 2010년경이 되어서야 소련 붕괴 이전의 고점을 회복할 수 있었다.

IMF의 금융지원 조건으로 부과된 정책 중 민영화 조건이 해당 국가의 사망률을 증가시켰다는 사실을 보여 주는 또 다른 연구도 있다. 이전보다 세련된 방법에 입각한 사회학자 엘리아스 노스라티Elias Nosrati 등의 연구는 IMF 민영화의 영향을 구 공산권 국가뿐만이 아니라, 여러 개발도상국과 선진국까지 두루 포함한 IMF 회

원국 180여 개국까지 확장해 분석한다. 소련 붕괴 시점과 일치하는 1990년부터 2017년 사이의 자료를 분석한 결과, IMF 프로그램에 민영화 정책이 포함되면 해당 국가의 호흡기 감염 및 결핵으로 인한 초과 사망이 10만 명당 90명 이상 발생했다.[57] 일각에서는 세계화의 미명 아래 한때 개발의 교범으로 여겨졌던 민영화가 실은 시민의 삶을 불안하게 하고 건강을 해친다는 우려가 있어 왔다. 노스라티의 연구는 이것이 그저 이념가들의 과잉 반응이 아님을 실증한다. 1980~1990년대 추진된 어떤 세계화에는 가난한 이들의 복지를 해칠 수 있는 부정적 측면이 있었다. 그 사실로부터 눈을 돌리게 하는 강한 이념적 편향을 오히려 팩트의 탈을 쓴 지수가 뒷받침할 수 있었다는 점을 우리는 비판적으로 성찰해야 한다.

자본주의와 빈곤

이 장의 〈그림1〉로 돌아가 보자. 1980년대 이후 빈곤율의 궤적이 "자유무역과 신자유주의의 승리"라는 신낙관주의의 내러티브는 사실과 멀다 하더라도, 산업 자본주의의 승리는 부정할 수 없지 않은가?

　인류는 산업화를 통해 역사상 유례없는 부를 창출했다. 다만, 이것이 곧 모두의 후생이 증가하는 결과로 직결되지는 않는다. 어떤 사람들은 팔짱을 끼고 이렇게 말할 것이다. "그래, 경제는 성장했지. 그런데 평균이 무슨 의미가 있어? 부익부 빈익빈이라는 말도 있지 않은가. 부자들은 부유해졌을지 모르지만, 동시에 불평등이 커져서 힘없는 사람들은 더 가난해졌다고!" 이렇게 말하는 사람들에게 오히려 자본주의의 전개가 빈곤율을 줄여 왔다는 〈그림1〉의 그래프는 강력한 반증이다. "부익부 빈익빈은 없다. 가난한 사람들도 더 부유해졌다." 여기에 더해 신낙관주의자들은 말한다. "행복한 과거는 나쁜 기억력 때문이다!"

신낙관주의자들은 먼 과거에 대해 비관적이다. 현대인들이 상상하는 아름다운 목가적 과거는 없다. 인류의 9할이 최소한의 기본적 욕구조차 충족하지 못하는 비참한 삶을 살았다. 근대 자본주의의 전개를 바라보는 낙관주의자들의 시각은, 그 비참함을 자본주의가 줄여 왔다는 것이다. 반면, 비관주의자들은 오히려 산업 자본주의가 빈민의 비참함을 가중했다고 말해 왔다. 사실, 사상가들과 지식인들에게는 이런 비관주의 관점이 더 익숙하다. 이제는 고전이 된 저서 《거대한 변환》에서 경제인류학자 칼 폴라니는 말한다.

그러나 18세기 사상가들 사이에서는 빈민과 진보는 분리할 수 없는 것이라는 점에서 일반적인 의견의 일치를 보고 있었다. 대량의 빈민은 불모의 나라와 미개한 나라에서는 발견될 수 없는 것이며, 비

2장 어떤 팩트는
만들어지나

옥하고 가장 문명화된 나라에서 발견되는 것이라고 존 맥팔레인은 1782년에 기술한 바 있었다. 1774년에 이탈리아의 경제학자 자마리아 오르테스는 국가의 부는 그 나라의 인구에, 불행은 국가의 부에 비례한다는 것은 공리라고 단언하였다. 또 애덤 스미스조차도 사려 깊은 방식으로 가장 부유한 나라에서 노동임금이 가장 높은 것은 아니라고 선언하였다. 그러므로 맥팔레인이 영국은 이제 그 전성기에 접근했기 때문에 빈민의 숫자는 계속 증가할 것이라는 그의 믿음을 표현했을 때 유별난 견해를 대담하게 표명한 것은 아니었다.[4]

산업 자본주의가 만들어 낸 새로운 계층인 임금노동자를 체계적으로 관찰하고 분석한 엥겔스의 《잉글랜드 노동계급의 상황》 역시 18세기의 비관주의적 관점을 계승한 고전이다. 하지만 18~19세기 자본주의의 실태에 대한 이 민족지적 기술은 수량 자료를 제대로 수집하고 분석할 과학적 역량이 없었던 빛바랜 옛날 사상가들의 센치한 감상에 불과했던 것은 아니었을까? 산업 자본주의의 전개와 더불어 극빈율이 눈부시게 감소했다는 신낙관주의자들의 그래프를 보면 자연스레 그런 생각이 들 수밖에 없다. 자본주의 이전 시대에 빈곤율이 높았던 만큼, 인류가 산업 자본주의 심

---

4 칼 폴라니, 《거대한 변환》, 홍기빈 옮김, 길, 2009, 131쪽.

화와 더불어 경험한 빈곤율 감소는 훨씬 더 눈부시게 보인다. 그런데 산업화 이전 인류의 8~9할에 이르는 인구가 최소한의 기본적 욕구조차 충족하지 못하는 극한의 궁핍이 지배하는 삶을 살았으며, 산업화의 도래와 함께 비로소 이 비율이 감소하기 시작했다는 신낙관주의자들의 말은 과연 사실일까?

오늘날 인류가 누리는 부는 산업화 이전에는 그 전례가 없었다. 그러나 신낙관주의자들이 제시하는 〈그림1〉과 같은 그래프에는 다소 불편한 함의도 있다. 이 그래프대로라면 19세기 이래 산업화를 가장 먼저 이룬 선진국들의 선도 아래, 세계의 극빈율은 100년 동안 완만히 감소했다. 그리고 이 기간은 산업화 선발 국가들의 제국주의가 확장되며 나머지 세계가 식민화 또는 반식민화된 시기와 대략 일치한다. 자본주의 국가들의 식민지 팽창이 이뤄지던 시기에, 세계의 가장 가난한 사람들이 빈곤에서 탈출하기 시작했다는 것이다.

〈그림1〉이 기초한 방법론에 여러 의심스러운 가정들이 삽입되어 있다는 점을 우리는 이미 살펴보았다. 그리고 이런 가정들을 제거했을 때 1980~1990년대 극빈율의 직선적 진보가 사라진다는 것도 확인할 수 있었다. 분명 어떤 국가에서는 빈곤율이 감소했지만, 많은 지역에서 빈곤율의 상승이 나타난 탓에, 전 세계의 극빈율은 그 전후 20년에 비해 눈에 띄게 정체하다가 2000년쯤 다시

2장 어떤 팩트는
만들어진디

전과 같은 감소세를 회복했다. 이렇게 빈곤의 측정에 PPP와 물가지수를 사용하는 것이 애초 측정하고자 했던 극단적 빈곤의 구성 개념과 동떨어진 수치를 만들어 내 그 실정을 다소간 왜곡한다면, 같은 방법을 200년 전 먼 과거로 소급해 빈곤을 측정하는 〈그림1〉의 앞쪽 절반의 추세도 과연 의미 있는 궤적을 그리는지 의심스러워진다. 정말 1820년의 1.9달러 소득은 오늘날의 1.9달러 빈곤선과 비슷한 생활 수준을 의미할까? 세계은행의 빈곤 측정법을 비판해 온 경제사학자 로버트 앨런의 최근 연구는 그렇지 않다는 것을 시사하는, 단편적이지만 강력한 실증 분석을 내놓는다.

200년 전 세상에 대해 알 수 있는 것

지수 사용이 만드는 문제를 피하기 위해, 앨런이(그리고 모아소스가) 선택한 방법은 모든 나라에 걸쳐 동일하게 적용되는 생활 수준(영양)의 기준을 정의한 뒤, 나라별로 이 동일한 생활 수준을 누리기 위해 필요한 지출을 그 나라의 물가 자료와 식품별 영양 정보, 기후 정보를 바탕으로 계산하는 것이었다. 앨런은 식품별 영양 함량과 식품의 물가라는 제약하에, 주어진 영양 기준을 만족하기 위한 최소의 비용을 계산하고, 거기에 기후 환경에 따른 주거 비용 따위를 가산함으로써 나라별로 기본욕구빈곤선Basic Needs Poverty

Line을 산출했다.[58] 정해진 수준의 기본적 욕구(영양 섭취) 충족이라는 구체적인 기준을 두고 계산한 빈곤선이라는 점이 앨런의 기본욕구빈곤선의 타당도를 뒷받침한다. 다만, 앨런의 빈곤선에도 한계는 있다. 라발리온에 따르면, 무엇보다도 빈곤층이 최소한의 비용에 맞춰 오로지 주어진 영양 기준만을 소비하는 패턴을 보이지는 않을 것이라는 현실적 문제가 있다.[59] 그럼에도 세계은행의 빈곤선, 그러니까 신낙관주의자들이 이용해 온 빈곤선에 비해서는 서로 다른 시점과 지역에 걸쳐 비교적 일관된 의미를 보존한다는 점에서, 과거의 빈곤율을 오늘날과 비교하는 데에 보다 나은 기준이 될 수 있다.

앨런의 분석에 따라 기본욕구빈곤선을 세계은행의 국제빈곤선과 비교해 보니, 가장 가난한 국가들이 집중된 아프리카에서는 세계은행의 빈곤선과 기본욕구빈곤선이 비슷했지만, 나머지 지역에서는 두 빈곤선 사이에 작지 않은 차이가 있었다. 당연히 빈곤율의 지리적 분포와 크기도 달랐다.[60] 이는 세계은행의 빈곤 측정이 실태를 다소간 왜곡할 수 있음을 시사하는 결과다. 그리고 이런 왜곡이 극빈율의 추이에 대해 실제로 잘못된 진단을 내리게 할 수 있다는 건, 앨런의 방법으로 극빈율의 시계열을 다시 구성해 보여 준 모아소스 데이터를 통해 이미 확인된 바 있다(〈그림6〉). 더 큰 문제는 이런 방식의 왜곡이 긴 역사적 지평을 두고 오랜 과거의 빈곤율을 측정하려고 할수록 더 심각해질 것이라는 점이다.

산업화로 인류 문명은 전에 경험하지 못했던 사회구조의 커다란 변화를 겪었다. 산업화는 무엇보다 생산과 소비의 영역에서 큰 변동을 일으켰다. 애초에 존재하지 않았던 재화와 용역이 경제 통계에 새로이 포함되었다. 이 사실은 뜻하지 않게도, 구매력평가지수와 물가지수 등에 의존하는 세계은행의 빈곤 측정법에 매우 까다로운 문제를 야기한다. 구매력평가지수 산출에 바탕이 되는 상품들의 구성과 가격비 따위가 모두 달라지기 때문이다.[61] 그래서 구매력평가지수가 빈곤층의 살림과 직접 상관이 없는 품목들을 포함해 계산되면 먼 과거의 빈곤율을 추정할수록 더 큰 오류로 이어질 가능성이 크다. 그렇기에 200년이라는 굉장히 긴 시간적 간격을 둔 오늘날(2011년) 시점의 PPP달러로 1820년부터의 빈곤율 변화를 추적하는 핑커와 로슬링의 그래프가 먼 과거로 거슬러 올라갈수록 실태를 더욱 왜곡할 수 있다는 점을 충분히 짐작할 수 있다.

앨런의 방법을 따르면 빈곤율의 역사적 추이가 달라질까? 앨런은 과거 잉글랜드의 사회적 신분 및 직업에 따른 소득과 지출을 정리한 자료를 이용해 1290년경부터 기본욕구빈곤선 미만의 인구 비율을 추산했다. 그 결과, 19세기 초 잉글랜드의 빈곤율은 이미 5~10퍼센트 미만으로 감소해 거의 근절돼 가는 양상이었고, 1290년 무렵 빈곤율도 20~30퍼센트 수준이었다.[62] 산업화 전에는 식민지를 비롯한 세계 인구 대부분이 극단적 빈곤 속에 있었다는 신낙관주의자들의 주장과는 완연히 다르다.

앨런의 방법을 따라 극빈율의 시계열을 다시 구성했던 모아소스는(〈그림6〉) 그 작업을 1820년으로까지 확장한다.[63] 핑커와 로슬링의 그래프가 시작하는 것과 꼭 같은 시점이다. 그렇게 그려진 그래프가 〈그림12〉다. 핑커와 로슬링의 그래프가 1820년 전 세계의 극빈율을 대략 85~90퍼센트 수준으로 그린 것에 비해, 이 그래프는 그보다 10~14퍼센트 정도 낮은 75.6퍼센트에서 시작한다. 약 200년 전반에 걸친 눈부신 감소세는 대략 비슷하다. 모아소스의 데이터가 그리는 1980~1990년대에 걸친 정체기는 200년이라는 긴 시간축에 걸친 큰 그림에서는 눈에 띄지 않을 정도로 짧은 순간일 뿐이었다. 역시 산업 자본주의의 승리는 부정할 수 없는 것일까?

그러나 모아소스의 그래프와 관련한 중요한 사실을 하나 더 살펴보자면, 모아소스의 이 그래프 역시 물가 자료의 부족으로 1924년경 이전으로는 CPI를 이용한 빈곤선 계산 방법을 똑같이 적용하고 있다는 것이다. 그러므로 〈그림12〉의 그래프에서 1924년 이전의 궤적은 〈그림1〉의 그래프와 마찬가지 한계를 노정하고 있다.

또한 핑커와 로슬링 두 사람이 보여 준 극빈율 그래프와 모아소

2장 어떤 팩트는 만들어진다

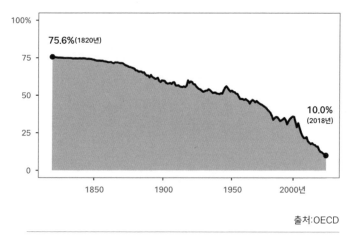

100%

75.6%(1820년)

75

50

25

0

10.0%
(2018년)

1850　　　1900　　　1950　　　2000년

출처:OECD

그림12. 모아소스 데이터에 따른 1820~2018년 전 세계 극빈율

스의 자료로 그린 〈그림12〉의 그래프는 모두 서로 다른 성격의 두 데이터셋을 통합한 자료를 바탕으로 그려졌다는 점에 주의를 기울일 필요가 있다. 1980년대 이후의 자료는 대부분 가계조사로부터 생성되었지만, 앞선 시기에 대해서는 이런 데이터가 풍부하지 않았기 때문이다. 빈곤선 미만의 소비로 근근이 연명하고 있는 전 세계 빈곤층의 가계를 속속들이 알 수 있는 마이크로 데이터가 1980년 이전에는 거의 없었다는 의미다. 그래서 두 그래프는 매크로 자료인 GDP 데이터를 이용했다. 핑커와 로슬링의 1980년 이전 그래프는 소득 분배 자료를 이용해 빈곤선 미만의 소득 비율을 계산한 두 경제학자 프랑수아 부르기뇽François Bourguignon과 크리

스티앙 모리송Christian Morrisson의 추계를[64] 참고해 그려졌다. 그리고 두 사람의 추계는 경제사학자인 앵거스 매디슨Angus Maddison의 GDP 데이터에 기초한다. 다시 말해, 빈곤 가구의 생계를 직접 측정하는 1980년대 이후의 자료와는 달리, 그 전 약 160년에 달하는 자료는 GDP 자료에 크게 영향을 받는다. 모아소스의 데이터도 이 점에 관한 한 신낙관주의자들의 그래프와 크게 다르지 않다.

혹여 GDP에도 어떤 문제가 있을 수 있을까? 그토록 자주 거론되는, 가장 신뢰받는 경제 지표에? 어떤 팩트들이 사회적 과정을 통해 구성된다고 할 때, GDP 통계만큼 적절한 예시도 또 없을 것이다.

GDP가 하루아침에 바뀌다

GDP 계산에 어떤 경제활동을 포함하고 포함하지 않을지를 결정하는 기준은 필연적이지 않다. 그런 의미에서 GDP는 자의적이다. 오늘날 GDP 통계의 작성은 국제적으로 약속된 표준인 유엔의 국민계정체계System of National Accounts를 따르지만, 이 사실이 그 자의성을 제거해 주지는 않는다. GDP 통계의 작성은 모종의 사회적 약속과 관행을 따라 이뤄진다는 바로 그 사실 때문에 자의적이다. 사회적 약속이 변경되면 언제든 GDP 통계의 팩트도 변경될 수 있는 것이다. 이런 점을 염두에 두면, 문재인 정부의 재정 정책을 둘러싸고 이른바 '재정건전성 논쟁'이 한창이던 2019년의 다음 뉴스를 우리는 GDP 통계의 자의성과 관련한 해프닝으로 해석해 볼 수 있다.

> 5일 한국은행에 따르면 국민계정의 기준 연도를 2010년에서 2015년으로 개편하면서 지난해 명목GDP 규모가 1782조 원에서 1893조 원으로 111조 원(6.2퍼센트) 늘어났다. 2015년 명목GDP가 1564조 원에서 1658조 원으로, 2016년은 1642조 원에서 1741조 원으로, 2017년은 1730조 원에서 1836조 원으로 연쇄 조정된 데 따른 현상이다. (중략) 이같이 명목GDP가 늘어났지만, 지난해 말 기준 국가채무는 680조 7천억 원으로 동일해, 국가채무비율은 38.2퍼센트에서 35.9퍼센트로 2.3퍼센트 떨어지게 됐다. 이런 현상은 한국은행이 과거에 국민계정의 기준 연도를 바꿀 때도 있었던 일이다. 이에 따라 지난달 문재인 대통령 주재 재정전략회의 이후 촉발된 국가채무비율 GDP 40퍼센트 돌파를 둘러싼 논쟁은 무의미해지게 됐다.[5]

2018년 한국 GDP가 1782조 원이었다는 팩트는 어떻게 하루아

---

5   "머쓱해진 국가채무비율 40퍼센트 논란······ 불어난 GDP에 내년도 30퍼센트대", 연합뉴스, 2019. 6. 5.

침에 바뀔 수 있었던 것일까? 한국은행의 설명으로는, 국민계정의 기준 연도를 2010년에서 2015년으로 변경하며 이뤄진, 그동안 GDP 통계에 잡히지 않았던 경제활동의 반영, 그간 비용으로 처리하던 지출을 투자로 변경하는 회계 방법의 변화 등이 그 원인이었다. 에어비앤비와 카풀 서비스 등 디지털 플랫폼을 통해 이뤄지는 공유경제를 거래 규모와 부가가치로 측정해 GDP에 반영한 것 역시 주목할 만한 변화였다.[65]

이런 이유로 2018년 한국의 GDP가 100조 원 이상(6.2퍼센트) 증가했다. 이로써 국가채무비율이 곧 GDP 대비 40퍼센트를 넘길 것이라는, 그 당시 일각에서 제기됐던 우려는 조금 머쓱해지게 됐다. GDP가 사회적 행정적 과정에 의존하는 구성적 팩트이기 때문에 벌어진 해프닝이다.

이 정도는 그야말로 작은 해프닝일 뿐이지만, GDP 팩트의 변경은 때로 세상사의 전개에 대해 우리가 알고 있던 익숙한 서사를 송두리째 뒤바꿔 놓기도 한다. 경제학자 다이앤 코일**Diane Coyle**은 이 점을 좀 더 명쾌하게 보여 주는 사례를 제시한다. 예를 들어, 2010년 가나는 실질GDP 계산에 활용되던 물가지수의 가중치를 변경했다. 그러자 하루아침에 GDP가 60퍼센트 증가하는 일이 벌어졌다. IMF에 긴급융자를 신청하고 공공 지출을 대폭 삭감해야 했을 정도로 위태로워 보였던 1970년대 영국 경제는 1979년

2장 어떤 팩트는 만들어진다

선거 이후 GDP와 채무 수치가 수정되자, 애초에 그렇게까지 심각한 위기가 아니었다는 사실이 드러났다. "올바른 통계가 있었더라면 (IMF) 융자가 필요 없었을 것"이라는 당시 노동당 정부 재무장관의 회고를 인용하며 다이앤 코일은 이렇게 묻는다. "그녀의 전임 정권이 IMF를 불러오지 않아도 되었다면 과연 마거릿 대처가 그런 승리를 거둘 수 있었을지 누가 알겠는가?"[66]

GDP와 식민지 근대화론

노파심에서 덧붙이자면, GDP 통계가 구성적이라는 사실이 그것이 그저 허구이거나 창작이며, 따라서 현실을 이해하는 데에 아무런 쓸모도 없음을 의미하지는 않는다. 내가 강조하고 싶은 것은 그것이 만들어지는 관행 속에 어떤 자의적 결정이 개입했으며, 그러한 결정이 GDP 통계를 이용하는 구체적 맥락과 목적에 비추어 어떤 의미를 갖는지 비판적으로 검토하고 해석해야 한다는 것이다. 특히 〈그림1〉과 〈그림11〉의 두 그래프가 통합하고 있는 GDP 국민계정과 가계조사 자료 사이에 나타나는 불일치는 경제 통계로 사람들의 후생 수준을 측정하고자 하는 경제학자들 사이에서 잘 알려져 있던 문제다.[67]

뿐만 아니라 GDP 장기 통계치들이 근거로 삼는 20세기 중반 이전의 원자료들은 오늘날의 GDP처럼 통일된 국제적 회계 기준을 따라 만들어지지 않았다. 그러므로 GDP 자료를 이용해 빈곤층의 생활 수준을 측정한다면, 실제로는 빈곤층의 물질적 후생에 중요한 역할을 하지만 자료에서는 계상되지 않고 누락돼 일관되게 측정되지 못한 경제활동이 있는지를 검토할 필요가 있다.

식민지 시기 한국에서 근대적 경제성장이 이뤄졌다는 소위 '식민지 근대화론'을 뒷받침하는 가장 강력한 팩트인 낙성대경제연구소의 장기 통계에도 이런 문제가 가로놓여져 있다. 오늘날 국민계정체계와는 달리, 식민지 초기 만들어진 공산품 관련 통계들은 자가소비되는 가내생산물을 일관되게 포함하고 있지 않다.[68] 과거로 갈수록 당시 가계에 중요한 요소였던 가내생산물의 파악이 부정확해 누락이 컸다면, 과거의 생활 수준은 과소평가되었을 것이며, 근대의 성장률 또한 과대평가되었을 가능성이 높다. 경제사학자들도 이런 점을 알고 수정 및 보완 작업을 통해 통계의 구멍을 추정치로 채워 넣지만, 대체로 그 과정에서 불확실한 가정들이 개입하기 마련이다. 예를 들어, 식민지 시기 농가의 필수 식품이었을 간장과 된장의 산출량은 원료인 대두의 소비량에 대비해 추정되는데, 이는 가내생산 위주의 조선식 간장, 된장 생산이 비교적 정확히 파악되는 1935~1936년 대두 소비량에 대비한 산출량 비율이 이전 식민지기 전체에 걸쳐 비슷했을 것이라는 가정에 의존한다.[69] 이런

2장 어떤 팩트는
만들어진다

추정들은 대체로 연구자들이 판단하기에 당시의 실정과 가장 부합하는 가정에 근거할 테지만, 그 불확실성을 제거할 수는 없다. 그리고 가정이 많이 개입할수록 그 가정에 근거해 만들어진 팩트가 현실과 동떨어질 가능성은 더욱 커진다. 식민지 근대화론과 실증적으로 논쟁해 온 경제학자 허수열은 역사적 GDP 통계에 미친 자의적 결정의 영향을 비판적으로 해석하며 "식민지 근대화론은 조선총독부 초기 통계가 갖는 여러 문제점들을 충분히 수정하지 않고 사용함으로써 지나치게 성장률을 과대평가하였다"라고[70] 주장했다.

전통경제에서 이뤄지던 생산활동의 많은 부분이 과거 GDP 통계치에서 누락되었을 수 있다는 문제는 과거 서민의 생활 수준을 과소 측정함으로써 과거의 빈곤율을 실제보다 증가시키며, 결국 빈곤의 감소세를 과장하는 문제로 이어질 수 있다. 하지만 1820년에서 시작하는 모아소스의 빈곤율 그래프는 1950년 이전 130년간의 데이터에 이런 편향의 가능성이 있는 국민계정 성장률을 적용해 소득 수준을 추정했고, 이를 통해 빈곤율을 계산했다.[71] 이런 추정의 타당성을 뒷받침하는 것은 이 기간에 걸쳐 국민계정 통계상의 성장률이 가계조사로 파악되는 실정과 꼭 같거나 비슷했을 것이라는 가정이다. 가정의 기준이 1950년이 된 것은 1950년대 국민계정의 소비 통계와 가계조사의 소비 통계가 대략 일치하는 인도의 사례를[72] 참고해서다. 그러나 모아소스의 연구를 비롯해 이전의 극빈율 통계에 대해 강한 비판을 제기한 두 학자 딜런 설리반Dylan Sullivan과 제이슨 히켈의 지적처럼, 주어진 한 시점에 두 통계치의 크기가 대략 일치한다는 점이 이전 약 130년간 두 지표가 같은 비율로 성장했을 것이라는 가정을 사실로 보증해 주지는 않는다.[73] 설리반과 히켈은 제국주의 열강의 개입으로 전통적인 자급자족 생존경제subsistence economy가 해체되던 19세기에는 GDP와 가계 소비의 성장률 차이가 오늘보다 더 컸을 것이라고 주장한다. 그들이 든 이유도 역시 GDP 통계가 전통경제의 생산활동을 과소평가하는 경향과 관련된다. 역사적 GDP 통계는 상품 생산과 관련된 자료를 위주로 집계돼 전통경제가 자급자족으로 누리던 생산물과 공유자원은 누락되고, 이에 따라 인류 역사 대부분의 기간 동안 사람들의 생계를 지탱하던 중요한 소득원의 상당수가 누락됐을 것이라는 주장이다.[74] 이 시기 선진 자본주의 국가들이 식민지를 확대해 나가며 식민지들에서는 빠른 속도로 전통경제가 위축되고 상품경제가 확장되었다. GDP 기초 자료가 이 같은 상품경제에 치우쳐 계상되었다면, GDP 자료에 기초한 신낙관주의자들의 그래프가 제국주의 시대에 빈곤율이 완만하게 감소하는 궤적을 보이는 것은 어쩌면 당연하다. 전통경제의 위축과 해체가 불러오는 후생 감소의 효과는 채 파악하지 못하는 한편, 상품경제의 확장으로 소득은 증가하는 것처럼 보일 테니 말이다.

이렇듯 〈그림1〉, 〈그림12〉와 같은 그래프에는 지수 사용으로부터 비롯된 문제에 더해, GDP 자료에 누락된 경제활동의 문제까지 겹쳐 있다. 이런 그래프가 전시하는 팩트를 마냥 신뢰해도 되는 걸까? 소득 불평등 문제에 천착하는 석학이자, 세계은행 연구부서의 수석 경제학자 출신인 브랑코 밀라노비치Branko Milanovic는 소득 분배에 관한 과거의 자료들 역시 많은 부분 부정확한 추정에 의존한다는 약점을 지적하며, 레디와 앨런이 지적한 지수 사용으로부터 비롯된 문제까지 고려하면, 빈곤율의 긴 시계열적 변화를 가늠하는 데에는 큰 불확실성이 따른다고 말한다. 그는 특히 핑커와 같은 이들이 이런 복잡한 쟁점들을 생략한 매끈한 그래프를 다분히 정치적으로 이용해 왔다고 꼬집는다.[75]

1810년 극빈율이 23퍼센트라는 데이터

누구의 주장이 맞을까? 19세기 GDP 자료가 과거 서민들의 후생 수준 변화를 가계조사와 비슷하게 보여 준다면, 신낙관주의자들의 그래프가 보여 주는 큰 그림, 즉 200년간 극단적 빈곤의 불행이 줄곧 감소하는 큰 그림만은 부정하기 어려워질 테다. 바로 이 지점에서 로버트 앨런의 연구는 다시 강력한 시사점을 던져 준다.

기본욕구빈곤선을 계산했던 앨런은 인도 비하르주 가구의 크기와 소비 지출 등을 조사한 동인도회사의 19세기 자료를 이용해 빈곤율을 계산한다. 그렇게 계산하자 1810년 인도의 빈곤율은 23퍼센트였다![76] 산업혁명 초기에 인구 대부분이 극단적 빈곤에 처해 있었다는 핑커나 로슬링의 그래프와 비교하면 훨씬 덜 암울한 그림이다. 반면, GDP 자료로 생활 수준을 측정하고 빈곤선의 계산에는 물가지수를 사용한 모아소스의 데이터에서 1820년 인도의 빈곤율은 65퍼센트였다.

한 개 지역의 단 하나의 자료만으로 섣불리 판단을 내리는 건 금물이다. 혹시 23퍼센트라는 앨런의 빈곤율이 예외적 현상이었던 건 아닐까? 동인도회사가 비하르주의 가구를 조사한 자료를 남기기 이전 시대에는 그 같은 자료가 부재했기에, 이전 시기의 극빈율을 같은 방법으로 파악할 수는 없다. 여기에 대해 앨런은 오히려 이전에는 "빈곤율이 훨씬 낮았을 가능성"을[77] 시사한다. 무굴제국 악바르 황제 시대의 실질임금이 17세기 초의 그것을 뚜렷이 상회한다는 것이다.

앨런은 이상의 분석을 바탕으로 "1810년과 1980년대 사이에, 인도의 빈곤율이 현저히 상승"했다고[78] 말한다. 1950년대 인도의 소비 통계에 대해서는 국민계정과 가계조사가 대략 일치한다는 점, 모아소스가 빈곤선을 계산하는 데 이용한 국제노동기구의 가격 자료에 인도가 포함된 것도 대략 이때부터라는 점을 고려하면, 이 시간 간격을 〈그림13〉의 점선처럼 1810년과 1950년 사이로 좁혀 볼 수 있겠다.[79]

모아소스의 데이터에 따르면 1950년 인도의 극빈율은 60.7퍼센트다. 19세기 초 23퍼센트 안팎이었던 빈곤율이 1950년에 이르기까지 그사이 어느 기간 동안 크게 상승한 셈이다. 앨런은 인도에서 빈곤율이 크게 증가한 까닭을 두고 "많은 요소들이 관여되어 있었겠지만, 제국주의와 세계화가 주도적 역할을 했을 것"이라고[80] 짐작한다.

인도만 그랬을까? 18세기 중국의 생활 수준이 유럽에 비해 뒤지지 않았다는 케네스 포메란츠Kenneth Pomeranz를 비롯한 몇몇 경제사가들의 논쟁적 주장을[81] 완전히 수용하지는 않더라도, 최소한 그 실질임금이 인도와 비슷하거나 다소 높은 수준이었다는 앨런을 비롯한 경제사가들의 연구에[82] 착안한다면, 중국 역시 사정이 비슷했으리라는 짐작도 무리는 아니다. 앨런은 PPP와 CPI 등의 지수 문제, 국민계정 GDP 통계의 문제 등과 얽혀 있는 여러 난잡한 기술적 가정들을 제거하고 빈곤율을 직접 측정하면, 19세기 극빈율의 매끄러운 감소가 산업 자본주의의 승리 서사라는 가정이 크게 위태로워질 수 있다는 점을 보여 준다. 아니, 보다 과감히 해석한다면 그 시기 개발도상국에서는 제국주의의 도래와 함께 가난이 증

출처: Clio Infra, Allen(2020)

그림13. 인도의 극빈율 비교: 앨런과 모아소스

가했을지도 모른다고 그는 생각한다.

산업 자본주의는 전 세계 인류에게 막대한 부를 선물했다. 그러나 빈민의 삶에 직결되는 의미를 갖는 건, 사회가 생산해 내는 부의 총량이나 평균적인 부의 수준이라기보다는 빈민이 기본적 삶을 영위하는 데 필요한 재화들이고, 이를 누릴 수 있을 수준의 경제적 역량이다. 앨런의 관점에 따라 산업 자본주의의 성적을 평가하면, 적어도 19세기의 성적표는 신낙관주의의 승리 서사와 반대 방향으로 향할 가능성이 매우 크다.

개발학 및 개발경제학에서 가장 많이 인용되는 저널 가운데 하나인 《월드 디벨롭먼트World Development》 2023년 1월호에 게재된 설리반과 히켈의 연구는 신낙관주의가 말하는 산업 자본주의 승리 서사에 대한 비판을 한층 강하게 밀어붙인다. 〈자본주의와 극단적 빈곤Capitalism and Extreme Poverty〉이라는 이름의 이 논문은 산업 자본주의 도래 이전에 인류의 8~9할, 식민지 인구의 대다수가 극단적 빈곤 속에 살았다는 신낙관주의자들의 그래프가 실제 사실과 거리가 멀다는 주장을 뒷받침하기 위해 분석의 범위를 확장한다. 유럽, 라틴아메리카, 사하라 이남 아프리카, 남아시아, 중국 등에서 실질임금과 신장, 사망률 등 인구의 생활 수준과 직결된 지표들의 추이를 이 지역들에서의 자본주의 부상과 비교해 본 것이다.[83] 그 끝에 그들은 16세기 이후 자본주의의 확산이 오히려 인구의 복지를 해쳤으며, 빈곤의 감소는 20세기에 전개된 진보적 사회 운동과 공공 정책의 결과라는 결론을 내린다. 이들의 서술 역시 이념적으로 지나치게 경도된 면이 없지 않지만 과거의 실질임금을 현대의 달러로 환산하는 작업으로 일반 PPP 환산율과 CPI를 매개로 한 〈그림1〉의 방법과 명백히 다른 결과를 내놓는다는 점에서 특기할 만하다. 선행 연구에서 앨런 등 경제사가들은 실질임금을 계산하기 위해 복지비welfare ratio 자료를 이용해 왔다. 복지비는 최소 한도의 생필품으로 꾸려진 장바구니의 가격 대비 과거의 임금을 나타낸다. 만약 200년 전 최소한의 기본적 욕구조차 만족시키지 못하는 극단적 빈곤이 90퍼센트에 달했다면, 과거 복지비는 줄

곧 1보다 낮았을 것 같다. 그러나 적어도 유럽 지역의 장기 시계열은 이런 예측을 빗나간다. 애초에 복지비의 분모인 장바구니 가격이 낮았던 걸까? 설리반과 히켈은 오늘날 이 장바구니의 재화 구매에 필요한 비용을 미국의 물가 자료를 이용해 2011년 가격 기준 4.33달러로 환산한다.[84] 세계은행의 빈곤선이 2011년 가격으로 1.9달러였다는 점을 생각해 보자. 훨씬 낮은 빈곤선으로 90퍼센트에 이르는 빈곤율을 산출한 〈그림1〉의 방법과 비교해, 더 높은 빈곤선으로 더 적은 빈곤 인구가 측정된 것이다. 극빈율이 드라마틱하게 감소했다는 신낙관주의의 내러티브가 의심스러워지는 대목이다.

왜 빅토리안 홀로코스트를 다루지 않는가

지난 200년간 세상이 더 살기 좋은 곳으로 변화했다는 신낙관주의자들의 주장은 경제적 진보가 이끈 빈곤의 감소에만 기대고 있지는 않다. 이들은 누구도 부정할 수 없는 사망률의 감소와 기대수명의 향상, 즉 건강의 객관적 진보를 또 다른 증거로 들이민다. 인류의 출생 시 기대수명이 불과 100~200년 전까지도 30세 안팎을 크게 벗어나지 못했다는 사실은, 역사의 대부분 기간 동안 극단적 빈곤이 인류 생활 조건의 기본값이었다는 신낙관주의자들의 세계관을 강력히 뒷받침한다.

　물론 물질적 빈곤은 높은 사망률과 연관이 있다. 부유할수록 기대수명이 높고, 가난할수록 기대수명이 낮다. 그래프의 한 축에 소득 수준을, 다른 한 축에 기대수명을 놓으면, 소득 수준과 기대수명이 함께 상승 하강하는 우상향의 기울기가 나타난다. 때문에, 우리의 상식체계는 전통사회의 지극히 낮은 기대수명을 자연스레 높은 빈곤율로 치환하게 되는 것이다. 그럼에도 부와 출생 시 기대수명 사이의 기울기를 근거로 200년 이상 먼 과거의 경제적 빈곤을 추정한다면, 그건 이 기울기가 역사적으로 긴 시간에 걸쳐 일정하게 보편적으로 나타난 현상은 아니었다는 사실을 도외시하는 잘못된 외삽일지도 모른다. 의아하게도 인류가 높은 사망률의 덫으로부터 '위대한 탈출'을 감행하기 이전에는 가난한 사람들뿐만 아니라 대단히 부유했던 이들의 출생 시 기대수명 또한 짧았기 때문이다.

　역사학자 버나드 해리스**Bernard Harris**의 논문에 등장하는 한 그래프는 1550년경부터 영국의 일반 인구와 공작 가문의 출생 시 기대수명을 비교한다. 이를 통해 놀랍게도 1750년 무렵까지는 둘 사이에 큰 차이가 없었거나, 오히려 공작가의 기대수명이 근소히 더 낮았을 수 있다는 사실을 알 수 있다.[85] 앵거스 디턴은 저서《위대한 탈출》에서 이 그래프를 이렇게 해석한다. "건강 기울기는 보편적이지 않으며, 최소 두 세기 동안 영국에서는 나타나지 않았다."[86]

인구학자 마시모 리비 바치Massimo Livi Bacci 역시 전근대에 높은 수준의 물질적 생활과 식생활을 영위했던 특권층의 기대수명이 나머지 인구에 비해 크게 높지 않았다는 사실을, 여러 자료를 이용해 예증한 바 있다.[87] 그가 수습한 자료들에서 유럽의 여러 인구 집단이 소비하던 식단의 열량은 "1인당 하루 2천 칼로리보다 일반적으로 높고, 몇몇 케이스는 심지어 그보다 두 배 높은" 수준이었다고 한다.[88] 상당수가 앨런과 모아소스가 기본 욕구의 열량 기준으로 삼은 수치를 상회한다. 과거에 사람들이 가난하지 않았다는 것이 아니다. 틀림없이 전근대는 우리가 상상하는 것 이상으로 가난했던 시대다. 다만, 부자와 특권 계급도 예외 없이 단명했던 과거의 높은 사망률 혹은 기대수명을 빈곤의 대리변수로 삼아 빈곤율의 추세를 가늠하면 곤란하다는 것이다.

이런 점을 차치하더라도, 기대수명 향상의 물결이 대다수 개발도상국에서는 20세기 이후에나 전개되었다는 점은, 적어도 〈그림 1〉의 왼쪽 절반이 그리고 있는 것과 같은 19세기의 진보가 보편적 현상은 아니었다는 점을 시사하고 있다. 오히려 제국주의 열강의 주도로 전 세계의 개발도상국들에서 전개된 시장화가 많은 곳에서 전통경제의 해체와 함께 생활 수준의 저하를 야기했다는 점에 관해서는 설리반 및 히켈 등의 지적이 타당한지도 모른다.

역사학자 마이크 데이비스Mike Davis는 세계 경제가 영국을 중심

2장 어떤 팩트는
만들어진다

으로 하나로 통합되어 가던 세계화의 시대, 19세기 마지막 4반세기에 엘니뇨가 일으킨 기후적 변화와 맞물려 인도, 중국, 브라질 등에서 발생했던 대기근의 존재를 밝히며, 이를 두고 '빅토리안 홀로코스트'라고 부른다.[89] 그는 이 대기근의 배후로 제3세계가 세계시장에 강제로 통합당하며 특히 19세기 중반 이후 자연재해에 극히 취약해졌다는 사실을 지목한다. 대기근의 가장 큰 희생자는 인도와 중국이었다. 데이비스는 인도인이 전통적으로 영위하던 생존경제가 제국주의 영국의 필요에 따라 수출을 위한 영농경제로 타율적으로 전환된 이후, 과거였다면 예비 자원으로 비축되었을 농산물이 수출되는가 하면, 공유지에 재산권이 설정되며 예전에는 경제적 대가 없이 누릴 수 있었던 많은 자원을 재해 시기에 누리지 못하는 주민들이 폭발적으로 늘어났다고 말한다. 이 시기 인도의 생활 수준 변화는 1880~1900년 감소한 기대수명 통계에도 반영되어 있다.

데이비스는 또한 중국 정부의 재난 대응 능력을 약화시킨 재정 고갈의 배경에도 세계화와 긴밀히 연결되어 진행됐던 사회적 변화가 맞물려 있었다고 주장한다. 데이비스는 수입 공산품과의 경쟁을 감당하지 못했던 전통경제의 위기, 농민 봉기와 아편전쟁 등 어수선한 사회 분위기가 과거 18세기에 이뤄진 것과 같은 정부의 구호 활동을 어렵게 만들었음을 지적한다. 아편 거래로부터 비롯된 무역 적자가 정부의 재정 역량을 침식시키는 하나의 요인이었음은 물론이다. 이렇게 근대의 시장경제에 통합되는 세계화의 과정 속에 중국, 인도, 브라질 등지의 제3세계에서 최소 3천만 명에서 최대 6천만 명이 기근으로 사망했다는 것이 데이비스의 추산이다. 1870년경 세 나라의 인구수가 총 6억 2천만 정도였다는 사실에 비추어 보면 그 의미는 결코 작지 않다.

데이비스는 빅토리안 홀로코스트가 오늘날의 제3세계와 선진국 사이의 발전 격차를 낳은 결정적 사건이었다고 말한다. 20세기를 얘기하며 핑커가 자신의 저서에서도 거듭 언급한 중국의 대기근과 캄보디아의 킬링필드를 얘기하지 않기는 어려운데, 그동안 우리는 왜 19세기의 역사에서 빅토리안 홀로코스트는 쏙 빼놓았던 걸까? 핑커 역시 《지금 다시 계몽》에서 공산주의 정권이 강제한 계획경제가 낳은 20세기의 대규모 기근에 대해 말하면서도,[90] 20세기 대기근에 비해 규모 면에서도 크게 뒤지지 않고 전 세계 총인구 비율에서는 20세기를 훨씬 앞지르는 19세기의 빅토리안 홀로코스트는 말하지 않는다.

제국주의적 자본주의가 주도한 세계화가 수천만 명을 죽음으로 몰아넣는 대기근을 야기했다는 데이비스의 주장에 대해서 적잖은 경제사가들은 의문을 표한다.[91] 그러나 또 한 명의 저명한 경제사학자 폴 바이로크Paul Bairoch는 19세기의 세계화가 서구 사회 선

2장 어떤 팩트는
만들어진다

진국의 산업화와 함께 오늘날 제3세계라 불리는 지역에서는 탈산업화를 불러 왔다고 지적한 바 있다. 이 시기 세계화 속에 선진국의 공산품이 대량 유입되면서 경쟁력을 잃은 제3세계 국가의 제조업은 상대적 비율로도 선진국에 비해 생산량이 줄었을 뿐만 아니라, 절대적으로도 1인당 산출량이 18세기에 비해 3분의 1 수준으로 감소했다는 것이다.[92] 이 일들이 모두 〈그림1〉의 그래프가 그리는 진보의 궤적 중 첫 절반에 해당하는 시기에 일어났다는 점을 상기해 보라. 신낙관주의자들이 유포하는 〈그림1〉과 같은 그래프는 역사의 굴곡을 모두 매끄럽고 직선적인 진보의 추세 속에 감추어 버리고 마는 편향적인 방법론에 기초하고 있다. 이는 그들의 진보 내러티브에 치명적인 결점이다.

분명 과거는 현재보다 더 빈곤했고 더 불건강했다. 빈곤선 미만의 삶을 살아가는 사람들의 실제 생활 수준이 과거보다 오늘날 더 높다고 믿을 만한 상당한 이유도 있다. 무엇보다도 현대의 보건 지식 및 위생 수준은 빈곤선 미만의 궁핍한 삶 속에서도 전근대 사회의 부자들은 쉽게 누리지 못했을 환경을 보장하고 있다. 200년 전에 비해 모든 소득 수준에서 현대인이 훨씬 건강하고, 따라서 긴 수명을 누리고 있다.

한편, 앨런의 지적처럼 인도는 이미 많은 서구 국가들에서 기대수명이 증가하고 있던 1930년에도 수명이 27~29세일 뿐이었다. 1880년 이후 약 20년간은 기대수명이 오히려 감소한다. 중국 역시 마찬가지다. 가계조사 기록으로 추정한 중국의 기대수명은 1830~1840년에 30세 남짓인데,[93] 〈그림14〉에서 보다시피 1930년 경까지도 큰 변화 없이 정체하고 있었다. 생물학적 생활 수준을 나타내는 유력한 정보로서 경제사학계에서 이용되는 신장의 추세에서는 19세기 중반 이후 뚜렷한 감소세가 나타난다.[94] 중국과 인도의 인구는 1820년 이미 도합 5억 9천만 명으로 약 10억 세계 인구의 절반을 차지하고 있었다. 말하자면 세계 인구의 절반이 사는 대륙이 근대로 접어들며 경제적으로는 빈곤의 심화를 겪은 반면, 건강 및 기대수명의 측면에서는 1920년까지도 의미 있는 향상을 경험하지 못했고, 어떤 측면에서는 오히려 후퇴했다. 어떤 신낙관주

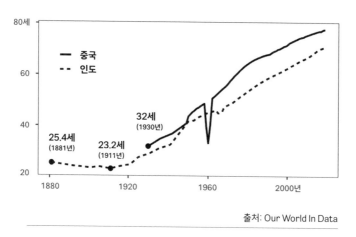

출처: Our World In Data

그림14. 인도와 중국의 기대수명

의자들은 자본주의를 놓고 부익부 빈익빈은 사실이 아니라고 하는데, 앨런의 연구가 보여 주는 그림대로라면 적어도 제국주의 시대의 자본주의에 대해서는 크게 틀린 말도 아닐 성싶다. 확실히 〈그림1〉처럼 1820년 이후 매끄럽게 빈곤율이 감소해 가는 그래프로는 그 첫 100년의 시간 동안 이런 일이 있었으리라고 상상하기 어렵다.

19세기 생활 수준을 예측할 수 있는 수량적 자료는 많지 않기 때문에 단정적 결론을 내리기는 조심스럽다. 〈그림1〉의 그래프를 들고 지난 200년간 이루어진 세상의 변화를 낙관적으로 해석하고 이를 전파해 온 일부 낙관주의자들 역시 증거가 부족한 건 마찬가지다. 그런데도 근대 자본주의에 대해 지나치게 단순한 이해를 퍼트렸다는 혐의에서 그들은 자유롭지 않다.

2장 미주

1   Bruno Latour and Steve Woolgar, *Laboratory Life: the Construction of Scientific Facts*, Princeton University Press, 2013 참고.

2   Jason Hickel, "Bill Gates Says Poverty Is Decreasing. He Couldn't Be More Wrong, *Guardian*, 2019. 1. 29. 참고.

3   Martin Ravallion, Gaurav Datt and Dominique Van de Walle, "Quantifying Absolute Poverty in the Developing World", *Review of Income and wealth*, vol. 37, no. 4, 1991, pp.345~361 참고.

4   Shaohua Chen and Martin Ravallion, "How Did the World's Poorest Fare in the 1990s?", *Review of Income and Wealth*, vol. 47, no. 3, 2001, pp.283~300 참고.

5   Martin Ravallion and Shaohua Chen and Prem Sangraula, "Dollar a Day Revisited", *The World Bank Economic Review*, vol. 23, no. 2, 2009, pp.163~184 참고.

6   Francisco HG Ferreira et al. "A Global Count of the Extreme Poor in 2012: Data Issues, Methodology and Initial Results", *The Journal of Economic Inequality*, vol. 14, 2016, pp.141~172 참고.

7   Shaohua Chen and Martin Ravallion, 앞의 글(미주 4), p.288 참고.

8   "Our Big Mac Index Shows How Burger Prices Are Changing", *The Economist,* 2023. 1. 26. 참고. www.economist.com/big-mac-index

9   Angus Deaton, *The Great Escape: Health, Wealth, and the Origins of Inequality*, Princeton University Press, 2013, p.295.

10   Sanjay G. Reddy and Thomas Pogge, "How Not to Count the Poor", 2009. 5. 참고.

11 위의 글, 26쪽 참고.

12 빈곤층이라고 해서 모든 소득을 식품을 구매하는 데 사용하지는 않겠지만, 전체 인구의 평균적 소비 품목보다는 식품에 대한 구매력이 빈곤의 구성개념에 비추어 더 타당한 접근이라는 것이다. 또한 식품이 아닌 다른 많은 필수품들 역시 일반 PPP 환산율로 계산했을 때에 비해 가난한 나라들에서의 실제 가격이 더 높다고 이들은 지적한다. Thomas Pogge and Sanjay G. Reddy, "Unknown: Extent, Distribution and Trend of Global Income Poverty", *Economic and Political Weekly*, 2006, pp.2241~2247 참고.

13 최근 자료를 바탕으로 한 다른 학자들의 연구를 보면, 식품 PPP를 적용하지 않더라도 최빈국들의 빈곤선과 소비 수준 사이에 양(+)의 기울기가 나타난다. Dean Jolliffe and Espen Beer Prydz, "Estimating International Poverty Lines from Comparable National Thresholds," *The Journal of Economic Inequality*, vol. 14, 2016, pp.185~198 참고.

14 Sanjay G. Reddy and Rahul Lahoti, "$1.90 per Day: What Does It Say?", 2015. 10. 27. 참고. ssrn.com/abstract=2685096

15 Shimshon Bichler and Jonathan Nitzan, "Inflation as Redistribution. Creditors, Workers, Policymakers", Working Papers on *Capital as Power*, 2023 참고.

16 Jonathan Nitzan and Shimshon Bichler, *Capital as power: a Study of Order and Creorder*, Routledge, 2009 참고.

17 위의 책, 369쪽.

18 위의 책 참고.

19 Utsa Patnaik, "Neoliberalism and Rural Poverty in India", *Economic and Political Weekly*, 2007, pp.3132~3150 참고.

20 개방 이후 인도의 경제성장 및 빈곤율, 영양 상태 사이의 언뜻 모순적인 이 관계는 여러 경제학자들 사이에서 뜨거운 논쟁과 다양한 해석을 일으킨다. 사

실, 통계상 영양 섭취의 감소를 전적으로 빈곤의 증가로 간주하는 건 다소 과격한 해석이다. 인도 빈곤층이 실제로는 경제력이 높아졌지만 영양 상태를 개선할 수 있는 음식에 이를 지출하지 않기로 자발적으로 선택했다고 해석할 수도 있고(Abhijit V. Banerjee and Esther Duflo, *Poor Economics: A Radical Rethinking of the Way to Fight Global Poverty*, Public Affairs, 2011 참고), 산업 구조의 변화와 육체노동의 감소 따위로 과거와 같은 수준의 영양 섭취가 필요치 않다는 인식이 그 감소의 원인일 수도 있으며(Angus Deaton and Jean Drèze, "Food and Nutrition in India: Facts and Interpretations", *Economic and Political Weekly*, 2009, pp.42~65; Shari Eli and Nicholas Li, "Can Caloric Needs Explain Three Food Consumption Puzzles? Evidence from India", *Annual Conference of Population Association of America*, vol. 6, 2013 참고), 실제로는 더 많은 음식과 영양을 섭취하지만 가계 조사에서는 모종의 이유로 누락된 것일 수도 있기 때문이다(Lisa C. Smith, "The Great Indian Calorie Debate: Explaining Rising Undernourishment During India's Rapid Economic Growth", *Food Policy*, vol. 50, 2015, pp.53~67 참고). 그러나 이런 사정들을 고려해 여러 변수들을 모형에 포함시켜 통계적 분석을 수행했을 때도, 사회 경제적 변화로 인한 비용 증가가 인도의 통계 보고상 영양 섭취의 감소로 이어진다는 실증 연구들이 있었다. 이는 통계상 영양 섭취의 감소 추세가 얼마간은 실제 후생의 후퇴 요인과 관련 있다는 해석을 지지해 준다(Amit Basole and Deepankar Basu, "Fuelling Calorie Intake Decline: Household-Level Evidence from Rural India", *World Development*, vol. 68, 2015, pp.82~95; Deepankar Basu and Amit Basole, Working Paper, on *The Calorie Consumption Puzzle in India: An Empirical Investigation*, No. 2012-07, 2012 참고).

21 Andrew Martin Fischer, *Poverty as Ideology: Rescuing Social Justice from Global Development Agendas*, Bloomsbury Publishing, 2018 참고.

22   Sanjay G. Reddy and Thomas Pogge, 앞의 글(미주 10) 참고.

23   Philip Alston, "The Parlous State of Poverty Eradication: Report of the special Rapporteur on Extreme Poverty and Human Rights", Human Rights Council 44 session, 2020. 3. 15~7. 3, UN 참고.

24   Peter Edward and Andy Sumner, "Global Inequality and Global Poverty since the Cold War. How Robust Is the Optimistic Narrative?", *Global Challenges-Working Paper Series*, 2016 참고.

25   Dean Jolliffe and Espen Beer Prydz, 앞의 글(미주 13) 참고.

26   Michail Moatsos, "Global Absolute Poverty: Behind the Veil of Dollars", *Journal of Globalization&Development*, vol. 7, no. 2, 2016, pp.1~28 참고.

27   Robert C. Allen, "Absolute Poverty: When Necessity Displaces Desire", *American Economic Review*, vol. 107, no. 12, 2017, pp.3690~3721 참고.

28   Michail Moatsos, "Global Extreme Poverty: Present and Past since 1820", *How Was Life? Volume Ⅱ: New Perspectives on Well-Being and Global Inequality since 1820*(OECD ed.), OECD, 2021 참고.

29   Tim Worstall, "George Monbiot Say We're to Blame for Everything. Perhaps He's Even Right", 2016 참고. www.adamsmith.org/blog/george-monbiot-says-wereto-blame-for-everything-perhaps-hes-even-right

30   《지금 다시 계몽》, 151쪽.

31   David Dollar and Aart Kraay, "Trade, Growth and Poverty", *The economic journal*, vol. 114, no. 493, 2004, F22~F49 참고.

32   《지금 다시 계몽》, 150쪽.

33   Narcís Serra and Joseph E. Stiglitz eds., *The Washington Consensus ReConsidered: Towards a New Global Governance*, Oxford University Press, 2008 참고.

34   Joseph E. Stiglitz, *Globalization and Its Discontents*, W.W.Norton&Company,

2002, p.53 참고.

35   2001년 처음으로 발행된 페이퍼에서 와이즈브롯은 1인당 GDP, 기대수명,
      영유아 사망률, 교육 등의 지표에 걸쳐 1980~1990년대 20년간 같은 구간
      의 성장률 혹은 연평균 변화량이 그 전 20년에 비해 후퇴하는 현상이 나타
      난다는 사실을 발견한다(Mark Weisbrot, Dean Baker, Egor Kraev and Judy
      Chen, "The Scorecard on Globalization 1980~2000: 20years of Diminished
      Progress", 2001 참고). 1960년 1인당 GDP 수준을 다섯 구간으로 나눈 뒤, 각
      시기별로 해당 구간에 속하는 나라들의 성장률을 보았더니, 모든 구간에서
      1980년대 이후 20년의 성장률이 이전 20년에 비해 낮았던 것이다. 그에 비해,
      2000년대 이후는 뚜렷한 회복세를 보여 준다(Mark Weisbrot and Rebecca
      Ray, "The Scorecard on Development, 1960~2010: Closing the Gap?", *Center
      for Economic and Policy Research*, 2011 참고).

36   위의 책(2011), 13쪽 참고. 물론 이 규모는 불과 몇 년 뒤 다시 종전의 수준을
      회복하지만, 와이즈브롯이 지적하듯 대부분은 유럽 지역에서 IMF의 영향
      력이 확대된 것과 관련 있다. 워싱턴 컨센서스의 매운맛을 본 개발도상국들
      은 2000년대 접어들어서는 정책 노선을 선회하기 시작했다. IMF와 세계은
      행 등이 제시한 시장개혁이 1998년 금융공황으로 돌아오는 경험을 한 러시
      아는, 에너지 분야 국유기업들의 역할을 강화하고 자동차 산업과 조선업 등에
      대한 지원을 확대해 나가는 등, 경제정책의 기조를 개입주의로 전환한다(자
      크 사피르, 《세계화의 종말》, 유승경 옮김, 올벼, 2012, 58~65쪽 참고). 이런
      정책기조 변화의 성적표는 석유 등 에너지 가격의 변화에 힘입은 경제의 뚜
      렷한 회복세였다. 라틴아메리카 역시 2000년대 이후 워싱턴 컨센서스에 반
      감을 갖는 정치 세력이 연달아 집권하는 '핑크 타이드' 시기에 사회복지 영역
      에서 정부의 역할을 확대해 나가기 시작했고 적극적인 재분배 정책에 나섰
      으며, 그 결과는 불평등의 뚜렷한 완화로 나타났다. 세계은행에서 발행된 페

이퍼도 불평등의 감소가 2000년대 라틴아메리카의 빈곤율 감소에 크게 기여했다는 사실을 밝히고 있다(Nora Lustig, Luis F. Lopez-Calva and Eduardo Ortiz-Juarez, "Declining Inequality in Latin America in the 2000s", *Policy Research Working Papers*, World Bank, 2012 참고).

37 Glen Biglaiser and Ronald J. McGauvran, "The Effects of IMF Loan Conditions on Poverty in the Developing World", *Journal of International Relations and Development*, vol. 25, no. 3, 2022, pp.806~833 참고. 그 외에도 IMF 프로그램의 효과를 도구변수로 사용해 통계적으로 세련된 모형으로 검증한 최근 연구 결과들은 IMF 프로그램이 사망률의 증가[Timon Forster et al., "Globalization and Health Equity: The Impact of Structural Adjustment Programs on Developing Countries", *Social Science&Medicine*, vol. 267, 2020(112496); Elias Nosrati, Jennifer B. Dowd, Michael Marmot and Lawrence P. King, "Structural Adjustment Programmes and Infectious Disease Mortality", *Plos one*, vol. 17, no. 7, 2022(e0270344) 참고], 빈곤층의 소득 감소를 통한 불평등의 증가(Valentin Lang, "The Economics of the Democratic Deficit: the Effect of IMF Programs on Inequality", *The Review of International Organizations*, vol. 16, no. 3, 2021, pp.599~623 참고)로 이어지는 관계를 보여 주고 있다.

38 Branko Milanovic, *Income, Inequality, and Poverty during the Transition from Planned to Market Economy*, World Bank, 1998; Jeni Klugman and Jeanine Braithwaite, "Poverty in Russia during the Transition: an Overview", *The World Bank Research Observer*, vol. 13, no. 1, 1998, pp.37~58 참고.

39 Dani Rodrik, *The Globalization Paradox: Democracy and the Future of the World Economy*, W.W.Norton&Company, 2011 참고.

40 Philip CC Huang, Gao Yuan and Yusheng Peng, "Capitalization without Pro-

letarianization in China's Agricultural Development", *Modern China*, vol. 38, no. 2, 2012, pp.139~173 참고.

41   대니 로드릭, 《더 나은 세계화를 말하다》, 제현주 옮김, 북돋움, 2011 참고.

42   Thomas Piketty, Li Yang and Gabriel Zucman, "Capital Accumulation, Private Property, and Rising Inequality in China, 1978~2015", *American Economic Review*, vol. 109, no. 7, 2019, pp.2469~2496 참고.

43   Dylan Sullivan, Michail Moatsos and Jason Hickel, "Capitalist Reforms and Extreme Poverty in China: Unprecedented Progress or Income Deflation?", *New Political Economy*, vol. 29, no. 1, 2023, pp.1~21 참고.

44   대니 로드릭, 앞의 책(미주 41), 222쪽 참고.

45   김상배, 김유정, 〈지수(index) 의 세계 정치: 메타지식의 생산과 지배권력의 재생산〉, 《국제정치논총》, 56권 1호, 한국국제정치학회, 2016, 7~46쪽.

46   위의 글 참고.

47   Chang Ha-Joon, "Institutions and Economic Development: Theory, Policy and History", *Journal of Institutional Economics*, vol. 7, no. 4, 2011, pp.473~498 참고.

48   Daron Acemoglu, Simon Johnson and James A. Robinson, "The Colonial Origins of Comparative Development: an Empirical Investigation", *American Economic Review*, vol. 91, no. 5, 2001, pp.1369~1401 참고.

49   Dani Rodrik, *One Economics, Many Recipes: Globalization, Institutions and Economic Growth*, Princeton University Press, 2008, pp.188~189 참고.

50   Francisco Rodriguez and Dani Rodrik, "Trade Policy and Economic Growth: a Skeptic's Guide to the Cross-National Evidence", *NBER macroeconomics annual 15*, 2000, pp.261~325 참고.

51   Jeffrey D. Sachs et al., "Economic Reform and the Process of Global Integra-

tion", Brookings Papers on *Economic Activity*, 1995.1., pp.1~118; Romain Wacziarg and Karen Horn Welch, "Trade Liberalization and Growth: New Evidence", *The World Bank Economic Review*, vol. 22, no. 2, 2008, pp.187~231; Andreas Billmeier and Tommaso Nannicini, "Assessing Economic Liberalization Episodes: a Synthetic Control Approach", *Review of Economics and Statistics*, vol. 95, no. 3, 2013, pp.983~1001 참고.

52   Francisco Rodriguez and Dani Rodrik, 앞의 글(미주 50) 참고.

53   앤터니 에스테바데오르달과 앨런 테일러는 1970~2000년 관세율의 변화가 성장률의 변화와 통계적으로 유의미한 관계가 있다는 분석 결과를 내놓으며, 구체적인 무역정책 변수로 정의했을 때에도 무역 자유화가 경제성장으로 이어지는 관계가 나타난다는 것을 설득력 있게 보여 준다(Antoni Estevadeordal and Alan M. Taylor, "Is the Washington Consensus Dead? Growth, Openness, and the Great Liberalization, 1970s~2000s", *Review of Economics and Statistics*, vol. 95, no. 5, 2013, pp.1669~1690 참고). 그러나 이 논문에 대한 최근의 재현 연구에 따르면, 이 통계적 관계는 몇 가지 가정에 의존해 강건성이 낮다. 자료에서 이상치 등을 제거하고, 모든 국가들이 1990년에 자유화되었다는 따위의 의심스러운 가정을 수정하면 유의미한 통계적 관계가 사라진다는 것이다(Mateo Hoyos, "Did the Trade Liberalization of the 1990s Really Boost Economic Growth? a Critical Replication of Estevadeordal and Taylor(2013)", *Empirical Economics*, vol. 63, no. 1, 2022, pp.525~548 참고). 관세와 경제성장 사이의 관계에 대한 추가적인 토론으로는 다음 자료를 참고할 수 있다. Mateo Hoyos, "Tariffs and Growth: Heterogeneous Effects by Economic Structure", 2023. mathoyosgit.github.io/mathoyos/jmp_current.pdf 이 논문의 분석처럼, 관세와 경제성장률 사이의 관계는 그 나라의 경제개발 수준이나 산업 구조 등에 따라 조건적이라는 것을 보여 주는 연구가 적

지 않다. 높은 관세는 고소득 국가에서는 GDP와 부정적인 관계를 맺지만, 저소득 국가에서는 관세 수준이 높아질수록 GDP도 높아진다는 결과를 보고하는 연구들이 있다. 어떤 연구는 일반적으로는 관세율이 높으면 경제성장률이 낮지만, 무역 파트너의 관세율이 높은 경우에는 자국의 경제성장률이 높아진다는 결과를 보고한다(David N. DeJong and Marla Ripoll, "Tariffs and Growth: an Empirical Exploration of Contingent Relationships", *The Review of Economics and Statistics*, vol. 88, no. 4, 2006, pp.625~640; Kim Dong-Hyeon, and Lin Shu-Chin, "Trade and Growth at Different Stages of Economic Development", *Journal of Development Studies*, vol. 45, no. 8, 2009, pp.1211~1224; Michael A. Clemens and Jeffrey G. Williamson, "Why Did the Tariff-Growth Correlation Change after 1950?", *Journal of Economic Growth*, vol. 9, 2004, pp.5~46 참고).

54 제프리 삭스 본인은 자신이 러시아에서 실행된 민영화의 충격요법에 관여했다는 사실을 부인한다(2012년 3월 14일 제프리 삭스가 운영하는 웹사이트 jeffsachs.org에 게재된 글 "What I Did in Russia" 참고). 하지만 1993년 다른 저자들의 논문에 그가 남긴 코멘트에서는 자신이 "민영화 과정의 초기 자문자"로서, 그 과정이 신속하게 이루어질 것을 강력히 주장했다는 사실을 자인하고 있다(Maxim Boycko, Andrei Shleifer, Robert W. Vishny, Stanley Fischer and Jeffrey D. Sachs, "Privatizing Russia", Brookings Papers on *Economic Activity*, 1993. 2. p.186).

55 David Stuckler, Lawrence King and Martin McKee, "Mass Privatisation and the Post-Communist Mortality Crisis: a Cross-National Analysis", *The Lancet*, vol. 373, no. 9661, 2009, pp.399~407 참고.

56 Aytalina Azarova, Lawrence King, David Stuckler et al., "The Effect of Rapid Privatisation on Mortality in Mono-Industrial Towns in Post-Soviet Russia:

a Retrospective Cohort Study", *The Lancet Public Health*, vol. 2, no .5, 2017, e231~e238 참고.

57   Elias Nosrati, Jennifer B. Dowd, Michael Marmot and Lawrence P. King, 앞의 글(미주 37) 참고.

58   Robert C. Allen, 앞의 글(미주 27) 그리고 Robert C. Allen, "Poverty and the Labor Market: Today and Yesterday", *Annual Review of Economics*, vol. 12, 2020, pp.107~134 참고.

59   Martin Ravallion, "On Measuring Global Poverty", *Annual Review of Economics*, vol. 12, 2020, pp.167~188 참고.

60   Robert C. Allen, 앞의 글(미주 58, 2020) 참고

61   Leandro Prados de la Escosura, "International Comparisons of Real Product, 1820~1990: an Alternative Data Set", *Explorations in Economic History*, vol. 37, no.1, 2000, p.4 참고.

62   Robert C. Allen, 앞의 글 (미주 58, 2020) 참고.

63   Michail Moatsos, 앞의 글(미주 28) 참고.

64   François Bourguignon and Christian Morrisson, "Inequality Among World Citizens: 1820~1992", *American Economic Review*, vol. 92, no. 4, 2002, pp.727~744.

65   이관교, 〈국민계정의 2015년 기준년 개편 결과〉, 《국민계정리뷰》, 2020년 제 1호, 한국은행, 58~69쪽 참고.

66   Diane Coyle, *GDP: a Brief but Affectionate History-Revised and Expanded Edition*, Princeton University Press, 2015, p.32, p.36 참고.

67   Martin Ravallion, "Measuring Aggregate Welfare in Developing Countries: How Well Do National Accounts and Surveys Agree?", *Review of Economics and Statistics*, vol. 85, no. 3, 2003, pp.645~652; Angus Deaton, "Measuring

Poverty in a Growing World(or Measuring Growth in a Poor World)", *Review of Economics and Statistics*, vol. 87, no. 1, 2005, pp.1~19 참고. 가계조사 자료에 의존하는 세계은행의 추정법에 비해서도 빈곤율을 낮게 계산하는 살라이마틴 같은 경제학자도 있다. Xavier Sala-i-Martin, "The World Distribution of Income: Falling Poverty and Convergence, Period", *The Quarterly Journal of Economics*, vol. 121, no. 2, 2006, pp.351~397 참고.

68   김낙년 엮음, 《한국의 경제성장 1910-1945》, 서울대학교출판부, 2006, 86~90쪽 참고.

69   위의 글, 88쪽 참고.

70   허수열, 〈식민지 근대화론의 쟁점〉, 《동양학》, 41호, 단국대학교 동양학연구원, 2007, 248쪽.

71   Michail Moatsos, 앞의 글(미주 28), 192쪽 참고.

72   Angus Deaton, "Counting the World's Poor: Problems and Possible Solutions", *The World Bank Research Observer*, vol. 16, no. 2, 2001, pp.125~147 참고.

73   Dylan Sullivan and Jason Hickel, "Capitalism and Extreme Poverty: a Global Analysis of Real Wages, Human Height, and Mortality since the Long 16th Century", *World Development*, vol. 161, 2023, S1 참고.

74   위의 글, 1쪽, S1 참고.

75   Branko Milanovic, "Global Poverty Over the Long-Term: Legitimate Issues" *Global Policy*, 2019. 2. 11.

76   Robert C. Allen, 앞의 글(미주 58, 2020), 126-129쪽 참고.

77   위의 글, 129쪽.

78   위의 글, 129쪽.

79   국제노동기구 홈페이지 www.ilo.org의 1949~1950년 연감에 인도가 1948년

도 가격 자료부터 수록된 것을 확인할 수 있다.

80   Robert C. Allen, 앞의 글(미주 58, 2020), 129쪽.

81   Kenneth Pomeranz, *The Great Divergence: China, Europe, and the Making of the Modern World Economy*, Princeton University Press, 2000 참고.

82   Robert C. Allen, et al., "Wages, Prices, and Living Standards in China, 1738~1925: in Comparison with Europe, Japan, and India", *The Economic History Review*, vol. 64, 2011, pp.8~38 참고.

83   Dylan Sullivan and Jason Hickel, 앞의 글(미주 73) 참고.

84   위의 글, 5쪽 참고.

85   Bernard Harris, "Public Health, Nutrition, and the Decline of Mortality: the McKeown Thesis Revisited", *Social History of Medicine*, vol. 17, no. 3, 2004, pp.379~407 참고.

86   Angus Deaton, 앞의 책(미주 9), pp.82~83쪽 참고.

87   Massimo Livi Bacci et al., *Population and Nutrition: an Essay on European Demographic History*, Cambridge University Press, 1991 참고.

88   위의 책, 81쪽 참고.

89   마이크 데이비스, 《엘니뇨와 제국주의로 본 빈곤의 역사》, 정병선 옮김, 이후. 2008 참고.

90   《지금 다시 계몽》, 131쪽 참고.

91   Tirthankar Roy, "Were Indian Famines 'Natural' or 'Manmade'", *LSE Economic History Working Paper*, vol. 243, p.5 참고.

92   Paul Bairoch, "International Industrialization Levels from 1750 to 1980", *Journal of European Economic History*, vol. 11, no. 2, 1982, p.269 참고.

93   William Lavely and R. Bin Wong, "Revising the Malthusian Narrative: the Comparative Study of Population Dynamics in Late Imperial China", *The Jour-*

nal of Asian Studies, vol. 57, no. 3, 1998, pp.714~748 참고.

94   Joerg Baten et al., "Evolution of Living Standards and Human Capital in China in the 18~20th Centuries: Evidences from Real Wages, Age-Heaping, and Anthropometrics", *Explorations in Economic History*, vol. 47, no. 3, 2010, pp.347~359 참고.

3장

관련:
사실의 구조
-건강 및 수명, 사회 진보

장수의 비결이 경제성장?

과학 발전에 기여한 연구자에게 수여되는 노벨 과학상. 지금까지 단 한 명의 수상자도 배출하지 못한 한국에서는 노벨 과학상 수상을 마치 국가 차원의 숙원사업같이 여기는 분위기가 있다. 그런데 노벨상 수상자를 배출하는 비결이 초콜릿이라고 한다면, 여러분은 믿겠는가?

〈그림1〉은 가로축에 27개국의 1인당 초콜릿 소비량을, 세로축에 인구 천만 명당 노벨 과학상 수상자의 수를 표시하고 있다. 뜻밖에도, 이 그래프를 보며 27개국에서는, 1인당 초콜릿 소비량과 노벨 과학상 수상자 사이에 뚜렷한 상관관계가 있음을 알게 된다. 초콜릿을 많이 먹는 나라일수록 노벨 과학상 수상자를 인구 대비 더 많이 배출한 것이다. 그렇다면 이런 결론을 내릴 수 있겠다. 한국이 노벨 과학상을 수상할 만한 세계적인 과학 연구자를 양성하려면, 초콜릿 섭취를 적극 권장해야 한다!

초콜릿 소비량과 노벨 과학상 수상자 수 사이의 이 상관관계는 잘못된 인과추론의 대표적 예시로 회자되는 유명한 사례다. 하지만 이 그래프를 그리는 데 사용된 그 어떤 데이터도 조작이나 가짜

3장 관련: 사실의 구조

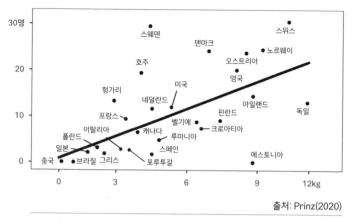

그림1. 1인당 초콜릿 소비량과 천만 명당 노벨 과학상 수상자 수

출처: Prinz(2020)

는 아니다. 그러므로 이 그래프는 어떤 의미에서는 팩트를 보여 주고 있음이 틀림없다. 다만, 팩트에 지나치게 단순한 해석이 부가되었을 뿐이다.

이런 식의 잘못된 해석은 우리가 팩트들 사이의 관련성relevance, 특히 인과 유관성causal relevance을 잘못 파악할 때 발생하기 쉽다. 서로 다른 사실과 사건을 의미관계에 따라 적절히 관련짓지 못하면, 팩트의 껍데기만을 좇아 엉뚱하게 치우친 결론을 내리게 된다. 팩트는 단순할지 모르지만 진실은 그보다 복잡하다.

초콜릿과 노벨상 사이의 진실은 대략 이럴 것이다. 1인당 초콜릿 소비량은 대체로 그 나라가 얼마나 부유한지를 나타내는 지표다. 경제적으로 부유할수록 초콜릿과 같은 기호품의 소비도 늘어날 것이기 때문이다. 그리고 부유한 나라들은 대부분 지식과 기술의 발전이 일찌감치 이루어졌으며, 그런 나라일수록 노벨 과학상을 수상할 만큼 과학이 발전했을 것이다. 초콜릿 소비량과 노벨상 수상자 수 사이의 상관관계는 이런 연결고리를 따라 만들어졌다. 그러나 〈그림1〉의 그래프는 사실들의 관계망이 모두 누락돼 노벨 과학상 수상자 수와 초콜릿 소비량 사이에 인과관계가 있다는 환상을 심어 준다.

이쯤에서 신낙관주의자들의 이야기로 돌아가 보자. 《팩트풀니스》에는 한 축에는 소득을, 다른 한 축에는 기대수명을 놓고 여러 나라들을 늘어놓은 화려한 그래프가 등장한다.[1] 〈그림2〉와 같은 모양의 그래프다. 초콜릿-노벨상 그래프 이상으로 상관관계가 뚜렷하지 않은가. GDP가 높은 나라일수록 더 긴 기대수명을 누린다!

노벨 과학상의 비결이 초콜릿이라고는 말할 수 없지만, 장수의 비결은 경제성장이었던 걸까? 이렇게 반문해 보자. 과연 소득-수명 그래프는 초콜릿-노벨상 그래프와 얼마나, 왜 다른가?

기대수명, 세상이 좋아지고 있다는 두 번째 지표

기대수명은 인구 집단의 건강 상태를 가장 집약적으로 나타내는 정보다. 건강의 진정한 의미가 무엇인지에 대해서는 쉬이 답하기

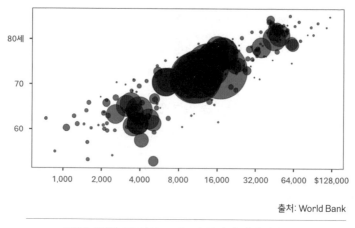

출처: World Bank

그림2. 1인당 GDP(2017년 PPP달러 기준)와 기대수명

어렵지만, 불건강이 극단에 이를 때 생명체가 사망하게 된다는 사실에는 큰 의심의 여지가 없다. 따라서 사망률과 직결된 출생 시 기대수명은 해당 인구의 건강 상태를 나타내는 지표라고 말할 수 있다.

동시에, 기대수명의 추세는 세상의 변화가 어떤 방향을 향하는지 보여 주는 정보다. 한스 로슬링의 말대로, 인재나 자연재해, 사고, 빈곤, 기아 등 인간을 괴롭히는 온갖 불행으로부터 비롯된 사망도, 의료 기술의 발달로 목숨을 구한 생명도 모두 사망률에 반영되기 때문이다.[2] 스티븐 핑커가 진보의 증거라고 주장하는 식량(《지금 다시 계몽》 7장에서 다뤄지는 주제다), 안전(《지금 다시 계몽》 12장 주제), 평화(《지금 다시 계몽》 13장 주제) 부문의 개선 역시 기대수명의 향상에 조금씩 기여한다. 식량의 개선으로 굶어 죽는 사람이 줄고, 안전 환경의 개선으로 사고 사망자가 줄고, 평화로 전쟁 사망자와 범죄 사망자가 줄면, 사망률도 마찬가지로 감소하고 그에 상응하는 만큼 기대수명도 조금씩 증가할 것이기 때문이다. 신낙관주의자들이 진보의 증거로 인용하는 상당수의 지표들이 결국 기대수명 지표로 수렴하는 셈이다. 그래서 현대 인류가 과거의 인류에 비해 얼마나 더 나은 삶을 사는지 비교하기 위한 지표로서 기대수명의 추세는 매우 집약적이면서도 경제적인 정보라고 할 수 있다. 재해와 사고, 빈곤, 기아, 질병, 폭력같이 인류 역사를 따라다니는 질곡으로부터 해방될수록, 인류는 더 건강해져 더 긴 수명을 누린다. 로슬링이 《팩트풀니스》에서 세상이 좋아지고 있다는 증거로 극빈율의 감소와 함께 제시하는 가장 주효한 팩트는 바로 이 기대수명의 증가였다. 자본주의의 출현으로 빈곤에서 벗어나는 인류의 도약이 시작되었다는 핑커가 진보의 또 다른 증거로 제시한 팩트 역시 수명의 증가였다. 핑커는 인류가 얼마나 많은 질병을 극복했고(《지금 다시 계몽》 6장), 그로 말미암아 얼마나 긴 수명을 누리게 되었는지를 힘주어 설명하고 있다(《지금 다시 계몽》 5장).

이러한 진보는 부유한 선진국만의 이야기가 아니었냐고? 개발도상국들도 대체로 20세기 이후로는 수명의 증가세에 본격적으로 가세한다. 역사학자 데이비스가 '빅토리안 홀로코스트'라고 명명했던 기근으로 수천만 명이 사망했던 19세기의 고난을 지나 중국

　　　　　3장 관련: 사실의 구조

과 인도의 기대수명도 1920년경 이후로는 비약적으로 증가했다.

그런데 많은 사람들이 기대수명의 눈부신 발전상에 대해 여전히 무지하다. 그 점에 관한 한 신낙관주의자들의 지적이 옳다. 인류의 평균 수명을 묻는 로슬링의 질문에 사람들이 가장 많이 택한 답은 "60세"였지만, 실제로는 70세 정도였다. 우리는 인류의 건강이 개선되는 속도를 매우 과소평가하고 있는 것 같다. 확실히 인류의 사망률은 매우 빠른 속도로 감소하고 있다. 인류가 출현한 이래 대부분의 기간 동안 인류의 평균 수명은 30세 언저리를 벗어나지 못했다.

잠깐 짚고 넘어가자. 평균 수명이 30세라고 선조들이 대부분 30세쯤에 늙어 죽은 것은 아니다. 전근대의 낮은 기대수명은 무엇보다도 높은 영유아 사망률, 특히 5세 이전 혹은 0세의 영유아 사망이 전체 평균 수명을 낮춘 탓이 제일 크다. 현대 문명의 개화 이전 인류에게는 성년까지 생존하는 것이 장수로 가는 길의 중요한 관문이었다. 인류가 이런 역사적 관문을 통과하며 평균 40세 이상의 수명을 누리게 된 건 불과 100년도 채 되지 않은 최근의 일이다.

〈그림3〉은 인류가 지나온 여정을 보여 준다. 19세기까지도 비교적 횡보하다가 1900년 이래 급격히 증가한 인류의 수명은, 1980년 비로소 60세를 넘기고, 2019년 72.8세를 기록했다가 코로나 팬데믹을 거치며 살짝 후퇴해 2021년 71세를 기록한다. 인류 문명이 현

대로 진입하기 직전, 출생 시 평균 기대수명이 30세에 채 미치지 못했던 것에 비해 오늘날 인류는 두 배 이상의 수명을 누리고 있다. 어떻게 이토록 짧은 시간 안에 이런 진보가 가능했을까?

한 나라의 소득 수준이 높을수록 그 국민이 누리는 기대수명도 높다는 강한 상관관계를 보여 주는 〈그림2〉와 같은 소득-수명 그래프는 이 질문에 경제성장이 유력한 답임을 암시한다. 그렇다 해도, 신낙관주의자들의 가장 큰 관심이 세상의 진보를 설명하는 것에 있다면, 그들은 이런 상관관계에 만족해서는 안 된다. 진보는 공시적 개념이 아니라 통시적 개념이기 때문이다.

진보는 시간의 축을 따라 전개되는 역사적 과정으로서 의미를

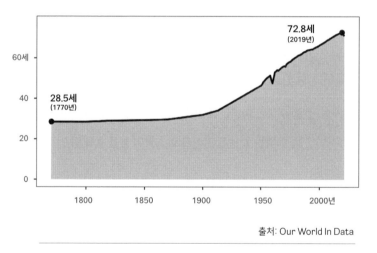

출처: Our World In Data

그림3. 전 세계 기대수명 추이

갖는다. 그러므로 진보와 더 유관한 사실은 공시적 상관관계보다는 통시적 인과관계다. 그래서 근대 자본주의가 선물한 경제성장의 유익을 기대수명 통계와 연관 짓는 주장의 근거를 찾고자 하는이라면, 소득-수명 그래프로부터 더 나아가야 한다. 1인당 GDP가한 사회의 발전 수준을 예측하는 데에 여러 방면으로 성능이 뛰어난 지표임은 틀림없지만, 주어진 시점의 상관관계가 인과관계까지항상 보장하지는 않기 때문이다.

신낙관주의자들도 이런 점을 어느 정도 의식하고 있는 것 같다. 로슬링은 소득-수명 그래프를 두고 《팩트풀니스》에서 이렇게 말한다.

> 도표를 보면 돈과 건강은 함께 움직인다. 선만 봐서는 둘 중 무엇이 먼저인지, 둘 사이의 관계가 어떻게 되는지 알 수 없다. 건강하면 소득이 높아지는 것일 수도 있고, 소득이 많으면 돈을 써서 더 건강해지는 것일 수도 있다. 내 생각에는 둘 다 맞는 것 같다. 이 직선에서 우리가 알 수 있는 것은 일반적으로 소득이 높을수록 더 건강하다는 것이다.[1]

---

1   한스 로슬링, 올라 로슬링, 안나 로슬링 뢴룬드, 《팩트풀니스》, 이창신 옮김, 김영사, 2019, 133쪽.

하지만 소득-수명 그래프가 드러내 보이는 팩트가 19세기 이후 세계의 GDP가 폭발적으로 증가해 왔음을 나타내는 또 다른 낙관적 그래프(〈그림4〉)와 결합하면, 기대수명의 진보가 경제적 진보 덕분에 가능했다는 직관에 사로잡히게 된다.

역시 로슬링의 말처럼 "소득이 많으면 돈을 써서 더 건강해지"고, 그렇게 더 건강해지면 다시 "소득이 높아지"는 상승 작용을 통해서 인류는 오늘날처럼 장수와 부를 동시에 거머쥘 수 있었던 것일까? 신낙관주의자들 사이에서는 산업 자본주의가 선물한 경제성장과 물질적 부의 폭발적 증가가 수명 증가의 가장 강력한 동력이라는 점에 대해 대략 의견이 일치한다. 빈곤을 주제로 다룬 한 테드 강연에서 로슬링은 이렇게 얘기한 바 있다.

이제 우리가 생각해 보아야 할 것은 발전의 목표는 무엇이고, 개발의 수단은 무엇인가 하는 점입니다. (중략) 공중보건 교수로서 제게는 경제성장이 발전의 가장 중요한 수단인데, 왜냐하면 그것이 생존의 80퍼센트를 설명하기 때문입니다.[2]

핑커 역시 "산업화는 수십억 명의 사람들을 먹여 살리고, 수명

---

2   올라 로슬링, 2007년 3월 테드 강연, "New Insights on Poverty". youtu.be/YpKbO6O3O3M?si=v3r9HiTg2gnjVlvV

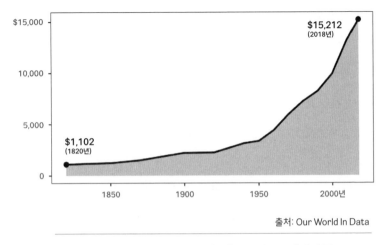

$15,000

$15,212
(2018년)

10,000

5,000

$1,102
(1820년)

0

1850   1900   1950   2000년

그림4. 세계의 1인당 GDP 추이(2011년 PPP달러 기준)

을 두 배로 늘리고, 극심한 빈곤을 감소"시켰다고[3] 말한다. 이제 신낙관주의자들의 세계관 속에 가로놓인 진보의 정체가 더 분명해진 것 같다. "산업 자본주의로 인류는 전에 없던 물질적 풍요를 누리게 되었으며, 그 덕분에 수명도 비약적으로 늘어났다!"

핑커는 진보의 정체에 대해 다음과 같이 말한다. 우리는 "국가와 시대마다 인간의 안녕과 복리의 여러 측면이 상호 연관되어 있다는 사실"로부터 "그 아래에 일관성 있는 현상이 잠복해 있다"는 추측을 할 수가 있는데, 그것이 바로 "진보"라고 말이다.[4]

신낙관주의자건 아니건, 수명 증가가 괄목할 만한 진보라는 데에는 이견이 있기 어렵다. 수명과 건강의 영역 밖에서도, 인류가 거의 모든 영역에서 과거에 비해 큰 진보를 이루었다는 사실을 부정할 수 없다. 문제는 이러한 진보들을 핑커가 말한 것처럼 "일관성 있는 현상"으로 구성해 내고자 하는 신낙관주의자들의 내러티브다. 더 나아가, 이 내러티브가 어쩌면 진보에 대한 지나치게 단순한 이해와 그로부터 비롯된 과한 낙관을 일으키고 있다는 점이다.

결과적으로 인류는 물질적 궁핍을 극복하는 데에도, 높은 사망률의 질곡으로부터 탈출하는 데에도 성공했지만, 그것이 어느 하나를 이뤄 내면 다른 하나도 저절로 따라 나오는 모종의 패키지와 같은 것이었을까? "진보는 한 덩어리의 패키지로 주어지는 것이 아니"라면서도[5] 이 복수의 진보들 아래에 "일관성 있는" 이유가 있다고 말함으로써 핑커와 신낙관주의자들은 이 진보들을 하나의 패키지처럼 설명하고 만다. 그렇기에 신낙관주의자들에게 감소하는 극빈율 데이터가 산업화와 자본주의의 물결이 가져온 경제적 진보를 증거한다면, 향상하는 기대수명 데이터는 그와 똑같은 진보가 건강의 영역에도 관철되었음을 의미한다. 초기 산업화 시대에 자본의 축적 과정이 얼마나 착취적이고 폭력적이었는지에 대한 인문사회과학자들의 고발은 눈부시게 향상한 수명 그래프와 수명과 경제적 번영의 강한 상관관계를 그리는 소득-수명 그래프 앞에서 무색해지고 만다. 덕분에 '이렇게 수명이 빠르게 증가했는데, 무엇이 문제란 말인가?'라는 논리는 다시 극빈율 데이터가 역설하는 내러티브를 보강한다. '수명이 이렇게 빠르게 향상됐는데, 당연히 빈곤도 감소했다고 생각하는 것이 자연스럽지 않은가?' 그런 탓에 "그 인과의 방향을 확실하게 추적하기가 불가능할 때도 있"다면서도[6] '무심코 "산업화는 수십억 명의 사람들을 먹여 살리고, 수명을 두 배로 늘리고, 극심한 빈곤을 감소"시켰다고 말하거나 혹은 "돈과 건강" 사이의 인과관계가 "어떻게 되는지 알 수 없"다면서도[7] "경제성장이 발전의 가장 중요한 수단"으로서 "생존의 80퍼센트를 설명"한다고 말하는 것이다. 핑커와 로슬링의 진보 내러티브가 경제성장과 기대수명의 인과관계를 사회과학적으로 입증하고자 하는 어떤 진지한 시도 없이 인과의 플롯으로 연결되는 것은(특히 핑커가 그렇다) 이런 이유에서다.

경제적 번영과 수명 사이의 공시적 상관관계를 증명하는 것은 물론, 통시적 차원에서 경제적 진보와 수명 및 건강의 진보 각각을 증명하는 작업도 두 진보의 강한 인과관계를 의미하지는 않는다. 거듭 말하지만 우리는 두 변수가 서로 어떤 통시적 관계를 맺어 왔는지를 살펴야 한다. 한 시점에 두 변수 사이에 어떤 관계가 있는지 혹은 두 변수가 각각 시간이 지남에 따라 어떻게 변했는지가 아니라, 시간이 지남에 따라 두 변수들의 변화 사이에 '서로' 어떤 관계가 있는지를 봐야 한다. 초콜릿-노벨 과학상 그래프가 암시하는 상관관계를 인과관계로 해석하는 것을 경계해야 했듯, 소득-수명 그래프의 뚜렷한 기울기 역시 과연 어느 정도가 둘 사이의 인과관계로부터 비롯됐는지 충분히 의심해 볼 필요가 있다.

치료약이 개발되기도 전에 결핵이 감소한 이유

통시적 데이터로부터 변수들 사이의 인과관계를 탐색하기 위해 우리가 사용할 방법으로는 두 가지가 있다. 첫 번째는 몇 가지 중요한 사례를 중심으로 두 변수의 변화를 비교하는 것이다. 두 번째는 포괄적이고 방대한 데이터셋에 대해 그 시계열적 속성을 이용한 통계적 분석을 수행하는 방법이다. 사회과학자들은 분석의 대상과 자료의 속성, 자료의 한계에 따라 적절한 방법을 취하며 변수들의 인과관계를 탐구해 왔다. 이 책 역시 인류의 수명과 경제성장 사이의 관계를 알아보기 위해서 가장 합리적이라고 판단되는 방식을 적용할 것이다. 즉, 양질의 데이터가 비교적 부족한 초기에는 중요사례들을 검토하는 접근을, 그 이후로는 세계 여러 나라의 소득과 수명 데이터를 한데 취합해 통계 분석을 수행하는 접근을 취할 것이다.

소득의 증가와 함께 수명 증가의 유력한 원인으로 일컬어지는 또 하나의 후보가 있다면, 단연 의학의 진보다.《지금 다시 계몽》은 한 장(6장)을 할애해 의학적 측면에서 인류가 이룩한 진보를 설

3장 관련: 사실의 구조

파한다. 현대 의약 기술은 황열병, 천연두, 폐렴, 장티푸스, 결핵 등 역사적으로 많은 사람들을 어린 나이에 죽음으로 몬 질병들을 극복했거나 소멸시키고 있다. 그런데 의학의 발전이 인류가 근대사에서 경험한 수명의 혁명적 증가를 설명하는 주요한 변수라는 설명에 이의를 제기한 학자가 있다. 바로《질병의 기원》을 쓴 사회역학자 토마스 매큐언Thomas McKweon이다. 수명과 소득의 증가에 있어서 중요한 초기의 사례들 가운데 가장 돋보이는 사례는 수명과 소득 모두를 선도했던 영국이다. 매큐언 역시 자신의 주장을 입증하는 강력한 증거로 영국을 든다.

매큐언은 질병의 근본 원인을 사회경제적 요인에서 찾는 사회역학의 선구자다. 그에 따르면 인류를 괴롭힌 주요한 전염성 질병의 사망률은 이 질병들에 대한 유의미한 의학적 대응이 이뤄지기 이전부터 이미 감소하고 있었다. 1851~1900년 영국(잉글랜드-웨일스)의 사망률 감소에서 거의 절반의 비중을 차지했던 질병은 결핵이었는데, 매큐언은 20세기 이후에 비로소 실효성 있는 결핵 치료가 이뤄지기 시작했다고 말한다.[8] 1947년에야 결핵의 치료제로 스트렙토마이신이 사용되기 시작했는데, 실제 결핵 사망률은 19세기부터 이미 지속적으로 감소 추세에 있었다는 것이다.[9] 당시 영국의 산업도시들은 즐비한 공장들이 내뿜는 매연으로 심각한 대기오염을 겪고, 인구가 밀집한 폐쇄된 공장에서의 노동 역시 공기를 통해 전염병의 확산이 이뤄지기 매우 쉬운 환경을 만들었다. 그럼에도 사망률이 감소했다는 점은 특기할 만하다. 이에 대해 산업혁명기의 열악한 위생 환경이 개선되면서 질병이 크게 감소했다는 설명도 그럴듯하다. 그러나 매큐언은 위생개혁이 콜레라와 장티푸스 등 수인성 질병의 감소는 설명할지 몰라도, 공기 매개 감염병인 결핵과는 큰 관련이 없다고 생각했다.

매큐언은 결핵 사망률 감소를 설명하는 가장 결정적 원인으로 산업혁명이 가능케 한 생활 수준의 개선을 지목한다. 사망률 감소 원인의 유력한 후보군 가운데 의학적 치료도, 질병 노출 환경의 감소도, 혹은 그보다도 가능성이 낮은 인체의 유전적 변화로 인한 저항력의 변화도 아니라면 남은 후보인 영양 수준의 개선이 가장 유력한 변수라는 소거법의 논리였다.[10] 경제적 부를 통해 더 많은 영양분을 섭취할 수 있었기에 질병에 대한 저항력이 향상되었고, 궁극적으로 사망률도 감소할 수 있었다는 게 그의 결론이다. 19세기 후반 영국의 사망률 감소 중 약 절반가량이 결핵의 감소 때문이었다는 사실에서 매큐언은 경제적 진보가 대략 사망률 감소의 절반 이상을 설명하는 가장 중요한 변수라고 본 것이다.

경제학자 로버트 포겔Robert Fogel도 매큐언의 설명에 지지를 보탠다. 포겔은 신체 수치를 활용해 생활 수준을 측정하는 계량경제사 연구의 선구자이자 노벨경제학상 수상자다. 그는 신장과 체중 등 인체의 영양 상태를 직접적으로 반영하는 지표들이 사망률 예측에 주효하다는 사실을 발견한다. 포겔에 따르면, 신장과 체질량지수 등 영양 상태를 나타내는 신체 지표들은 1775~1875년경 영국과 프랑스의 사망률 감소를 약 90퍼센트, 그 이후 100년 동안의 사망률 감소는 절반 정도를 설명한다.[11]

현대 의학의 힘이 인류의 수명 증가에 기여한 바가 적다는 매큐언의 주장은 뜻밖이지만, 경제성장과 영양 상태를 유력한 원인으로 꼽는 지점에서는 고개가 끄덕여진다. 신낙관주의자들의 암시처럼 산업 자본주의가 선물한 경제성장의 직접적 산물인 풍족이 인류에게 더 길고 건강한 삶까지 선물해 준 걸까? 핑커 역시《지금다시 계몽》의 7장에서 식량 문제의 해결이 인류의 건강에 크게 기여한 사실을 강조하고 있다.

그런데 매큐언과 포겔의 견해에 반박하는 학자들이 있다. 역사학자 사이먼 스레터Simon Szreter는 매큐언의 통계 해석에 오류가 있다고 지적한다. 매큐언은 결핵 사망률이 1847~1850년부터 이미 지속적으로 감소하고 있는 것처럼 주장하지만, 실제로는 1850년대 초반 다시 증가했고, 이후 1866년경에 이르기까지 사망률이 그 밑으로 감소하는 뚜렷한 추세는 나타나지 않았다는 것이다.[12] 스레터에 따르면 매큐언이 지목한 1847~1850년 사망률 감소는 단기적 변동일 뿐, 장기적 추세의 터닝 포인트라고 할 수 없다. 따라서 결핵의 감소가 전체 전염성 질병의 사망률 감소를 견인한 중추적 요인이었다고 믿을 만한 증거는 충분하지 않다. 또한 스레터는 영양상태와 관련이 클 다른 공기 매개 질병인 기관지염, 폐렴, 인플루엔자로 인한 사망률은 1901년까지 오히려 증가하는 현상이 있었다고 밝힌다. 그러므로 공기 매개 질병이 아니라 장티푸스와 콜레라 등 공중위생과 관련된 질병의 감소가 19세기 후반 사망률 감소에 가장 크게 기여했다는 것이다.

매큐언의 주장대로라면, 공기 매개 전염병인 결핵이 사망률 감소의 가장 큰 원인이며, 결핵 사망률 감소의 이유는 영양 섭취의 개선이다. 결핵 환자는 다른 질병에 대한 저항력 역시 떨어지므로, 결핵의 감소는 다른 질병 역시 감소시키는 데 기여했을 것이다. 이렇게 보면 영양 섭취의 증가가 곧 수명 증가의 가장 지배적인 원인이 된다. 그러나 스레터의 해석은 전혀 다르다. 공중위생 관련 질병의 감소 덕분에 결핵을 포함한 공기 매개 질병의 사망도 덩달아 감소했다는 설명이 더 그럴듯하다는 것이다. 스레터는 1870~1900년 진전된 위생개혁이 영국의 사망률 감소를 견인한 주요한 동인이라고 보았다. 수십 년 동안 횡보하다가 1870년경을 기점으로 가파르게 상승하는 영국의 기대수명 그래프(〈그림5〉)가 그의 주장을 뒷받침한다.

경제성장이 이끈 영양 섭취의 향상이 수명 증가의 결정적 원인이라는 매큐언의 주장에 반하는 증거들은 또 있다. 매큐언의 주장이 사실이려면 농업 종사자에 비해 소득이 높고 영양 접근성도 좋은 직물 공장 노동자의 사망률이 낮아야 한다. 그러나 1890년대 호흡기 질환으로 인한 사망률은 직물 공장 노동자가 농업 종사자에 비해 약 2.5배 높았다.[13] 공기 매개 질병을 곧 영양 섭취와 관련짓는 매큐언의 도식으로는 이 사실을 설명하기 어렵다. 무엇보다 18세기 후반 완만한 증가 추세에 있던 영국인의 수명은 1820~1870년대에 정체한다(〈그림5〉). 이 시기는 노동자의 실질임금이 지속적으로 증가하던 때와 일치한다.[14] 〈그림5〉는 경제성장이 곧 영양의 개선을 통해 수명의 증가로 이어진다는 경제 결정론의 예측을 빗나가는 그림이다.

1820년 이전까지 기대수명의 완만한 증가세는 그 이전 전근대기에 오르락내리락하던 구간을 크게 벗어나지 않는 범위 내에서 이뤄진다. 이는 1870년 이후와 견주면 미미한 변화일 뿐이다. '이스털린의 역설'로 유명한 경제학자 리처드 이스털린Richard Easterlin은 산업혁명으로 근대적 경제성장이 시작된 시점에 비해 100년 가까이 늦은 1870년대에야 영국에서 비로소 이전의 추세와 질적으로 다른 사망률 감소세가 나타난다고 지적한다.[15] 1870년을 기점으로 이후 반세기 동안 영국인의 수명은 1820년 이전 약 반세기보다 네 배 가량이나 빠른 속도로 증가했다.

이스털린은 영국뿐만 아니라 후발 산업국인 스웨덴과 일본, 개발도상국 브라질과 인도 등에서도 이런 현상이 나타난다는 사실을 발견한다.[16] 즉, 수명 증가의 역사적 분기점은 경제성장의 그것과 일치하지 않았다. 이스털린은 근대적 경제성장의 분기점이 선발 산업국 영국에서 발생해 개발도상국들로까지 확산되기까지 약 170년이 걸렸던 것에 비해, 수명의 경우는 선발 산업국의 분기점과 개발도상국의 분기점 사이에 70년 정도의 간격이 있을 뿐이라고 분석한다.[17]

이스털린의 말대로, 영국(실선)과 인도(점선) 두 나라의 역사적 분기점 사이를 음영으로 칠한 〈그림6〉의 두 그래프에서 수명 그래

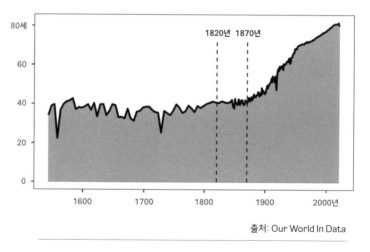

출처: Our World In Data

그림5. 영국의 기대수명 추이

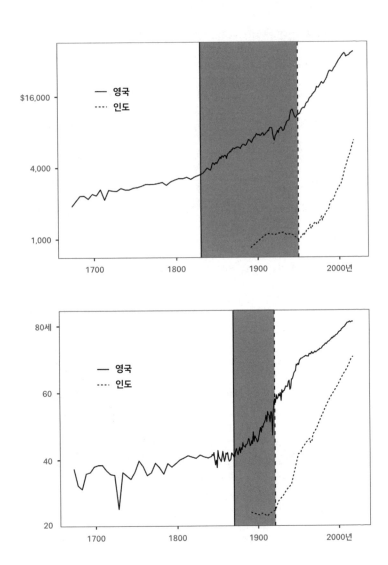

그림6. 1인당 GDP 향상(2011년 PPP달러 기준)과 수명 증가의 확산

프의 음영이 GDP의 음영보다 훨씬 짧은 것을 확인할 수 있다. 〈그림6〉을 보면 개발도상국인 인도에서는 수명 증가의 분기점이 아예 경제성장의 분기점보다 먼저 나타나기도 했다! 영국의 식민지였던 인도가 예외적인 사례였을까? 인도를 비롯해 쿠바, 필리핀, 스리랑카, 비교적 최근의 사하라 이남 아프리카 지역에 이르기까지, 근대적 경제성장 이전에 기대수명의 향상을 경험한 저개발 국가의 사례들이 많다고 이스털린은 말한다.[18]

경제성장이 아니라면?

스레터는 오히려 산업혁명기의 경제성장이 기대수명에 부정적인 영향을 미쳤다고 주장한다. 산업화와 도시 인구의 과밀로 질병에 취약한 환경이 조성됐기 때문에 산업혁명기 가장 급속한 경제성장을 겪었던 도시들은 오히려 기대수명이 전국 평균에 비해 낮았으며, 1820~1850년 이 지역들 상당수가 기대수명의 감소를 경험했던 것이다.[19] 또한 산업화에 뒤따른 사회구조의 변화는 정치적으로 수명 증가를 위한 개혁이 이뤄지기 어려운 대립 구도를 형성했다. 산업화는 신진 자본가와 그들에게 고용된 임금노동자, 장인 계층부터 봉건적 사회구조의 잔재인 지주 귀족까지, 여러 이해관계가 복잡하게 얽힌 새로운 계급 질서를 만들어 냈다. 그런데 도시 위생을 개선하려는 정치적 시도들은 공장이나 작업장 등을 소유한 자산가, 지주 등의 이익과 때로 충돌할 수밖에 없었다.[20] 특히 스레터는 산업혁명을 계기로 성장한 도시 프티부르주아 계급의 반대가 위생개혁의 가장 큰 걸림돌이었다는 사실을 지적한다.[21] 상수도 인프라를 건설하고 하수 처리 시스템을 완비하는 등 위생개혁의 구체적인 과제를 수행하려면 정부의 경제력이 커질 필요가 있었다. 그러나 이는 '작은 정부'를 지지하는 자본가들의 이익과 적어도 단기적으로는 충돌하는 것처럼 보였고, 나아가 당시 산업 자본주의의 근간을 이루던 자유지상주의적 원리를 얼마간 유보해야 하는 일이었다.

스레터에 따르면, 이런 정치적 난제들 속에서 해결에 물꼬를 튼 것은 노동자 계급의 요구에 부응해 이루어진 선거법 개정이었다.[22] 새롭게 유권자가 된 노동자들의 표심을 잡기 위한 정치적 경쟁이 시작됐다. 위생개혁이라는 어젠다는 지방자치 단위에서 먼저 정치적 쟁점으로 떠올랐으며, 점차 영국 전역으로 확산됐다. 그 과정이 순탄치만은 않았다. 지방자치 단위 위생개혁의 선두에 있었던 버밍엄 지역의 '도시사회주의'는 공공연히 "공산주의"라는 비난을 받아야 했다. 그러나 버밍엄의 도시사회주의 모델이 확산되며 경쟁적으로 전개된 상하수도의 시영화는 당시 영국의 수인성 질병이 감소하는 데 통계적으로 유의미하게 기여했다고 평가된다.[23] 정리하자면, 영국의 수명 증가는 경제성장의 부산물로 그저 주어진 것이 아니라 어려운 조건 속에서 이룩한 정치적 쾌거였다.

핑커 역시 "무엇보다 공공 하수도를 건설하고 염소 처리된 수돗물로 식수를 보호하고부터 수십억 명이 목숨을 구했다"고[24] 말한다. 그러나 그는 위생개혁을 이룬 정치활동과 사회운동의 역할에는 무관심하다. 1870~1900년 영국에서 전개됐던 사회주의식 위생개혁은 영국만의 특징이 아니었는데도 말이다. 상하수도의 시영화는 이후 유럽 전역과 미국으로 확산된 하나의 표준적 정책이었다. 때로 시행 과정에서 사유 재산의 압류와 강제 인수가 동원되기도 했다.[25]

자, 이제 위생개혁의 역할을 염두에 두고 포겔의 연구를 떠올려 보자. 포겔은 신장과 체중 등 신체의 영양 지표와 사망률 사이의 뚜렷한 상관관계를 발견한다. 이 관계를 우리는 다음과 같이 설명할 수 있다. "인류는 위생개혁으로 말미암아 개선된 위생 환경을 누리게 되었고, 그제야 비로소 인체의 영양 손실이 줄었고, 더 나은 영양 상태가 확보되었으며, 이를 통해 더 긴 수명까지도 누릴 수 있었다."

영양 지표가 사망률 및 수명과 직접 연결된다는 포겔의 발견은 분명 의미가 있다. 하지만 영양 지표의 개선은 경제성장을 통한 영양 섭취의 증가만이 아니고, 영양의 손실을 야기하는 질병 환경의

3장 관련: 사실의 구조

제거를 통해서 이뤄진 측면도 있다.[26] 아마도 후자가 더 결정적인 이유였던 것 같다. 2006년, 경제학자 데이비드 커틀러David Cutler 와 노벨경제학상 수상자 앵거스 디턴 등은 경제 개발과 수명 및 건강 사이의 관계를 다룬 가장 영향력 있는 경제학 논문 중 하나인 〈사망률의 결정 요인The Determinants of Mortality〉에서 이렇게 서술한다. "공중위생의 개선"이 "1870년 이후 사망률의 감소에 대해 더 일관된 설명을 제공"한다고 말이다.[27] 최근의 어느 계량연구에 따르면, 공중위생 인프라에 대한 투자가 1860~1900년 영국 도시들의 사망률 감소를 45~60퍼센트 정도 설명한다. 반면, 지역별 세원tax base으로 측정한 경제적 부는 큰 설명력을 발휘하지 못했다.[28] 경제성장이 아니라 위생개혁이 사망률 감소의 근본 동인이라는 스레터의 주장에 들어맞는 가장 직접적인 통계인 셈이다. 역사적 자료들에 대한 최근의 계량연구들은 위생개혁이 영국뿐만 아니라 19세기 유럽 주요 국가들의 사망률 감소를 설명하는 중요한 요인이었다는 사실을 알려 준다.[29]

결국 인류가 최근 100여 년 사이 이룩한 불건강한 삶으로부터의 '위대한 탈출'은 경제의 발전만으로는 채 설명할 수 없었다. 경제학자 이스털린은 근대사에 두 가지 혁명이 있었다고 말한다.[30] 하나가 산업혁명이라면, 다른 하나는 인류에게 장수를 선물한 사망률 혁명mortality revolution이다. 〈그림6〉에서 알 수 있었듯, 역사적으로 두 혁명의 시점은 일치하지 않았을 뿐만 아니라 선후관계조차 나라별로 달랐다. 대체로 서구의 선진국은 경제적 혁명을 먼저 겪었던 반면, 개발도상국은 경제성장의 분기점을 지나지 않고도 사망률 혁명의 분기점을 맞았다. 여러 역사적 사례들에 비추어 볼 때, 두 혁명 사이의 선후관계는 일관되지 않고, 인과관계 또한 뚜렷하지 않다. 그 가운데서도 일관되게 나타난 패턴이 있다면 두 혁명이 확산된 나라들의 순서다. 즉, 산업혁명과 사망률 혁명 모두 서구의 선진국에서 먼저 일어나 나머지 국가들로 확산됐다. 때문에, 두 혁명을 모두 지난 시점에서 관찰해 보면 대체로 먼저 근대적 경제성장을 겪고 부유해진 나라들은 동시에 사망률도 낮아 기대수명이 높았다.

이스털린의 관점으로는 소득-수명 그래프의 배후에 있었던 진실도 이것이라고 말할 수 있다. 두 혁명이 전개된 나라들의 순서가 대략 일치했던 덕분에, 두 혁명 사이에 인과관계가 없어도 오늘날 시점의 공시적 상관관계만 보면 소득과 수명 사이에 뚜렷한 양(+)의 관계가 있었던 것이다. 이스털린은 산업혁명과 사망률 혁명이 서로가 서로의 직접적 원인이나 결과이기보다는 그 기저에 흐르는 공통 원인으로부터 비롯된, 순서가 다른 결과였다고 말한다. 이스털린이 말하는 공통 원인이란 바로 과학 지식의 발전이다. 산업혁명을 가능케 한 과학 지식이 사망률 혁명을 가능케 한 지식보다 먼

3장 관련: 사실의 구조

저 연구되었기 때문에 산업혁명이 발생한 뒤 사망률 혁명이 전개됐다는 것이다.[31]

그렇다고 해서 경제성장이 수명의 증가에 아무런 기여도 하지 않았다고 하기는 여전히 어렵다. 초기 산업 자본주의 아래 전개된 근대적 경제성장이 위생 환경을 악화시켜 인간의 복지에 부정적인 영향을 미쳤던 측면이 있었다고 하더라도, 위생개혁 이후에 위생 환경이 개선됐고, 그다음에는 경제성장이 인류의 건강을 증진시키는 촉진제로 기능했을 것이다. 그렇다면 과연 얼마만큼의 수명 증가가 경제성장으로 설명될 수 있을까?

프레스턴 커브:
돈으로 수명을 얼마나 살 수 있을까

경제성장이 선물한 수명은 얼마일까? 이 질문에 답하기 위해 선행 연구들을 톺아 볼 때 프레스턴 커브를 언급하지 않기는 어렵다. 1975년, 경제학자 사무엘 프레스턴Samuel Preston은 20세기 수명 증가의 동인을 한 국가의 경제성장과 그 밖의 다른 요인으로 분해하는 간단한 방법을 통해 경제성장의 영향을 측정한, 그 유명한 연구 〈경제 개발 수준과 사망률 사이의 변화하는 관계The Changing Relation between Mortality and Level of Economic Development〉를 발표했다. 이 논문에서 프레스턴은 1930~1960년대 수명 증가의 84퍼센트가량이 국민소득 증가가 아닌 다른 동인 때문이었다는 결론을 내린다.[32] 그는 어떻게 그런 결론을 내린 걸까?

1975년 논문에서 프레스턴은 국민소득과 수명 사이의 뚜렷한 상관관계를 발견한다. 여기까지는 《팩트풀니스》의 소득-수명 그래프가 보여 주는 바와 같다. 그러나 그의 연구는 공시적 상관관계를 발견한 데 그치지 않고, 이 상관관계가 시간이 지남에 따라 어떻게 변하는지 분석하는 데까지 나아간다. 이 작업으로 프레스턴은 국민소득이 수명의 통시적 변화에 얼마나 영향을 미치는지 그

3장 관련: 사실의 구조

기여분을 계산하고자 했다. 프레스턴은 1930~1960년대 1인당 국민소득과 평균 기대수명의 함수관계를 나타내는 회귀선이 좌표평면상에서 위로 이동했다는 사실을 발견한다.[3] 같은 소득 수준에서 누리는 기대수명이 시간이 지남에 따라 증가했다는 의미다. 이 회귀선대로라면, 소득이 그대로였어도 기대수명은 늘어났을 것이다.

이렇게 국가별 소득과 기대수명 사이의 관계를 나타내는 그래프를 프레스턴의 이름을 따 '프레스턴 커브'라고 한다. 그가 1975년 논문에서 처음으로 프레스턴 커브를 그릴 당시에 분석한 자료에서는 1900년대의 1인당 국민소득과 기대수명에 대한 자료를 모두 갖춘 나라가 10개국 정도뿐이었다. 하지만 한스 로슬링이 설립한 갭마인더gapminder.org 같은 사이트를 통해 더욱 풍부한 데이터에 접근할 수 있는 지금은 1930년대에서 1960년대 사이라는, 프레스턴이 첫 논문에서 범위로 삼은 30년 간격보다 훨씬 더 긴 시간 간격을 두고 같은 방법의 분석을 수행하는 것이 가능하다.

국가의 경제성장 vs 그 밖에 다른 요인

덕분에 나도 로슬링이 《팩트풀니스》를 집필할 때 사용한 갭마인

---

3   회귀선: 상관관계에 있는 두 변수 사이의 관계를 나타내는 선(국립국어원 표준국어대사전 참고).

더의 데이터셋을 이용해 다음 그래프를 그릴 수 있었다. 〈그림7〉은 20세기 이래 약 120년에 걸쳐 그린 프레스턴 커브들이다. 1900년, 1960년, 2019년 각각에 대해 〈그림7〉의 가로축은 각 나라의 1인당 GDP를, 세로축은 각 나라의 평균 기대수명을 표시하고 있다. 각각 주어진 시점에는 〈그림2〉의 소득-수명 그래프에서 그랬던 것처럼, 1인당 GDP의 지수적 성장과 기대수명 사이에 직선적인 상관관계가 나타나지만 1900년, 1960년, 2019년…… 시간이 지날수록 직선 자체가 위에서 형성된다는 점을 한눈에 확인할 수 있다.

만약 각 시점의 직선들이 1인당 GDP와 수명 사이의 관계를 올바르게 추정하고 있다면, GDP의 증가로 수명이 증가할 때, 점들은

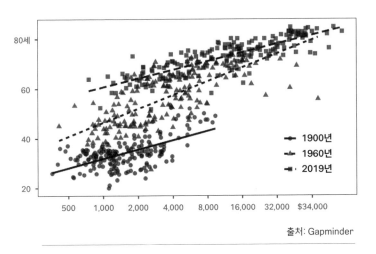

출처: Gapminder

그림7. 새로 그린 프레스턴 커브(1인당 GDP는 2017년 PPP달러 기준)

그 직선들을 타고 오른쪽으로 올라갈 것이다. 그에 비해, 이 직선들이 추정하고 있는 GDP의 효과 외에 다른 어떤 변수의 변화가 수명의 증가에 영향을 미친다면, 점들은 우상향하는 선을 타고 올라가지 않고, GDP 수준과는 상관없이 일제히 위로 올라갈 것이다.

프레스턴은 이 점에 착안했다. 그가 분석한 자료에서 점들은 회귀선을 타고 올라가기보다는 그 회귀선과 상관 없이 일제히 위로 올라가 새로운 회귀선을 그리는 것처럼 보였다.

〈그림8〉은 프레스턴의 논리를 1900년과 1960년에 적용해 도식화한 그래프다. 만약 1900년에서 1960년에 이르기까지 60년 동안 1인당 GDP가 약 2,500달러에서 7,400달러로 증가한 나라가 있다면(일본이 그러하다), 아래 좌표평면에서 이 나라의 위치는 대략 점A에서 점B로 이동했을 것이다. 동시에 점A와 점B의 높이의 낙차인 25.6년만큼 기대수명이 증가했을 것이다. 25.6년은 점이 회귀선을 따라 이동한 분량과, 회귀선 자체가 위로 이동한 분량이 합쳐진 숫자다. 만약 1900~1960년, 이 나라의 GDP가 점A에서 조금도 증가하지 않았더라도, 회귀선의 이동으로 16.9년만큼 수명은 증가했을 것이다. 이는 똑같은 1인당 GDP 수준에서 각각 1900년과 1960년에 누릴 수명의 차이에 해당하는 증가분으로, 경제성장만으로는 설명되지 않는 분량이다.

25.6년 중 나머지 8.7년은 회귀선을 따라 GDP가 증가하며 수명도

증가한 분량으로, 경제성장에 기인한 수명 증가분으로 해석될 수 있다. 8.7년은 회귀선을 이동시키는 다른 요인의 변화가 없을 때 경제성장으로만 이뤄진 수명 증가분이다.

혹은 〈그림8〉의 오른쪽 그래프처럼, 이 나라가 2,500달러에서 7,400달러까지 GDP가 증가하면서 1900년의 실선을 타고 이동해 수명이 5.8년만큼 증가했다고 생각할 수도 있다. 이때 25.6년 중 나머지 분량 19.8년은 1900년의 실선이 1960년 점선의 위치로 올라가며 경험한 수명 증가를 의미한다. 이로써 왼쪽과 오른쪽 그래프에서 각각 회귀선 이동으로 인한 증가분이었던 16.9년과 19.8년의 평

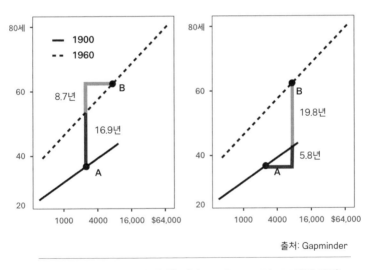

출처: Gapminder

그림8. 프레스턴의 분해 방법(1인당 GDP는 2017년 PPP달러 기준)

　　　　　3장 관련: 사실의 구조

균인 18.3년 정도가 대략 경제성장이 아닌 그 밖의 요인으로 인한 증가며, 회귀선을 따라 이동한 두 증가분(8.7년, 5.8년)의 평균인 7.2~7.3년가량은 경제성장으로 인한 증가라고 해석할 수 있다.

프레스턴이 1975년 논문에서 지역별로 이런 계산을 수행한 후 인구수로 가중치를 둬 합한 결과, (2.5+1.3)/2=1.9년만큼이 국민소득의 성장으로 인한 증가분이었고, (10.9+9.7)/2=10.3년만큼이 그 나머지로 인한 증가분이었다.[33] 수명 증가 중 소득 성장 외의 다른 동인이 차지하는 기여분이 84퍼센트라는 그 유명한 계산이 바로 이 논리에서 나왔다(10.3/(1.9+10.3)≒0.84).

이제는 새로 그린 〈그림7〉의 프레스턴 커브에서 프레스턴의 방법을 따라, 1900~2019년 기대수명의 증가를 GDP증가와 그 외적 동인으로 인한 증가분으로 각각 분해해 보도록 하자. 갭마인더에 1900년, 1960년, 2019년, 세 개 연도에 대해 수명과 1인당 GDP 자료가 모두 있는 186개국을 대상으로 회귀분석을 수행해 봤다. 그 결과, 1900년과 1960년 1인당 GDP와 기대수명의 예측값 사이에는 각각 다음 식과 같은 관계가 성립했다.

1900년 식(식1): 기대수명 = 5.3751 x ln(1인당 GDP) - 5.2655(년)

1960년 식(식2): 기대수명 = 7.9968 x ln(1인당 GDP) - 8.8589(년)

식1과 식2에 따라 수명 증가를 분해해 보면 아래 〈표1〉과 같다. 이처럼 1960년까지 1인당 GDP에 아무런 변화가 없었더라도, 회귀선 자체의 이동으로 평균 16.65년 수명이 증가했을 것이며, 회귀선이 이동하지 않은 채로 GDP만 증가했다면 3.35년 정도 수명이 증가했을 것이다. 결과적으로, 83퍼센트 정도가 GDP가 아닌 외적 요인으로 인한 증가였다. 1975년 프레스턴 논문의 84퍼센트라는 숫자와 묘하게 맞아떨어진다. 그에 비해 GDP 증가에서 비롯된 수명 증가는 전체의 17퍼센트 정도일 뿐이었다.

그러나 같은 방법으로 계산했을 때, 1960년 이후로는 기대수명의 증가 요인에서 GDP가 차지하는 비율이 훨씬 늘어난다(〈표2〉)).

	1900년 GDP	1960년 GDP	GDP 기인 증가분	평균
1900년 기대수명(식2)	34.9년	37.6년	2.7년	3.35년
1960년 기대수명(식2)	50.9년	54.9년	4.0년	
회귀선 이동 기인 증가분	16.0년	17.3년	총 증가분 20.0년	
평균	16.65년			

표1. 1900년, 1960년 186개국 프레스턴식 분해

	1960년 GDP	2019년 GDP	GDP 기인 증가분	평균
1960년 기대수명(식2)	55.0년	68.0년	13.0년	10.6년
2019년 기대수명(식3)	66.1년	74.3년	8.2년	
회귀선 이동 기인 증가분	11.1년	6.3년	총 증가분 19.3년	
평균	8.7년			

표2. 1960년, 2019년 186개국 프레스턴식 분해

1960년부터 2019년까지는 회귀선이 예측한 평균 19.3년의 증가분 중 평균 10.6년, 즉 55퍼센트 정도가 GDP의 증가로 인한 것으로 나타났다. 프레스턴의 후속 연구 역시 1960년 이래 저개발 국가들에서 1인당 국민소득과 문해율, 영양 상태 등의 지표를 회귀방정식에 포함했을 때, 회귀선상의 이동으로 인한 증가분이 수명 증가에 더 주효한 원인이 되었음을 발견한 바 있다.[34]

물론, 인류가 1900년대 이래 경험한 수명의 증가에서 회귀선 자체의 이동으로 인한 증가가 회귀선상의 이동으로 인한 증가보다 훨씬 더 큰 비중을 차지한다. 2019년 1인당 GDP와 수명 예측값의 관계는 다음과 같다.

2019년 식(식3): 기대수명 = 5.0178 x ln(1인당 GDP) + 26.00911(년)

식1과 식3에 따르면, 2019년의 세계 GDP가 1900년 시점의 GDP에 비해 전혀 증가하지 않았더라도, 인류는 그래프 자체의 이동으로 34.9세에서 28.6년만큼 수명이 더 증가해 63.5세의 수명을 누릴 수 있었다. 그에 비해 그래프가 이동하지 않은 채 GDP만 성장했다면 식1에 따라 오늘날 인류가 누렸을 수명은 46.5세에 불과하다. 프레스턴 방식의 분해를 수행하면, 1990년과 2019년 사이 수명 증가의 약 70퍼센트가 GDP가 아닌 외적 요인으로 이뤄진 셈이다.

공시적 상관관계와 통시적 인과관계

그럼에도 여전히 석연찮은 구석이 있다. 프레스턴식의 분해가 시간이 지남에 따라 소득과 수명 사이의 관계에 발생하는 차이를 이용하고는 있지만, 이 분해법이 산출한 수치를 온전히 GDP의 기여분으로 해석한다는 점이 말이다. 이런 해석은 주어진 각 시점의 GDP와 수명 사이의 직선적 상관관계를 통시적으로 적용되는 인과관계로 전제할 때만 옳은 해석이 될 수 있다.

우리가 두 변수 사이의 통시적 관계로 초점을 옮기고자 한다면, 가장 간단한 방법은 그래프의 가로축과 세로축에 놓을 변수를 시간의 경과에 따른 변화를 나타내는 수로 바꾸는 것이다. 앵거스 디턴의 저서 《위대한 탈출The Great Escape》에 바로 이런 그래프가 등장한다. 디턴의 말처럼, 인류의 수명 증가가 이뤄지던 초기, 기대수 명을 높인 가장 강력한 요인은, 그것이 무엇이든 어린아이들의 사 망률을 낮추었다.[35] 그는 가로축에는 평균 42년 동안의 세계 여러 나라의 연평균 소득 증가율을, 세로축에는 기대수명 향상의 가장 큰 주역인 영아 사망률 감소의 연평균 수치를 늘어놓고 개별 국가 들을 동일한 한 단위로 간주하면, 두 변수 사이에는 "아무런 관계 가 없다"고 지적한다.[36] 소득-수명 그래프가 1인당 GDP와 수명 사 이에 뚜렷한 양(+)의 상관관계가 있다는 것을 보여 주었듯, 마찬 가지의 관계가 1인당 GDP와 영아 사망률 사이에서도 성립한다는 사실은 잘 알려져 있다. 때문에 디턴의 분석 결과는 뜻밖이었다.

디턴이 한 것과 비슷한 분석을 갭마인더의 통계를 이용해 1960년 부터 2015년 사이 최소 25년, 평균 51년의 데이터에 대해 수행해 봤 다. 그 결과, 〈그림9〉의 오른쪽과 같은 그래프가 만들어졌다. 주어 진 한 시점(2019년)의 횡단면적 상관관계를 나타내는 왼쪽의 그래 프에 비해, 오른쪽의 그래프에서는 아무런 상관관계를 찾을 수가 없다.

두 변수의 통시적 변화 사이에 상관관계가 없어 보인다는 사실 이, 반드시 두 변수 사이에 아무런 인과관계가 없음을 의미하지는 않는다. 경제학자 랜트 프리쳇Lant Pritchett과 로런스 서머스Lawrence Summers의 1996년 논문은 1960년부터 1985년에 이르는 여러 나라의 데이터를 이용해, GDP가 영아 사망률 및 아동 사망률을 통계적으로 유의미하게 떨어뜨린다는 사실을 보여 준다. 이는 경제성장이 인구의 건강에 미치는 긍정적 효과를 역설한 대표적 연구라고 할 수 있다.[37] 두 연구자처럼 경제성장의 긍정적 면모를 강조하고자 했던 이들은 프레스턴의 분석 중 첫 번째 차원, 경제적 후생 수준이 높을수록 수명도 더 높다는 상관관계로부터 경제성장이 인구의 건강을 개선하고 수명을 증가시킨다는 함축을 적극적으로 해석해 내고는 했다.

신낙관주의자 스티븐 핑커는 최근 몇십 년간 저개발 국가에서 질병 사망률이 빠른 속도로 감소한 배경을 "부분적으로 경제 발전에서 찾을 수 있"다고 하며, 이는 "부유한 세계일수록 건강"하기 때문이라고 말한다.[38] 그는 더 나아가 국민소득은 "인간의 번영을 나타내는 모든 지표와 관련이 있"다며 "1인당 GDP가 수명, 건강, 영양과 관계가 있다"고[39] 강조할 뿐만 아니라 "산업화는 수십억 명의 사람들을 먹여 살리고, 수명을 두 배로 늘"렸다며,[40] 기대수명 증가의 상당 부분을 물질적 풍요가 선물한 유익으로 해석하고 있다.

그러나 경제성장이 수명을 늘려 준다는 결론을 지지하는 증거들이 근대 경제의 폭발적 성장이 수명도 "두 배"씩이나 늘려 주었다는 식의 생각을 뒷받침한다고 보기는 어렵다. 프리쳇과 서머스의 연구는 경제성장이 공중위생 및 생활 수준에 민감하게 반응하

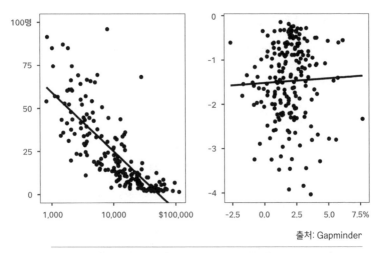

출처: Gapminder

**그림9. 왼쪽은 1인당 GDP에 따른 영아 사망률(공시적 분석, 천 명당),
오른쪽은 연평균 1인당 GDP 성장률에 따른
연평균 영아 사망률 증감 추이(통시적 분석)**

는 영아 및 아동의 사망률을 떨어뜨리는 효과가 있음을 보여 주지
만, 이것이 기대수명의 뚜렷한 증가로 이어진다고 볼 정도는 아니
었다. 가장 단순한 모형에서 10퍼센트만큼의 경제성장이 수명을
한 달 이상 늘려 주는 정도였을 뿐이며, 도구변수를[4] 사용한 분석
에서도 경제성장과 기대수명 사이의 관계는 통계적으로 유의미하
지 않았다.[41] 요컨대, 경제성장이 건강을 어느 정도 개선해 주지만,

---

4 도구변수: 독립변수와 직접 상관을 맺는 반면, 종속변수에는 직접 영향을 미치지
않아 독립변수의 외생적 변화가 종속변수의 변화로 이어지는 인과관계를 추정하
는 데 사용되는 변수. 도구변수를 이용한 추정은 인과관계를 보다 탄탄하게 지지한
다고 여겨진다.

수명이 100년 사이에 두 배씩이나 증가한 현상을 설명하기에는 기대했던 것보다 그 효과가 미미한 수준이다.

정작 핑커가 《지금 다시 계몽》에서 거듭 인용하는 노벨경제학상 수상자 앵거스 디턴과 그를 포함한 세 명의 학자들이 2006년에 발표해 2천 회 가까이 인용된 논문 〈사망률의 결정 요인〉은 1960~2000년, 10년, 20년, 40년 간격의 경제성장과 기대수명의 변화 사이에 거의 아무런 관계가 없다고 지적하고 있다.[42] 그들의 말대로, 이번에는 프레스턴 커브를 설명하며 그린 그래프와 동일하게 기간을 1960~2019년으로 정해, GDP 성장률과 수명 증감 사이의 관계를 분석해 보았다. 마찬가지로 186개국의 갭마이더 자료를 이용했다. 그 결과, 〈그림10〉의 오른쪽과 같은 그래프가 나왔다.

한 시점(2019년)의 GDP와 수명 사이의 관계를 그리고 있는 왼쪽에 비해, 오른쪽 그래프에서는 그 상관관계가 매우 약하다. 오른쪽 그래프에 따르면, 1960~2019년 GDP 성장으로 인한 수명 증가는 같은 기간에 1인당 GDP가 조금도 성장하지 않았을 때에 비해 0.9세 정도로, 〈표2〉의 10.6년에 비교하면 10분의 1에 불과하다.[43] 로슬링은 무엇 때문에 오른쪽과 같은 그래프를 그릴 수 있는 자료로 왼쪽과 같은 그래프만 그렸던 것일까? 그 이유는 알 수 없다. 사실 별로 중요하지도 않다. 중요한 건 오른쪽 그래프가 아니라 왼쪽 그래프를 그림으로써 로슬링이 사람들에게 불러일으킨 생각이다.

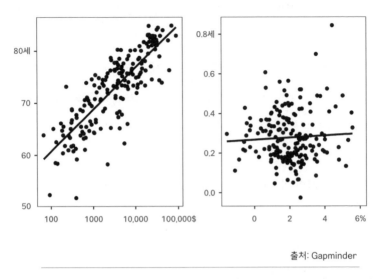

출처: Gapminder

**그림10. 공시적 분석과 통시적 분석의 대조. 왼쪽은 2019년 1인당 GDP와 기대수명,
오른쪽은 1960~2019년 1인당 GDP 성장률과 수명 증감**

왼쪽 그래프를 볼 때 우리 머릿속에 그려졌던 인과관계에 대한 강한 환상 같은 것 말이다.

덧붙이자면, 〈그림10〉의 오른쪽과 같은 그래프가 반드시 GDP와 수명 사이의 '진짜' 인과관계를 나타내지 않을지도 모른다. '연평균'은 말 그대로 60년간의 평균일 뿐이다. 이 60년 중 성장률이 상대적으로 더 높았던 시기와 수명이 상대적으로 더 빠른 속도로 증가한 시기를 비교해 보면 상관관계가 사뭇 달라질 수도 있다. 예를 들어, 중국은 186개국 중 수명의 증가가 두 번째로 높으면서 1인당

GDP도 고속 성장했던 나라로, 〈그림10〉 오른쪽 그래프의 상단에 자리 잡고 있지만, 실제 중국 경제의 고속 성장이 이뤄진 개혁개방 이후 중국의 기대수명이 더 빨리 증가한 건 아니다. 개발경제학의 현대적 고전과도 같은 저서 《기아와 공공 행동Hunger and Public Action》을 남긴 두 인도 경제학자 장 드레즈Jean Drèze와 노벨경제학상 수상자이기도 한 아마르티아 센Amartya Sen은 개혁개방 이후 고도의 경제성장을 기록하고 있었던 시기에 오히려 중국의 수명이 그 전보다 더딘 속도로 증가했다고 말한다. 이는 1981년, 1991년 각각 수명이 중국과 비슷했던 인도의 케랄라주와 한국의 같은 기간 수명 증가 속도에 견주어도 저조한 성적표였다.[44]

최근 세계은행의 세계개발지표World Development Indicators 통계도 드레즈와 센의 지적과 부합한다. 중국의 기대수명이 대약진운동 시기의 대기근으로부터 회복한 1962년부터 코로나 발생 전년도인 2019년까지 57년을 19년 간격으로 비교해 보면, 1962~1980년 기대수명이 약 14세 증가한 반면, 1981~2000년에는 약 7세, 2001~2019년에는 약 6세로 그 속도가 눈에 띄게 둔화한 것을 알 수 있다(〈그림11〉).

그렇다면 단순히 두 시점 사이의 변화량을 비교하는 접근에는 한계가 있다. 우리는 두 시점 사이의 성장률을 계산해 분석하는 대신, GDP와 수명이 일정한 간격으로 반복 측정된 모든 기간의 자료

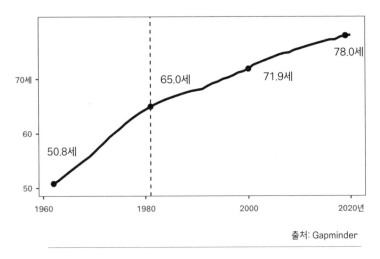

50.8세
65.0세
71.9세
78.0세

70세
60
50

1960   1980   2000   2020년

출처: Gapminder

그림11. 중국의 기대수명

에 대해 두 변수의 시간 경과에 따른 관계를 분석해야 한다. 이를 위해서 계량경제학적 모형을 적용해 볼 수 있다. 1인당 GDP와 수명 사이의 회귀식 우변에 개별 국가와 연도를 지시하는 지시변수를 추가하는 것이다.

이 모형으로 분석을 수행한 결과, 1960~2015년, 5년 간격으로 측정된 국가 i의 t년도 1인당 GDP와 기대수명 사이에는 다음 식 4와 같은 관계가 성립했다.

식4: *기대수명*$_{it}$ = 1.76796 x ln(1인당 GDP)$_{it}$ +μ_i + λ_t +ε_{it}

'이원고정효과two-way fixed effects 모형'이라고 불리는 이 모형에서는 시간에 따라 변하지 않는 개체(여기서는 개별 국가 i)별 특성에 의한 효과가 모두 개체별 고정효과(μ_i)에 흡수되기 때문에 시간의 변화에 따른 두 관심 변수들(GDP와 기대수명) 간의 상관관계를 탐지할 수 있다. 이 모형에서 GDP 밖의 다른 요인의 변화에 따른 평균적 효과는 모든 개체에 걸친 연도별 고정효과(λ_t)에 반영된다. 식4에 따르면, 이 같은 요인의 변화 없이 모든 나라가 오직 1인당 GDP만 1960년 수준에서 2015년 수준으로 변화했다면, 기대수명은 57.1세에서 59.8세 수준으로 2.6~2.7세 증가할 뿐이었다. 반면, 같은 기간 λ_t가 의미하는, 그 밖의 요인에 의한 수명 증가(λ_{2015})는 13.4세다.

실제로 주어진 한 시점의 변수 간 관계를 보여 주는 횡단면 자료의 분석에 비해, 변수의 시계열적 변화를 이용해 보다 인과관계에 가까운 통계적 관계를 분석했을 때 경제성장의 효과가 줄어든다는 것이 여러 연구들의 일관된 결과다.

이원고정효과 모형으로 경제성장의 효과를 분석한 경제학자 윌리엄 이스털리William Easterly의 연구도 마찬가지였다. 그는 오로지 시간의 경과에 따른 개체 간 변화량 사이의 관계만을 이용한 통계적 분석의 수행 결과, 1960~1990년 패널 자료에서 1인당 소득과 기대수명 사이에 유의미한 관계를 발견할 수 없었다고 보고한다.[45] 결국 수명 증가의 핵심 원인은 프레스턴 커브를 위로 이동시킨 "그 밖의" 요인 속에 있는 걸까?

단정하기엔 아직 이르다. 프레스턴 방식의 분해 방법이 오히려 경제성장의 유익을 과소평가한다고 여길 만한 이유가 하나 있다. 경제성장의 효과가 반드시 GDP의 증가로 나타나지는 않을 수도 있기 때문이다. 한 나라의 경제성장이 다른 나라의 수명 증가에 기여한다면, 그 기여는 프레스턴의 논리대로라면 "외생적" 요인, 즉 "그 밖의" 요인으로 해석될 테니 말이다. 예를 들어, 경제성장을 먼저 이루어서 부유해진 국가의 원조가 저개발 국가들의 수명을 늘리는 데에 크게 기여했을 수 있다. 이런 경우에 저개발 국가의 수명은 자국의 경제성장과는 상관없이 증가하기 때문에 프레스턴 커브가 위로 이동하는, "그 밖의" 변수에 의한 수명 증가분에 반영된다.

프레스턴은 이 문제 제기에 이미 답을 내놓은 적이 있다. 1970년대 저개발 국가가 공여받은 의료 관련 대외원조의 규모는 의료보건 관련 총지출의 3퍼센트가 채 되지 않는 낮은 수준이었다는 것이다.[46]

반대로 이스털린은 자신이 검토했던 19세기의 역사적 사례들을 바탕으로, 프레스턴의 방법론이 경제성장의 효과를 오히려 과대평가할 위험에 무게를 둔다.[47] 스레터가 지적했듯, 산업혁명기에는 소득이 높은 도시에서는 사망률이 높고, 소득이 비교적 낮은 농촌에서는 사망률이 낮았다. 소득과 수명 사이 함수의 기울기가 음수인 것과 마찬가지라고 할 수 있는데, 위생개혁이 급속한 산업화가 수명에 미친 부정적 영향을 감소시키며, 이 기울기의 계수를 플러스 값으로 증가시켰을 것이다. 하지만 프레스턴 커브는 그래프가 그려지기 이전에 이미 이뤄졌던 위생개혁으로 나타난 소득과 수명 사이의 양의 상관관계만을 보여 준다. 이렇게 소득이 증가함에 따라 수명이 증가하는 그래프만을 보고 판단한다면, 산업화의 부정적 효과는 알 수 없다.

디턴은 결국 장기적으로 소득 역시 수명 증가에 이로운 요인으로 작용하지만, 그보다도 결정적인 요소는 깨끗한 물과 보건 시스템, 위생에 대한 기본적 지식이라고 지적한다.[48] 산업혁명기 영국에서처럼 보건 및 위생이 기대수명의 증가에 결정적이라는 것이다.

교육과 수명의 상관관계

높은 수준의 위생은 교육과 수명 사이의 관계를 잇는 연결고리이기도 하다. 인구학자 존 콜드웰John Caldwell은 스리랑카, 코스타리카, 인도의 케랄라주 등 1인당 GDP가 낮은 나라 혹은 지역이 예측한 것보다 높은 기대수명을 누리는 까닭 중 하나로 교육의 역할을 지목했다.[49] 특히 여성의 교육 수준이 기대수명과 밀접한 관계가 있다는 것을 발견했는데, 이는 사망률이 가장 높은 연령대인 영유아기에 아동의 보육을 주로 책임지는 역할을 여성이 맡고 있기 때문이다. 양육자의 보건위생 지식이 영유아의 사망률에 영향을 미쳐 기대수명의 변화로 이어졌던 것이다. 콜드웰은 제3세계 99개국에서 1982년 1인당 기대수명과 가장 높은 상관관계가 있었던 건 1960년 여성의 초등 취학률이었다는 사실을 확인한다.[50] 그에 비해 1982년 1인당 GDP는 1960년 남성 초등 취학률, 1980년 인구당 의사 비율, 1981년 1인당 섭취 열량 등 여타 변수들에 비해 상관관계가 작았다.[51]

국민의 교육 수준이 건강을 개선할 뿐만 아니라 소득과 경제성장에도 영향을 미치는 인적자본이라는 사실을 염두에 두면, 역시 횡단면 자료들이 보여 주는 1인당 GDP와 기대수명 사이의 관계는 둘 사이의 실제 인과관계 이상으로 과대평가되었을 가능성이 있다. 다시 말해, 교육 수준이 기대수명은 물론 GDP 역시 높여 준다면 GDP가 수명을 높이는 관계가 실제로는 없거나 약하더라도 GDP와 수명 사이에 상관관계가 나타날 수 있다. 이와 관련해 경제학자 파브리스 머틴Fabrice Murtin은 1870~2000년 장기적인 인구 변화의 결정 요인을 긴 시계열의 패널 자료를 이용해 분석한 바 있다. 그의 연구 결과, 해당 기간 선진국 교육 햇수의 평균적 증가 (3년에서 12년으로 증가)만큼의 교육 수준 변화는 국민소득의 마찬가지 변화(2천 달러에서 2만 달러로 증가)에 비해 유아 사망률을 줄여 주는 효과가 세 배 정도 컸다.[52] 1930~2000년 패널 자료를 이용해 기대수명에 대해 마찬가지 통계적 분석을 한 결과, 같은 교육 햇수의 증가는 수명을 122퍼센트 증가시켜 주지만, 소득은 27퍼센트 증가시켜 줄 뿐이었다.[53] 즉 개발도상국이 선진국 수준의 경제로 성장하면서 획득한 수명 증가보다, 선진국 수준의 교육 수준을 확보하면서 이룬 수명 증가가 훨씬 컸다. 이는 20세기 수명 증가의 원인이 소득보다는 교육의 확대에 있다는 직접적 증거다.

1970년 이후의 자료를 이용해 통계분석을 수행한 인구통계학자 볼프강 루츠Wolfgang Lutz의 연구 역시 GDP와 교육 햇수를 독립변수로 설정해 분석한다. 그 결과 루츠는 1인당 GDP가 수명 증가로 이어지는 통계적 관계가 아예 사라졌다고 보고한다. 해당 논문에 따르면, 프레스턴 커브의 X축을 1인당 GDP가 아닌 1인당 교육 햇수로 바꾸어 그래프를 다시 그렸을 때, 1인당 GDP를 독립변수로 했을 때와는 달리 시간이 지날수록 그래프가 위로 이동하는 현상은 나타나지 않았다. 이어 루츠는 1970~2015년 국가별 1인당 GDP와 평균 교육 햇수, 기대수명에 대한 패널 자료를 분석했다. 그러자 1인당 교육 햇수를 포함한 이원고정효과 모형에서는, 평균 교육 햇수의 1표준편차만큼의 변화가 수명을 0.395표준편차만큼 증가시켰지만, 1인당 GDP는 같은 변화가 0.106표준편차만큼의 수명을

3장 관련: 사실의 구조

증가시켰을 뿐이었다. 이 수치는 통계적으로 유의미하지 않은 수준이다. 기대수명이 아닌 아동 사망률을 종속변수로 한 같은 모형에서 역시 마찬가지의 결과를 확인할 수 있었다.[54]

이로써 신낙관주의자들이 내세운 두 진보들, 경제적 진보와 수명 및 건강의 진보 사이의 인과관계는 예상보다 허약하다는 점이 드러난 것 같다. 적어도 소득-수명 그래프가 우리에게 말해 주는 것만큼 효과가 크지는 않았다.

핑커는《지금 다시 계몽》에서 "인간 번영의 모든 차원을 관통하는 진보의 벡터"로서 인간개발지수Human Development Index를 제시한다.[55] 인간개발지수, 즉 HDI는 소득, 기대수명, 교육 등 인간의 생활 수준을 보여 주는 여러 지표들을 하나로 종합한 지수다. 그런데 이 HDI를 제공하는 유엔개발계획UNDP이 2010년 발행한 보고서들 중 하나는 HDI를 구성하고 있는 요소들에 대해 "우리는 소득을 제외한 HDI의 진보와 (경제) 성장 사이에 통계적으로 유의미한 상관관계를 찾지 못"했다고 서술한다.[56] 1870년까지 거슬러 올라가는 역사적 HDI를 개발한 경제학자 레안드로 프라도스 델라에스코수라Leandro Prados de la Escosura도 2022년 자신의 저서에서 1870~2015년 HDI 자료를 바탕으로 이렇게 얘기한다. "경제성장과 인간 개발의 진보는 일치하지 않는다."[57]

문제는 정치야, 바보야!

경제성장이 인간 개발의 진보를 제대로 설명하지 못한다면, 교육은 어떤가? 앞서 보았듯, 교육은 개인위생과 관련한 지식을 공급해 인구의 건강을 증진하고 수명을 증가시킬 뿐만 아니라, 동시에 기술 지식의 확산을 통해 경제를 성장시키는 중요한 변수였다. 그래서 이스털린은 '왜 어떤 나라는 발전하고, 어떤 나라는 뒤처지는가' 라는 개발 문제의 근본적 질문에 답하는 건, 곧 '교육 확대의 원인이 무엇인가' 하는 질문에 답하는 것으로 귀결된다고 보았다.[58] 핑커 역시 《지금 다시 계몽》에서 "교육의 발달은 인간의 진보를 이끄는 사령부"라고[59] 말한다. 그렇다면 교육 확대의 배경에는 어떤 원인이 있었을까?

정치와 진보

이스털린에 따르면, 공적 교육의 확산은 정치적 조건과 이념에 크게 영향을 받았는데, 이는 교육이 사람들의 생각에 영향을 미치는 효과적인 수단이었기 때문이다. 사회적 정치적으로 권력을 획득하거나 유지하려는 사회 세력은 교육에 큰 관심을 둘 수밖에 없었다. 그래서 정치적 이해득실에 따라 어떤 세력은 지배를 위해 대중의

3장 관련: 사실의 구조

교육수준을 낮게 유지하려 했다면, 어떤 세력은 대중이 교육을 통해 의식적으로 각성하길 원했다.

이와 관련해 이스털린이 가장 먼저 드는 사례는 식민지들의 독립이다. 많은 경우 식민정부에 비해 독립 이후 수립된 정부들이 대중교육 확산에 힘썼기에, 식민 지배를 겪은 여러 나라들에서는 독립 이후 대중의 취학률이 급격히 높아지는 경향이 있다.[60] 예외도 있다. 식민 지배하에서도 교육이 확대되는가 하면, 독립이 반드시 교육의 확대로 이어지는 것도 아니고, 식민 지배를 겪지 않았음에도 교육 수준이 계속 저조한 나라도 있다. 식민 지배를 겪지 않은 나라들 가운데에 교육 수준이 낮았던 터키, 이란, 중국과 같은 나라들의 공통점으로 이스털린은 대중교육의 확산이 권력 유지에 위협적이라고 판단했던 절대왕정 국가였다는 점을 꼽는다. 그에 비해, 공산주의 정권은 대중의 정치화를 위해 교육을 적극 활용하는 자세를 보였다. 1920~1940년 초등학교 취학률이 가장 가파르게 오른 구소련의 사례가 이를 뒷받침한다.[61]

사회학자 둘세 만자노Dulce Manzano의 최근 분석은 개발도상국의 교육 확대에 얽힌 이 정치적 역학을 주목한다.[62] 만자노에 따르면 어떤 조건에서는 독재 체제가 오히려 대중의 취학률을 확대하는 역할을 한다. 이전까지 많은 학자들은 경제성장에서 기인한 소득 향상이 취학의 인센티브를 높여 역으로 교육 수준의 향상을 낳을 수 있다는 사실을 논의해 왔다. 그런데 만자노의 분석에서는 경제성장이 대중교육의 확대로 이어지는 인과관계가 독재 정치와의 상호작용을 거쳐서 성립했다. 앞서 이스털린이 예시한 과거의 소련과 같이 독재 정권에 빈곤층을 그 지지 기반으로 동원하고자 하는 이념적 동기가 있을 때만 경제성장이 교육의 확대로 이어졌다. 1960년 이후 취학률의 상승을 설명하는 중요한 원인은 이 계급 동원의 정치였다. 물론, 민주적 선거가 발달하지 않은 독재 국가에서 정권의 지지 기반이 되는 집단의 인구사회학적 특성을 식별하기란 어려운 일이다. 만자노가 이 연구에서 다소 러프하다고 할 수 있는 지표로 이용한 정보는 정부의 이념 성향이었다. 만자노의 모형에서는 결과적으로 1인당 GDP의 증가가 독재 변수와 독립적으로 취학률을 증가시키는 관계는 적거나, 혹은 통계적으로 유의미하지 않았다.[63]

이처럼 역사적 자료를 계량적으로 분석한 최근의 연구들은 민주주의가 근대 교육의 확산에 가장 결정적인 변수는 아니었을 수도 있으며, 독재 체제가 교육 확산을 저해하는 방향으로만 작동하지도 않았다는 사실을 제기한다. 특히 1820~2010년 민주화와 대중교육 확대 사이의 장기적 관계를 연구한 정치학자 아구스티나 파글라얀**Agustina S. Paglayan**의 분석에서는 평균적으로 취학 연령 아동 60~70퍼센트가 민주화 이전에 이미 초등교육을 받고 있었으

3장 관련: 사실의 구조

며, 민주화가 취학 인구의 확대로 이어지는 인과관계는 더욱 정교한 통계 모형으로는 확인되지 않았다.[64]

계몽=고전적 자유주의

핑커의 이 도식으로는 계몽의 결실인 지식 확산(교육)의 배경에 비민주적 반자유주의적 정치가 주효하게 작용했다는 사실이 매끄럽게 설명되지 않는다. 당연히 교육받지 못한 것보다는 교육받은 상태가 더 진보며, 가난한 상태보다는 부유한 상태가 더 진보이고, 독재보다는 민주주의가 더 진보다. 그러나 때로는 한 영역에서 진보를 추진한 동력이 다른 영역의 진보적 가치를 짓밟기도 한다면? 진보를 "인간의 안녕과 복리의 여러 측면"을 이끄는 "일관성 있는 현상"으로,[65] 하나의 패키지로 설명해야 하는 핑커는 이 사실을 어떻게 해명할까.

왜 중국의 기대수명이 인도보다 높을까

이런 낙관주의에 위협이 되는 가장 큰 도전은, 이번에도 중국이다. 최근 몇십 년간 가장 성공적이었던 사회적 진보의 사례가 민주주의 국가가 아닌 일당독재 국가 중국에서 발생했기 때문이다. 드레즈와 센은 《기아와 공공 행동》에서 중국과 인도의 수명 추이를 비교하며, 한 국가의 평균 수명에 영향을 미치는 여러 정책 요인들을 살핀다. 세계에서 가장 많은 인구가 살고 있어서 사회 발전 지표의 세계적 트렌드를 좌지우지하는 중국과 인도는 1950년을 전후로 40세 안팎의 기대수명을 가지고 있었다. 동시에 매우 높은 문맹률과 세계 최저 수준의 국민소득 등 굉장히 비슷한 조건을 공유하고 있었다. 그 덕분에 드레즈와 센은 1950년 이후 크게 벌어진 두 나라의 수명 차이를 두고 흥미로운 비교를 할 수 있었다. 로슬링이 평균 기대수명 추이를 나타내기 위해 제시하는 《팩트풀니스》의 그래프에서[66] 1960년경의 움푹 팬 골짜기를 만들어 낸 중국의 대기근도 인도와의 비교를 통해 명쾌하게 설명된다.

중국과 인도는 매우 다른 정치체제를 선택했다. 그래서 중국은 공산당 일당독재 체제를 확립했고, 인도는 의회민주주의 제도를 안착시켰다. 1958~1961년 중국이 겪은 대기근과 같은 현상을 설명해 주는 것이 바로 이 차이다. 인도에 비해 중국은 정부의 국정 운영을 비판하는 언론이나 정치적 반대파의 역할을 기대할 수 없었다. 그래서 중국의 권위주의 체제에서는 대기근과 같은 재난에 대한 신속한 정책 대응을 가능케 하는 정보적 효율성이 떨어졌다. 반면, 언론의 자유가 있었고 정부를 견제하는 정치적 반대파가 있었던 인도의 경우, 1943년의 벵골 대기근 이후 1958~1961년 중국

의 대기근에 비견할 만한 기근 사태는 겪지 않을 수 있었다. 이것이 드레즈와 센의 설명이다.[67]

여기에 지적해야 할 사실이 하나 있다면, 대기근을 겪던 시점의 중국은 이미 다른 저개발 국가에 비해 사망률이 상당히 낮았다는 점이다. 로슬링은 짧은 시간 안에 벌어지는 변화에 비해 긴 시간 간격을 두고 천천히 일어나는 변화에는 사람들이 둔감하다는 사실을 지적한 바 있다. 1950년 이후 벌어진 중국과 인도의 사망률 격차를 중국의 대기근 사망자 수와 직접 비교해 봐도 새삼 그런 사실을 확인하게 된다. 다음 〈그림12〉에서 보듯, 1950년만 하더라도 큰 차이가 없던 중국과 인도 사이의 기대수명 격차는 이후 급격히 증가한다. 드레즈와 센은 중국과 인도의 평상시 사망률 격차는, 인도의 인구 규모를 감안하면 수천만 명을 아사시켰다는 중국의 대기근이 인도에서 8년마다 벌어지는 것과 산술적으로는 동일한 규모라고 계산한다.[68] 인도는 대기근과 같이 짧은 기간 안에 급격히 사망자가 늘어나는 "뉴스" 이벤트에서와 달리, 장기간에 걸쳐 만성적으로 나타나는 높은 영양실조와 평상시 사망률에 대해 효과적으로 대응하지 못했다. 그럼 중국은 인도와 무엇이 달랐기에 이토록 큰 격차가 벌어진 것일까?

드레즈와 센은 중국의 공적 식량 조달, 공적 보건의료, 교육을 지목한다.[69] 사회주의 국가였던 중국은 인도에 비해 식량, 의료, 교육 등의 공공성이 매우 높았다. 앞서 드레즈와 센은 1980~1990년대 중국의 기대수명 증가 속도가 줄었다는 사실을 지적한 바 있다.[70] 1950년 이후 중국의 수명이 급속히 증가한 원인을 사회복지의 공공성에서 찾으면, 이런 공공성이 해체되기 시작하는 개혁개방 이후 높은 경제성장률에도 불구하고 수명 증가가 비교적 정체하게 되는 현상까지도 설명할 수 있다.

사회복지 정책이 반드시 공산당 일당독재의 전유물은 아니다. 드레즈와 센은 인도의 자치주 케랄라의 사례로 사회서비스의 공공성이 수명 증가의 결정적 원인이라는 논리에 증거를 보탠다. 1980년대까지만 하더라도 케랄라는 인도에서 소득 수준이 가장 낮은 주였다. 그러나 평균 기대수명만큼은 인도 전체의 평균 기대수명을 훨씬 웃돌고 중국과도 비슷한 수준이었다. 드레즈와 센에 따르면, 케랄라주를 인도의 다른 자치주들과 구별 짓는 특징 역시 사회복지의 높은 공공성이었다. 그리고 케랄라의 이런 독특한 좌표에는 사회운동의 힘이 있었다. 1957년, 케랄라주에서 세계 최초로 민주적 선거를 통해 공산당이 집권한다. 공산당의 정치가 마냥 순탄하지는 않았다. 케랄라의 공산당이 스웨덴의 사민당처럼 장기 집권을 한 것도 아니었다. 그럼에도 일찍이 도서관 운동과 문맹 퇴치 운동, 농민 운동 등에 앞장서며 민중과의 접촉면을 형성해 온 공산당과 그들의 지지 기반인 대중의 사회운동은 여러 번의 정권

교체 속에서도 사회서비스의 높은 공공성을 이루고 유지하며 성공적인 개발 사례를 남겼다.[71]

탈정치화를 지향하는 핑커는 《지금 다시 계몽》에서 진보를 이루어 내는 사회운동의 역할에 대해서만큼은 거의 서술하지 않는다. 역사학자 데이비드 벨이 지적한 것처럼, 한국어 번역판을 기준으로 863쪽에 달하는 두꺼운 벽돌책에서 "수세기 동안 평등권과 노예제 폐지, 노동조건 개선, 최저임금, 결사권, 기본적 사회보장, 더 깨끗한 환경, 다른 수많은 진보적 이상을 위해 투쟁한 사회운동"에 대한 이야기는 찾아보기가 어렵다.[72] 그래서 위생개혁의 배경에 있었던 노동자 조직의 급진적 사회운동과 정치 참여에 대한 이야기도, 대중교육 확산을 낳았던 사회 집단들 사이의 정치적 역학도 핑커의 책을 통해서는 알 수 없다.

인류의 수명은 계속 증가해 왔다. 그리고 정치적 의지가 뒷받침된다면 앞으로도 많은 나라들이 더 긴 수명을 누릴 수 있을 것이다. 이런 낙관 자체에는 아무런 문제가 없다. 핑커도 교육과 공공의료, 인프라, 사회보험에 대한 정부의 투자가 삶을 개선하는 중요한 요소라는 사실을 잘 알고 있는 것 같다.[73] 하지만 이에 대한 그의 설명은 여전히 탈정치적이고 이념중립적이다. 이 대목에서 핑커가 거론하는 사회적 법칙이 있는데, 경제가 부유해질수록 정부 지출도 따라서 자연히 증가한다는 '바그너 법칙'이다.

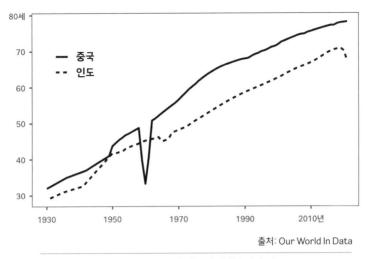

그림12. 중국과 인도의 기대수명 추이

　경제학자 아돌프 바그너Adolph Wagner가 발견한 '바그너 법칙'은 사실 인구구조의 변화와 긴밀히 연결되어 있다. 이에 관해선 경제학자 캐머런 셸턴Cameron Shelton의 연구가 좋은 참조점이 된다. 셸턴은 1970~2000년 100개국의 데이터를 통해 정부의 지출과 관련 있는 변수들을 통계적으로 분석한다. 그는 이 분석에서 인구구조를 통제하자 국가별 1인당 GDP와 GDP 대비 정부 지출 비율 사이의 관계가 유의미하지 않게 됐다고 보고한다.[74] 부유한 나라는 노인의 비율이 높고, 동시에 은퇴한 노인들의 사회적 보호를 위해 사회안전망에 대한 지출이 높을 수밖에 없다. GDP보다 인구구조가 정부 지출에 영향을 미치는 것이다.

　　　　　　　　　　　　　　3장 관련: 사실의 구조

그러나 인구학적 변화와 같은 비정치적이고 이념중립적인 원리만으로는 정치적 선택으로 좌우되는 복지체제 사이의 질적 차이를 설명하지 못한다. 적어도 비교적 부유한 OECD 국가들 사이에서는 정치적 이념과 GDP의 상호작용이 정부 지출 비율에 큰 영향을 주는 것으로 나타난다. 재화와 서비스의 공급에서 정부의 역할을 선호하는 정도에 따라 평균적인 유권자의 이념을 좌-우 1차원으로 측정했더니, 유권자의 좌익 성향이 높을수록 GDP의 증가가 정부 지출의 증가로 이어지는 정도가 훨씬 컸다.[75] 사민주의 스웨덴과 자유주의 미국의 차이가 단적으로 여기서 비롯한다.

노동력의 탈상품화와 건강

사회학자 요스타 에스핑-안데르센Gøsta Esping-Andersen은 바로 스웨덴과 미국 복지체제의 이 질적 차이를 설명할 수 있는 분류체계를 고안해 사회복지학의 패러다임을 창시한 연구자다. 그는 사회복지 제도의 존재나 사회복지에 단순히 얼마나 많은 돈이 쓰이는지 이상으로 복지국가를 유형화하는 특징적 요소들이 있다고 보았다.[76] 저마다 고유한 계급정치의 역사적 경로를 따라 상이하게 발전해 온 각 나라의 복지체제들 사이에 서로의 차이를 가늠할 수 있는 핵심 개념들이 있다는 것이다. 그중 하나가 노동력의 탈상품화였다. 이는 자본주의가 야기한 노동력의 상품화로부터 노동자의 사회적 권리를 보호하는 정도를 가리키는 개념이다. 사회복지 급여의 소득대체율이 높고 포괄 범위가 넓을수록 탈상품화의 정도도 높다고 할 수 있다. 사민주의 세력의 주도로 복지국가가 건설된 스웨덴 등의 노르딕 국가들이 탈상품화 수준이 가장 높고, 이념적으로 그 반대편에 있는 미국 등의 자유주의 복지국가가 탈상품화 수준이 가장 낮다. 그리고 이 차이는 복지국가들 사이의 건강 차이를 설명하는 변수로서 주목받아 왔다. 예를 들어, 복지체제와 이를 형성한 정치적 전통이 공중의 보건 및 위생에 가장 민감하게 반응하는 영유아 사망률과 긴밀한 통계적 관계가 있다는 결과를 보고하는 연구들이 많다.[77] 다시 말해, 노동력이 탈상품화된 나라일수록 국민이 건강하다는 의미다. 여러 경험연구들은 세계에서 가장 부유한 나라들 가운데 하나인 미국이 다른 선진국에 비해 기대수명이 눈에 띄게 낮은 까닭 중 하나로 사회복지 정책의 부족을 꼽는다.[78]

정부의 사회복지 정책 형성은 핑커가 지지하는 고전적 자유주의 정치의 결과만으로도, 바그너 법칙만으로도 설명되지 않는다. 지금 우리가 건강의 중요한 요인으로 살펴보고 있는 사회복지 정책은 핑커가 비방을 아끼지 않는 이데올로그들, 그의 표현으로는 "시장을 경멸하고 마르크스주의와 로맨틱한 시간을"[79] 보낸 이들이 가능케 한 정치적 성과였다. 이것이 그가 도외시하는 사실들이다.

사회보험의 확대와 국제 공산당 코민테른의 활동 사이에 긴밀한 상관관계가 있었다는 사실을 통계적으로 보여 주는 최근의 한 연구도 핑커가 백안시하는 "유토피아적" 정치운동의 유산을 증명하는 사례라고 할 수 있겠다. 2019년 미국정치학회**APSA**에서 발표되었다가 지금은 책으로 출간된 마그누스 라스무센**Magnus B. Rasmussen**과 칼 헨리크 크누첸**Carl Henrik Knutsen**의 연구는 노르웨이를 사례로 삼아, 사회복지 정책이 러시아에서 이뤄진 노동자 혁명의 국제적 확산을 방지하기 위한 타협안으로서 수용되었다는 사실을 지적한다.[80] 이런 사정이 노르웨이에만 국한된 특수한 경험이 아니었음을 나타내는 통계 분석이 이들 연구의 백미다. 이들은 러시아혁명 이후 창립된 국제 공산당 조직 코민테른의 초청을 받거나, 혹은 코민테른 대회에 참석해 표결권을 행사한 조직이 있었던 나라가 그렇지 않은 나라에 비해, 1925년 노인연금이나 실업 및 가족 수당 등 사회이전**social transfer** 프로그램의 적용 범위가 더 큰 경향을 발견한다. 1인당 GDP와 같은 변수를 통제했을 때도 마찬가지였다. 코민테른에서 활동할 만큼 노동자들의 정치 세력이 조직적이고 혁명의 위협을 더 크게 느낀 나라일수록, 더 관대한 사회복지 정책을 시행했던 것이다.

　이런 현상은 사회보장제도에만 국한되지 않는다. 핑커는《지금 다시 계몽》에서 미국과 서유럽에서 1870년경 주당 62~66시간이었던 노동 시간이 오늘날 불과 40시간 이하로 줄어들었다고 말한다. 그는 21페이지 분량의《지금 다시 계몽》17장에서 노동 시간을 줄이고 여가를 늘려 준 동력으로 노동운동과 노동관계법 역시 짤막하게 두 문장으로 언급하지만("노동운동, 노동관계법, 향상된 노동 생산성 덕분에, 한때 정신 나간 몽상에 불과했던 또 하나의 꿈이 실현되었다. 바로 유급 휴가다."[81]) 나머지 대부분의 장을 기술 진보로 인한 노동 생산성 향상에 할애한다. 그가 인용한 그래프의 시계열이 노동 시간이 증가하는 산업혁명기는 포함하지 않고 노동 시간이 정점을 찍은 이후 내려오는 시기에 시작한다는 점은 차치하더라도, 그가 기술 진보를 발판 삼아 사회적 진보를 성취하는 최종적 역할이 결국 정치에 있음을 간과했다는 점은 지적하지 않을 수 없다.

1917년 러시아혁명 이후 세계 각 나라들의 노동 시간 감소를 이끌었던 것도 코민테른에 초대된 노동자 세력이 조직화되어 있던 나라들이었다.[82] 1916년 대부분의 나라에서 주 65~70시간을 상회했던 노동 시간이, 이 나라들에서는 1917년~1919년 열 시간 이상 급격히 감소했고, 이후 나머지 나라들도 이들과 격차를 줄이며 전 세계로 노동 시간 감소가 확산됐다. 이 나라들이 다른 나라의 사회 복지 정책의 진보 역시 이끌었다는 사실은 앞에서 본 바와 같다. 1917년 러시아혁명이 러시아를 비롯한 소비에트연방과 구 공산권에서는 권위주의적 정치 체제로 귀결되었을지 모르지만, 아이러니하게도 다른 나라에서는 노동 시간 법제화와 각종 사회보장제도에 이르기까지, 인류의 사회권을 한층 넓히는 데 톡톡한 역할을 한 노동운동을 뒷받침했다.

핑커는 노동 시간의 감소, 노동자의 복지 향상을 기술 발전 덕분으로 돌리지만, 기술 발전이 항상 노동자의 권익을 위한 방향으로 작용하는 것도 아니었다. 산업혁명기 기계방적의 발달이 수방적을 대체하며 야기된 대규모의 기술적 실업이 이를 보여 준다.[83]

제도와 경제 발전, 기술과 불평등 사이의 관계를 연구해 온 경제학계 석학 대런 아세모글루. 그는 2023년 저서 《권력과 진보Power and Progress》에서 기술 진보가 곧 사회 전체의 번영으로 이어지지는 않는다고 말한다. 그는 기술 진보의 혜택을 사회 전체가 누리려면, 기술이 노동력을 그저 절감하기보다는 노동의 한계 생산을 증가시키는 방향으로 작용해 노동의 협상력을 뒷받침하고, 이로써 노동자가 기술의 혜택으로부터 소외되지 않아야 한다고 지적한다.[84] 코민테른의 조직적 활동이 전 세계의 노동 시간 감소와 사회보장제도의 확대로 이어졌다는 발견에서 알 수 있었듯, 조직적 노동운동이 엘리트들에게 야기한 사회혁명의 현실적 위협은 역사적으로 노동의 협상력을 크게 뒷받침했다. 아세모글루는 기술 발전이 사회 전체의 진보로 이어지도록 하는 최종 심급은 역시 이해관계를 둘러싼 첨예한 대립과 쟁투, 협상이라는 정치의 차원에 있었음을 역사적 사례로 입증한다. 핑커의 순진한 낙관주의와는 달리, 기술 진보가 노동 생산성을 늘려 주더라도 노동자들이 정치적 차원에서 힘을 쓰지 못하고 그 기술이 노동자를 그저 대체해 버린다면, 진보의 혜택은 기술 진보를 통제하는 승자에게만 돌아갈 뿐이다.

아세모글루는 공저자 제임스 로빈슨James A. Robinson과 소득 재분배의 확산으로 이어진 참정권의 확대가 혁명을 예방하기 위한 엘리트들의 전략적 선택으로 이뤄졌음을 이론적으로 설명한 논문을 내놓은 적 있다.[85] 이들의 이론은 혁명의 위협을 지리적 문화적으로 가까운 국가들에서 발생한 혁명적 사건의 가중합으로 측정한 통계 분석을 통해 실증된다.[86] 부인할 수 없는 진보의 역사적 궤적에 올라탄 기술 발전에 사회 진보의 공로를 모두 돌려 버리기엔, 정치의 역할이 너무 크다.

거듭 강조하자면, 사회 진보가 기술적 물질적 진보나 경제의 성장과 아무런 관계가 없고 계급투쟁과 정치만이 그 원인이라고 말한다면, 그것 역시 지나친 관점이며 사실이라고 할 수도 없다. 경제적 번영이 사회 진보가 이뤄질 수 있는 물질적 토대를 제공해 주었다는 데에 이견을 갖기는 어렵다. 수명과 국민소득 사이의 통시적 관계가 약하다고 해서, 경제성장이 건강의 증진에 아무런 기여를 하지 못한다고 말하는 것도 지나친 주장이다. 예컨대 의료 서비스 및 양질의 식품 생산과 같은 부문의 성장은 국민 건강에 긍정적으로 기여하며, 해당 부문의 성장으로 경제가 커지면 경제성장이 건강의 증진으로 이어지는 통계적 상관관계가 나타날 수 있을 것이다.

하지만 건강 증진에 분명한 기여를 하는 부문의 경제 활동을 향상하는 것이 아니라, 일반적인 경제성장을 추구하며 그 부산물로 복지의 증진을 기대하는 것이 과연 합리적일까? 개혁개방 이전 중국처럼 1인당 GDP에 큰 향상이 없었는데도 수명이 크게 증가한 사례는 있어도, 큰 폭의 GDP 향상이 항상 큰 폭의 수명 증가로 직결된 것은 아니라는 역사적 사실을 상기해 보자. 경제성장이 건강의 증진에 기여하는 긍정적 효과는 그 이득이 분명한 구체적 경제활동의 효과로서 이해되어야 한다. 그리고 경제활동이 건강의 증진 등 사회 진보에 기여하도록 조율하는 최종 심급은 결국 정치다. 한마디로, 인류의 삶의 질을 한층 높여 준 사회적 변화들은 자본주의가 가져온 물질적 경제적 풍요 이상으로, 자본주의를 비판적으로 견제하고 극복하려 해 온 정치활동 때문에 가능했다. 《지금 다시 계몽》에서 핑커는 사회지출이 사회주의의 원칙으로 알려진 것과 달리, 자유시장 자본주의 역시 어느 정도의 사회복지 지출과 양립 가능하며, 오히려 자본주의 국가들이 그 이전 사회에 비해 점점 더 큰 몫을 사회지출에 할애하고 있다고 말한다.[87] 그러나 지금까지 보았듯, 사민주의 정책들이 수립되고 사회지출이 증가한 바로 그 시점에 사회운동과 정치의 역사적 역할이 있었다. 자본주의 사회로부터 사회복지 차원의 변화를 이끌어 낸 핵심에 자본주의에 도전해 온 정치가 있는 것이다. "자본주의 옹호론을 읽는 순간 입에 물고 있는 음료를 바지에 쏟"을[88] 정도로 자본주의를 싫어한다고 핑커가 비꼬았던 이들의 역사적 역할이 바로 여기에 있었다. 에스핑-안데르센의 복지국가 유형론은 물론이고, 피터 홀**Peter Hall**과 데이비드 소스키스**David Soskice**가 발굴한 '자본주의 다양성**VOC**' 개념에[89] 기초한 연구들이 모두 정치의 심급에서 나타나는 차이를 이론적으로 개념화한 작업들이었다. 진보를 싫어하는 지식인들이 핑커의 주장에 대해 불편함을 느끼는 이유가 여기 있다. 그가 경제 발전과 기술 진보에 대한 관심에 비해, 진보적 사회운동과 정치가 인류 복지에 미친 굵직한 성과들에는 인색하니 말이다. 진보주의자들이 진보를 싫어한다며 불평하기 전에 그는 진보 사회운동가와 정치가에게 제 몫의 정당한 평가를 돌려 주어야 하지 않았을까?

3장 미주

1 《팩트풀니스》, 134쪽.

2 《팩트풀니스》, 81쪽 참고.

3 《지금 다시 계몽》, 199쪽.

4 《지금 다시 계몽》, 375쪽.

5 《지금 다시 계몽》, 154쪽.

6 《지금 다시 계몽》, 375쪽.

7 《팩트풀니스》, 133쪽.

8 Thomas McKeown and R. Graham Record, "Reasons for the Decline of Mortality in England and Wales during the 19th Century", *Population Studies*, vol. 16, no. 2, 1962, p.107 참고

9 위의 글, 그리고 Thomas McKeown, *The origins of Human*, Basil Blackwell, 1988 참고.11

10 Thomas McKeown and R. Graham Record, 앞의 글(미주 8) 참고.

11 Robert William Fogel, "New Findings on Secular Trends in Nutrition and Mortality: Some Implications for Population Theory", *Handbook of Population and Family Economics*, vol. 1, 1997, pp.433~481; Robert William Fogel, *The Escape from Hunger and Premature Death, 1700~2100: Europe, America, and the Third World*, Cambridge University Press, 2004 참고.

12 Simon Szreter, "The Importance of Social Intervention in Britain's Mortality Decline c.1850~1914: a Re-Interpretation of the Role of Public Health", *Social History of Medicine*, vol. 1, no. 1, 1988, pp.1~38

참고.

13   위의 글 참고.

14   위의 글 참고.

15   Richard A. Easterlin, "How Beneficent Is the Market? A Look at the Modern History of Mortality", *European Review of Economic History*, vol. 3, no. 3, 1999, pp.257~294 참고.

16   위의 글 참고.

17   위의 글 참고.

18   Richard A. Easterlin, "Industrial Revolution and Mortality Revolution: Two of a Kind?", *Journal of Evolutionary Economics*, vol. 5, 1995, pp.393~408 참고.

19   Simon Szreter, "Economic Growth, Disruption, Deprivation, Disease, and Death: on the Importance of the Politics of Public Health for Development", *Population and Development Review*, 1997, pp.693~728 참고.

20   Simon Szreter, 앞의 글(미주 12) 참고.

21   위의 글 참고.

22   Simon Szreter, 앞의 글(미주 19) 참고.

23   Brian Beach, Werner Troesken and Nicola Tynan, "Who Should Own and Control Urban Water Systems? Historical Evidence from England and Wales", *National Bureau of Economic Research*, no. w22553, 2016 참고.

24   《지금 다시 계몽》, 108쪽.

25   Brian Beach, 앞의 글(미주 23), 3쪽 참고.

26   Angus Deaton, "Global Patterns of Income and Health: Facts, Interpretations and Policies", 2006; Richard A. Easterlin, 앞의 글(미주 12); Richard A. Easterlin, "The Worldwide Standard of Living since 1800", *Journal of Economic Perspectives*, vol. 14, no. 1, 2000, pp.7~26 참고.

27   David Cutler, Angus Deaton and Adriana Lleras-Muney, "The Determinants of Mortality", *Journal of Economic Perspectives*, vol. 20, no. 3, 2006, pp.97~120 참고.

28   Jonathan Chapman, "The Contribution of Infrastructure Investment to Britain's Urban Mortality Decline, 1861~1900", *The Economic History Review*, vol. 72, no. 1, 2019, pp.233~259 참고.

29   Lionel Kesztenbaum and Jean-Laurent Rosenthal, "Sewers' Diffusion and the Decline of Mortality: the Case of Paris, 1880~1914", *Journal of Urban Economics*, vol. 98, 2017, pp.174~186; Daniel Gallardo-Albarrán, "Sanitary Infrastructures and the Decline of Mortality in Germany, 1877~1913", *The Economic History Review*, vol. 73, no. 3, 2020, pp.730~757 참고.

30   Richard A. Easterlin, 앞의 글(미주 15) 참고.

31   위의 글 참고.

32   Samuel H. Preston, "The Changing Relation between Mortality and Level of Economic Development", *Population Studies*, vol. 29, no. 2, 1975, pp.231~248 참고.

33   위의 글, 238쪽 참고.

34   Samuel H. Preston, "Causes and Consequences of Mortality Declines

in Less Developed Countries during the 20th Century", *Population and Economic Change in Developing Countries*(Richard A. Easterlin ed.,), University of Chicago Press, 1980, pp.289~360; Samuel H. Preston, "Mortality and Development Revisited", *Population Bulletin of the United Nations*, vol. 18, 1985, pp.34~40 참고.

35   Angus Deaton, *The Great Escape: Health, Wealth, and the Origins of Inequality*, Princeton University Press, 2013 참고.

36   위의 책, 117~118쪽 참고.

37   Lant Pritchett and Lawrence H. Summers, *Wealthier is Healthier*, World Bank Publications, 1993 참고.

38   《지금 다시 계몽》, 114쪽.

39   《지금 다시 계몽》, 156~157쪽.

40   《지금 다시 계몽》, 199쪽.

41   Lant Pritchett and Lawrence H. Summers, 앞의 책(미주 37) 참고.

42   David Cutler, Angus Deaton and Adriana Lleras-Muney, 앞의 글(미주 27) 참고.

43   혹시 이런 결과가 GDP라는 지표가 경제성장을 도구로서 불완전하기 때문은 아닐까? GDP는 사회적 공정을 통해 만들어지는 구성적 사실이 아니었던가. GDP를 측정하는 과정에 개입된 인간의 주관적 판단이, 경제성장이 건강과 수명에 미치는 효과를 제대로 파악하지 못하게 하는 건 아닐까? 이 지점에서 참고해 봄직한 또 다른 사회과학 연구는 생태경제학자인 앤드류 패닝과 대니얼 오닐의 연구다. 이들은 경제 및 산업 활동의 증가와 분명한 관련이 있는 탄소 배출량 통계를 대리변수로 사용하여, 1인당 GDP와 탄소 발자국 모두

기대수명과 주어진 시점의 공시적 상관관계가 뚜렷함을 발견했다. 또한 통시적 상관관계는 통계적으로 유의미하지 않다는 결과를 얻었다. Andrew L. Fanning and Daniel W. O'Neill, "The Wellbeing-Consumption Paradox: Happiness, Health, Income, and Carbon Emissions in Growing Versus Non-Growing Economies", *Journal of Cleaner Production*, vol. 212, 2019, pp.810~821 참고.

44　Jean Drèze and Amartya Sen, *India: Development and Participation*, Oxford University Press, 2002 참고.

45　William Easterly, "Life During Growth", *Journal of Economic Growth*, vol. 4 , 1999, pp.239~276 참고.

46　Samuel H. Preston, 앞의 글(미주 34, 1980) 참고.

47　Richard A. Easterlin, *The Reluctant Economist: Perspectives on Economics, Economic History, and Demography*, Cambridge University Press, 2004 참고.

48　Angus Deaton, "Health in an Age of Globalization", 2004 참고.

49　John C. Caldwell, "Routes to Low Mortality in Poor Countries", *Population and Development Review*, 1986, pp.171~220 참고.

50　위의 글 참고. 상관계수 r=0.8744. 상관계수 r은 -1<r<1의 범위를 가지고, 절댓값이 1에 가까울수록 상관관계가 크다고 해석된다.

51　위의 글 참고. 1960년 남성 초등 취학률 상관계수는 0.8409, 1980년 인구당 의사 비율의 상관계수는 0.6733, 1981년 1인당 섭취 열량의 상관계수는 0.6511, 1인당 GDP의 상관계수는 0.3862였다.

52　Fabrice Murtin, "Long-Term Determinants of the Demographic Transition, 1870~2000", *Review of Economics and Statistics*, vol. 95, no. 2, 2013, pp.617~631 참고.

53   위의 글 참고.

54   Wolfgang Lutz and Endale Kebede, "Education and Health: Redrawing the Preston Curve", *Population and Development Review*, vol.44, no. 2, 2018 참고.

55   《지금 다시 계몽》, 176~175쪽 참고.

56   Zachary Gidwitz, Martin Philipp Heger, José Pineda and Francisco Rodríguez, *Understanding Performance in Human Development: a Cross-National Study*, UNDP, 2010 참고.

57   Leandro Prados de la Escosura, *Human Development and the Path to Freedom*, Cambridge Books, 2022 참고.

58   Richard A. Easterlin, "Why Isn't the Whole World Developed?", *The Journal of Economic History*, vol. 41, no. 1, 1981, pp.1~17 참고.

59   《지금 다시 계몽》, 363쪽.

60   Richard A. Easterlin, 앞의 글(미주 58), pp.11~12 참고.

61   위의 글 참고.

62   Dulce Manzano, *Bringing Down the Educational Wall: Political Regimes, Ideology, and the Expansion of Education*, Cambridge University Press, 2017 참고.

63   위의 책, 149~151쪽, 157~158쪽 참고.

64   Agustina S. Paglayan, "The Non-Democratic Roots of Mass Education: Evidence from 200years", *American Political Science Review*, vol. 115, no. 1, 2021, pp.179~198 참고.

65   《지금 다시 계몽》, 375쪽.

66   《팩트풀니스》, 83쪽.

67   Jean Dreze and Amartya Sen, *Hunger and Public Action*, Clarendon Press, 1990 참고.

68   위의 책 참고.

69   위의 책 참고.

70   Jean Dreze and Amartya Sen, 앞의 책(미주 44) 참고.

71   강현수, 〈인도 케랄라의 급진적 개혁을 통한 지역 발전 사례〉, 《동향과 전망》, 한국사회과학연구소, 2010, 148쪽 참고.

72   David A. Bell, "The Power Point Philosophe: Waiting for Steven Pinker's enlightenment", *The Nation*, 2018.

73   《지금 다시 계몽》, 149쪽, 176~178쪽, 551~552쪽 참고.

74   Cameron A. Shelton, "The Size and Composition of Government Expenditure", *Journal of Public Economics*, vol. 91, no. 11-12, 2007, pp.2230~2260 참고.

75   Andrew Pickering and James Rockey, "Ideology and the Growth of Government", *Review of Economics and Statistics*, vol. 93, no. 3, 2011, pp. 907~919 참고.

76   Gøsta Esping-Andersen, *The Three Worlds of Welfare Capitalism*, Princeton University Press, 1990 참고.

77   Clare Bambra, "Health Status and the Worlds of Welfare", Social Policy and Society, vol. 5, no. 1, 2006, pp.53~62; Vicente Navarro, Carles Muntaner, Carme Borrell, Joan Benach, Águeda Quiroga, Maica Rodríguez-Sanz, Núria Vergés and Maria Isabel Pasarín, "Politics and Health Outcomes", *The Lancet*, vol. 368, no. 9540,

2006, pp.1033~1037; Carles Muntaner, Carme Borrell, Edwin Ng, Chung Haejoo, Albert Espelt, Maica Rodriguez-Sanz, Joan Benach and Patricia O'Campo, "Politics, Welfare Regimes, and Population Health: Controversies and Evidence", *Sociology of Health&Illness*, vol. 33, no. 6, 2011, pp.946~964 참고.

78   Mauricio Avendano and Ichiro Kawachi, "Why Do Americans Have Shorter Life Expectancy and Worse Health Than Do People in Other High-Income Countries?", *Annual Review of Public Health*, vol. 35, 2014, pp.307~325; Jason Beckfield and Clare Bambra, "Shorter Lives in Stingier States: Social Policy Shortcomings Help Explain the US Mortality Disadvantage", *Social Science&Medicine*, vol. 171, 2016, pp.30~38; Montez, Jennifer Karas, Jason BeckField, Julene Kemp Cooney, Jacob M. Grumbach, Mark D. Hayward, Huseyin Zeyd Koytak, Steven H. Woolf and Anna Zajacova, "US State Policies, Politics and Life Expectancy", *The Milbank Quarterly*, vol. 98, no. 3, 2020, pp.668~699 참고.

79   《지금 다시 계몽》, 550쪽.

80   Magnus B. Rasmussen and Carl Henrik Knutsen, *Reforming to Survive: the Bolshevik Origins of Social Policies*, Cambridge University Press, 2023 참고.

81   《지금 다시 계몽》, 384쪽.

82   위의 책 참고.

83   Benjamin Schneider, "Technological Unemployment in the British Industrial Revolution: the Destruction of Hand Spinning", 2023.

84 Simon Johnson and Daron Acemoglu, *Power and Progress: Our Thousand-Year Struggle Over Technology and Prosperity*, Hachette UK, 2023 참고.

85 Daron Acemoglu and James A. Robinson, "Why Did the West Extend the Franchise? Democracy, Inequality and Growth in Historical Perspective", *The Quarterly Journal of Economics*, vol. 115, no. 4, 2000, pp.1167~1199 참고.

86 Toke S. Aidt and Peter S. Jensen, "Workers of the World, Unite! Franchise Extensions and the Threat of Revolution in Europe, 1820~1938,", *European Economic Review*, vol. 72, 2014, pp.52~75 참고.

87 《지금 다시 계몽》, 174~176쪽 참고.

88 《지금 다시 계몽》, 149쪽.

89 Peter A. Hall and David Soskice eds., *Varieties of Capitalism: the Institutional Foundations of Comparative Advantage*, Oxford University Press, 2001 참고.

4장

가치:
팩트에도 불구하고
-행복과 웰빙

한스 로슬링과 스티븐 핑커, 신낙관주의자들은 왜 세상이 우리의 생각보다 괜찮은 곳인지, 극빈층의 비율과 평균 수명, 교육 수준, 백신 접종율, 재해 사망자 수 등 온갖 통계를 제시하며 공들여 설명한다. 이 모든 통계들이 세상은 좋아지고 있다고 말하고 있지만, 대부분의 나라에서 대다수 사람들이 "세계는 점점 나빠진다"고 응답하는 까닭으로 한스 로슬링은 우리의 인지적 본능인 '부정 본능'을 지목한다. 사람들이 세상을 오해하는 건, 세상을 나쁘게 보도록 하는 인지체계가 있기 때문이라는 것이다. 그러나 '극빈층의 비율이 줄어들었다'거나 '인류의 평균 수명이 증가했다' 같은 객관적 사실 명제와 달리, 세상이 좋아진다거나 나빠진다는 건 다분히 주관적인 가치판단의 영역이다. 인류의 객관적인 생활 수준은 눈부시게 개선되었다고 하지만, 과연 사람들은 주관적으로도 그렇게 느끼고 있을까?

행복하다고 느끼지 않는 사람들

신낙관주의자들이 세상이 좋아지고 있다는 증거로 내미는 온갖 사회 지표들도 결국 사람들의 주관적 평가에 따라서 의미를 부여받는다. 제아무리 수명이 늘어나고 부유해졌어도 그러한 사실에 우리가 의미 부여하지 않고 오히려 삶이 더 불행해졌고 느낀다면 그

삶은 더 불행한 삶일 뿐이다. 그렇다면 빈곤이니 수명이니 건강이니 하는 지표들을 측정하느라 씨름하지 않고, 삶이 더 괜찮아졌는지 사람들에게 그냥 직접 물어보면 안 될까? 즉, 사람들은 더 행복해지고 있을까?

역사학자 대니얼 로드 스메일Daniel Lord Smail이 스티븐 핑커에 대해 비평했던 것처럼, 신낙관주의자들은 빈곤이나 수명 등 생활의 객관적 측면을 나타내는 지표를 웰빙well-being의 대리변수로 이용해 왔다.[1] 문제는 이 지표들의 진보가 과연 생활의 주관적 측면에 대한 만족도, 곧 행복의 변화 역시도 대리하는가 하는 점이다.

세계인의 행복감이 어떤 궤적을 그리며 변하고 있는지를 알기 위해 우리가 들여다볼 자료에는 크게 두 종류가 있다. ①《세계행복보고서World Happiness Report》에 수록된 갤럽세계조사Gallup World Poll, GWP 자료와, ② 세계가치조사World Values Survey, WVS다. 시민들의 행복에 대해 조사한 자료는 많지만, 그중 두 자료는 세계 여러 나라에 걸쳐 광범위하게 조사가 이뤄졌으며, 10년 이상의 시계열을 보유하고 있어 장기적 추세를 파악하는 데에는 최선의 자료다. 《세계행복보고서》는 유엔 자문기관인 유엔지속가능발전해법네트워크UN-SDSN가 2012년부터 발행하고 있는 보고서로, 갤럽의 설문조사GWP 문항들 중 행복에 관한 문항의 응답 데이터를 바탕으로 발행되고 있다. 1981년부터 실시된 세계가치조사는 세계 시민들의 가치관을 조사하는 학술 프로젝트로, 세계 각지의 사회과학자 네트워크가 시행하고 있다.

두 자료는 각기 일장일단이 있다. 세계가치조사는 1980년대에 처음 시작되었으므로 시계열이 2005~2006년에 시작하는 갤럽의 자료보다 긴 기간에 걸친 데이터를 확보할 수 있다. 하지만 1차 조사 이래 현재까지 단 여덟 차례만 조사가 수행됐던 데다, 매 회차마다 참여한 나라들의 구성이 들쑥날쑥하다. 유럽 국가를 중심으로 시작된 프로젝트인 탓에, 과거에 시행된 조사일수록 참여 국가 수도 적다.

그에 비해 《세계행복보고서》가 기초하고 있는 갤럽의 행복 설문은 비록 세계가치조사보다 늦게 시작됐지만, 2006년 이후 거의 매년 100개 이상의 국가를 상대로 조사가 이뤄졌기에, 비교적 안정적이고 촘촘한 시계열을 획득할 수 있다는 장점이 있다.

《세계행복보고서》에서는 자신의 삶에 대한 사람들의 주관적 평가를 1점에서 10점 사이로 나타내는 캔트릴 사다리Cantril Ladder 점수가 사용된다. 이 점수는 2006년 5.311점에서 2019년 현재 5.106점으로, 2010년대 초반 이후 소폭 감소해 몇 년 새 사람들의 행복감이 전반적으로 조금 감소했다고 말하고 있다(〈그림1〉). 하지만 이런 추세를 리드하는 건 인구가 가장 많은 다섯 나라(중국, 인도, 미국, 인도네시아, 브라질)라는 사실에 유의할 필요가 있다.

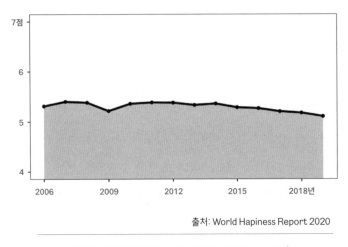

출처: World Hapiness Report 2020

그림1. 주관적 웰빙의 추세(캔트릴 사다리, 0~10점)

이 나라들을 그래프에서 제외하면 같은 기간에 캔트릴 사다리 점수의 추세는 뚜렷한 방향을 가리키지 않는다.

한편《2019년 세계행복보고서》를 보면, 같은 기간 동안 긍정적 감정은 유의미한 추세를 보이지 않는 반면, 불안이나 우울 등의 부정적 감정은 뚜렷이 소폭 증가했다(〈그림2〉). 이번에는 가장 인구 수가 많은 다섯 나라를 제외했을 때도 비슷한 추세가 나타난다. 만약《세계행복보고서》가 가리키는 대로, 지난 10여 년 동안 빈곤율이 줄어들고 기대수명은 늘어났어도 사람들이 더 불안해지고 더 우울해졌다면, 삶에 대한 만족감도 떨어졌거나 정체하고 있다면 과연 세상이 점점 더 나아지고 있다고 말할 수 있는 걸까?

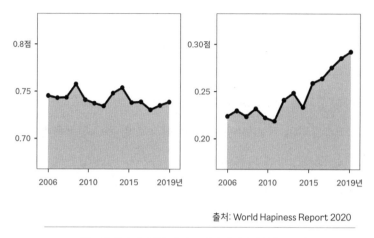

출처: World Hapiness Report 2020

그림2. 긍정적 감정(왼쪽)과 부정적 감정의 추세(0~1점)

사람들이 느끼는 행복감에 대한 직접적인 조사는 GDP나 기대 수명에 비해 최근에서야 이뤄지기 시작했기 때문에, 장기적으로 지난 2세기 동안 인류가 더 행복해졌는지 정확히 알 길은 없다. 그런데도 핑커는 GDP와 행복 사이에 상관관계가 있으며, 경제가 성장하면 행복감도 따라서 증가한다고 이야기한다. 그 말이 옳다면 산업혁명 이후 급격한 속도로 경제가 성장한 지난 2세기 동안 인류는 그만큼 더 행복해졌을 게 분명하다. 실제로도 더 부유한 나라가 더 행복한 경향을 보인다.

그러나 소득-수명 그래프의 뚜렷한 직선적 상관관계가 그랬듯, 이 상관관계가 곧 인과관계를 보증하지는 않으며, 인과관계를 추

4장 가치 : 팩트에도 불구하고

론할 때는 주어진 한 시점의 상관관계보다도 변수들 사이의 시계
열적 관련이 더 중요해진다. 한 시점의 높은 소득이 높은 행복감을
예측하는지가 아니라 시간이 지남에 따라 소득이 증가하면 행복도
따라서 증가하는지를 보는 것이 중요해진다.

'이스털린의 역설Easterlin Paradox'이라고 알려진 현상은 장기적
으로는 경제성장에 따른 국민소득의 증가가 국민 행복의 증가로
이어지지는 않는다고 암시한다. 이스털린의 역설을 처음 발견해
낸 경제학자 이스털린은 1974년 〈경제성장이 인간을 크게 발전시
키는가? 몇 가지 경험적 증거Does Economic Growth Improve the Human
Lot? Some Empirical Evidence〉라는 논문에서 소득과 행복 사이의 관계
를 세 가지 관점으로 살펴보고 있다.[2]

첫 번째로 이스털린은, 주어진 한 시점에 한 국가 안에서 소득
이 높은 사람과 낮은 사람의 행복을 비교했다. 이처럼 주어진 한
시점에서 변수의 분포가 어떠한 양상을 띠는지 비교하는 것을 '횡
단면적 비교'라고 한다. 그리고 그 결과, 모든 나라에서 소득이 높
은 사람의 행복도가 소득이 낮은 사람의 행복도보다 높은 패턴을
볼 수 있었다.[3]

두 번째 비교는 소득이 높은 국가와 소득이 낮은 국가 사이의
횡단면적 비교다. 즉, 주어진 한 시점에서 소득이 높은 나라가 소
득이 낮은 나라에 비해 평균적으로 더 행복한지를 봤다. 두 번째

비교 결과, 다소 의외로 국가 수준에서는 횡단면적 관계가 불분명했다.[4]

세 번째 비교는 주어진 한 시점에서의 비교가 아니라 여러 시점들 사이의 비교, 즉 시계열적 비교다. 시간이 지남에 따라 한 국가의 국민소득이 올라가면, 그 국가의 행복 수준 역시 올라가는지를 조사한 것이다. 그 결과, 1946~1970년 이른바 '전후 황금기'였던 20여 년간 미국 경제가 크게 성장했음에도 불구하고, 미국인의 행복 수준은 증가하지 않았다는 사실을 알 수 있었다.[5]

1974년 이스털린의 연구 결과를 정리해 보자. 이스털린은 여러 국가들에서 시행된 설문 자료를 통해 ① 국가별로 그 국가 안에서 나타나는 소득과 행복의 횡단면적 관계를 조사했고(국가 내 횡단면 비교), ② 평균 소득 수준과 행복 수준을 국가별로 비교하는 횡단면적 비교를 수행했으며(국가 간 횡단면 비교), 마지막으로 미국의 자료를 통해 ③ 국가의 평균적 소득 수준과 행복도의 시계열을 비교했다(국가 내 시계열 비교). 이 비교들을 통해 이스털린은 무엇을 발견했을까? 그건 바로 소득과 행복 사이의 관계가 ①~③에 걸쳐 일관되게 나타나지 않는다는 결과였다. ①에서 강하게 나타나는 상관관계가 ②, ③에서는 훨씬 희미했다. 이스털린은 후속 연구들을 거쳐,[6] 이 발견을 일정 시점의 횡단면적 관계와 시간 경과에 따른 시계열적 관계의 모순, 즉 '역설'로 정립해 간다. '소득과 행복 사이에 상관관계가 있다'는 명제가 횡단면적 비교에서는 참인데, 시계열적 비교에서는 거짓이다. 이처럼 참과 거짓이 동시에 성립하는 모순적 결과에 '역설'이라는 이름이 붙었다고 할 수 있다.

이스털린의 역설에 따르면, 시간이 지나며 더 부유해진다고 해도 그만큼 더 행복해지는 것은 아니다. 근대의 굴기 이후 세상이 점점 더 부유해졌다는 것은 너무나도 명백하므로, 만약 사람들이 부유해질수록 더 행복해진다면 이만큼 진보를 증거하는 사실은 또 없을 것이다. 그러므로 여기에 태클을 거는 이스털린의 역설은 어쩌면 신낙관주의자들에게 꽤 껄끄러운 문제였을지 모르겠다. 아니나 다를까. 핑커는 행복에 대해서 다루는 《지금 다시 계몽》 18장의 상당 부분을 이스털린의 역설을 반박하기 위해 할애한다.

이스털린이 흥미로운 역설을 내놓은 것은 빅데이터의 시대보다 수십 년 앞선 시점이었다. 현재 우리는 부와 행복감에 관한 증거를 훨씬 많이 갖고 있는데, 그 증거에 따르면 이스털린의 역설은 존재하지 않는다. 한 국가 내에서도 더 부유한 사람이 더 행복할 뿐 아니라, 더 부유한 나라의 사람들은 더 행복하고, 시간이 흘러 국가가 부유해지면 국민들이 더 행복해진다. 이런 식의 새로운 이해는 앵거스 디턴, 세계가치조사, 《2016년 세계행복보고서》 등 여러 독립적인 분석의 결과물이다. 내가 가장 좋아하는 분석은 벳시 스티븐슨과 저

스틴 울퍼스의 분석으로 다음 그래프에 요약되어 있다. (후략)[1]

　과연 핑커의 말대로 이스털린의 역설은 빅데이터의 시대가 도
래하지 않은 과거의 착시였을 뿐일까? 핑커가 제시하는 근거들을
하나하나 검토해 보자.

　먼저 그가 《지금 다시 계몽》에서 여러 번 인용한, 그리고 이 책
에서도 여러 번 인용한 앵거스 디턴의 연구다. 핑커뿐 아니라 여
러 사람들이 이스털린의 역설을 반박하는 증거로 종종 디턴의 연
구를 거론한다. 디턴은 2008년 논문에서 이스털린의 논문에 비해
더 광범위한 조사를 통해, GDP가 배로 커질 때마다 일정한 수준으
로 행복 역시 증가하는 상관관계가 있다는 점을 밝히고 있기 때문
이다.[7] 하지만 디턴의 연구 결과가 이스털린의 역설을 반증하는 결
정적 증거라고 보기는 어렵다. 이스털린 역설의 핵심은 GDP와 행
복도의 상관관계가 횡단면적 비교와 시계열 비교 모두에 걸쳐 일
관되게 나타나는지 여부이기 때문이다. 디턴의 연구는 국가 단위
의 횡단면적 상관관계를 보여 줄 뿐, 그러니까 1974년 이스털린 논
문의 두 번째 결과와 충돌할 뿐, 같은 상관관계가 시계열적으로도
나타나는지는 보여 주지 않는다. 이스털린 역시 1974년의 연구 이

1　《지금 다시 계몽》, 411쪽.

후 여러 학자들의 연구가 진척되면서 국가 간에도 소득과 행복 사이의 횡단면적인 상관관계가 있다는 사실을 이미 인지하고 있었다.[8] 다시 말해, 1974년 연구의 두 번째 결과가 들어맞지 않는다는 걸 알고 있었다. 디턴 본인도 자신의 연구 결과는 해석하기에 따라 "이스털린의 역설과 양립"할 수 있다고 논문에서 직접 밝힌다.[9] 그러므로 디턴의 연구가 이스털린의 역설을 반박한다는 주장은 오류다.

이스털린의 역설을 반박하려면, 횡단면적 연구에서 나타난 소득과 행복 사이의 상관관계가 국가 레벨에서 시계열적으로도 나타난다는 사실을 보여 줘야 한다. 경제가 더 많이 성장한 나라가 행복의 증가도 더 크게 경험했다는 사실을 통계적으로 입증해야 한다.

이런 연구를 수행한 것이 바로 핑커가 "가장 좋아하는 분석"이라고 말한 벳시 스티븐슨Betsey Stevenson과 저스틴 울퍼스Justin Wolfers의 2008년 논문이다. 이들은 세계가치조사, 유로바로미터Eurobarometer 등의 서베이 데이터로 GDP 성장과 국민 행복의 변화 사이에 상관관계가 성립함을 보여 준다.[10] 동시에, 이 같은 시계열적 상관관계의 기울기(회귀계수)가 국가 사이에 나타나는 횡단면적 관계에서의 그것과 비슷하다는 결과를 강조한다. 추후 살펴보겠지만 이스털린은 소득과 행복 사이의 상관관계에서 절대소득보다 상대소득의 역할을 강조했다. 그러므로 시계열적 관계나 횡단면적 관계나 비슷한 기울기를 가지고 있다는 스티븐슨과 울퍼스의 발견은 상대소득을 강조하는 이스털린의 이론에 대한 반증이라고 할 수 있었다.

스티븐슨과 울퍼스의 반박에 대해서 이스털린은 어떤 대답을 내놓았을까?

사람들은 정말 긍정적 변화를 금방 잊을까

《팩트풀니스》에서 로슬링은 사람들이 세상의 변화를 실제보다 부정적으로 인식하는 이유 중 하나로, 사람들이 긍정적 변화를 금방 잊는다는 사실을 꼽는다. 경제가 성장해도 사람들의 행복이 증가하지는 않는 이유에 대한 이스털린의 설명을 들으면, 확실히 그런 것 같다. 이스털린은 소득의 절대적인 크기보다도 개인이 보유하고 있는 사회적 기준에 비해 상대적으로 그 소득의 크기가 어느 정도인지가 행복을 결정하는 인자라고 본다. 상대소득이 행복을 결정하는 탓에, 주어진 한 시점에서는 소득과 행복 사이의 상관관계가 나타난다. 자기의 소득을 사회의 평균적인 수준에 비교해 상대적으로 가늠하게 되면서, 평균보다 훨씬 높은 소득을 버는 사람은 만족감을 크게 느끼고, 반대로 평균보다 못 버는 사람은 자신의 위치에 불만을 느끼는 것이다. 경제성장을 통해 모두가 다 함께 소득

4장 가치 : 팩트에도 불구하고

이 올라 제 상대적인 위치에는 별 변화가 없다면, 소득을 과거에 비해 더 벌게 되어도 더 행복해지지는 않을 것이다.

소득의 비교는 서로 다른 사람들 사이의 상대적인 소득 차이에서 이뤄질 뿐만 아니라, 단기적으로는 과거 자신의 소득과 현재의 소득 사이에도 이뤄진다고 볼 수 있다. 특히 불황기에는 경제 상황이 빠른 속도로 나빠지며 삶에 대한 만족도도 같은 방향으로 변하기 때문에, GDP 변화와 행복 변화 사이에 시계열적 관계가 성립할 수 있다. 〈그림3〉처럼 단기적으로 GDP와 행복이 같은 방향으로 변하는 것처럼 보이는 건, 이스털린의 이론에 비춰 봐도 이상하지 않다. 오히려 〈그림3〉의 그래프는 이스털린의 이론에 입각해 소득과 행복이 장단기에 걸쳐 어떤 추세를 그리며 변화하는지를 도식화한다. 장기적 추이를 그리고 있는 두 추세선 사이에는 상관관계가 없지만, 회색 수직선들을 기준으로 구간을 나누어 보면, 단기적으로는 소득과 행복이 같은 방향으로 움직이는 것을 알 수 있다.

이 단기간의 상관관계를 경제성장의 효과, 즉 사람들이 누리는 부의 절대적 크기에 따라 나타나는 효과와 혼동하면 곤란하다. 단기적으로 불황기에 행복도가 감소하고 이후 호황기에 종전의 소비 수준을 회복하며 행복도가 다시 증가한다고 해도, 이건 과거의 자기 처지에 비추어 상대적으로 이동한 위치로 나타나는 차이일 뿐이기

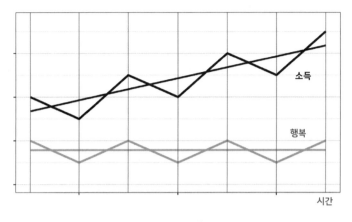

출처: World Hapiness Report 2020

그림3. 소득과 행복의 장단기 추세

때문이다. 본래 이스털린의 이론은 개인의 소득이 증가하면 욕구 수준도 따라 증가해 변화한 소득에 적응하고, 그렇기 때문에 장기적으로 소득이 증가해도 행복이 증가하지는 않는다는 것이었다.[11]

따라서 GDP와 행복 사이의 관계가 국민소득의 절대적인 크기 변화 때문에 나타난다는 걸 증명하려면, 호황과 불황의 한 사이클이 완료되었을 때의 누적 연평균 소득 성장률이 같은 기간 행복의 변화와 상관관계를 가진다는 걸 보여 줘야 한다. 그렇게 단기가 아닌 장기에 걸쳐서도 GDP와 행복 사이에 시계열적 상관관계가 있다는 걸 입증해야 이스털린의 역설을 반증할 수 있다. 스티븐슨과 울퍼스의 연구는 그런 장기적 관계를 분석하지 못했다는 게 이스

털린의 반론이다.[12]

　비슷한 이유로, 이스털린은 서베이 데이터가 커버하는 기간 동안(대체로 1990년 이후부터) 사회체제의 급격한 변화와 함께 붕괴된 경제를 회복하는 중이었던 구 공산권 국가들을 따로 고려해야 할 필요가 있다고 지적한다. 구 공산권 국가들은 자본주의 이행기에 경제가 크게 후퇴했고, 이를 회복하는 데에 통상 경기의 한 사이클이 완료되는 것보다 훨씬 오랜 기간이 걸렸다. 〈그림4〉처럼 U자 곡선을 그리며 경기가 바닥을 쳤다가 원점을 회복하는 데에 길게는 18년씩 걸리기도 했다. 하지만 구 공산권 국가들에서 행복 데이터가 수집되기 시작한 건 보통 1990년 이후며, 1980년대 이전 자료가 있는 나라는 몇 없었다. 때문에 이들 국가를 데이터셋에 포함하면 GDP와 행복의 단기적 변화가 장기적 관계를 오염시킬 수 있다는 게 이스털린의 논지다. 1990년대 이전의 고점 때부터 1990년대를 지나 다시 고점을 회복할 때까지 전체 사이클을 모두 포함하는 행복의 시계열이 있다면 경제성장과 행복 사이의 장기적 관계를 볼 수 있을 테지만, 전체 사이클의 일부만 있다면 행복지수가 경기의 사이클을 따라 감소 또는 증가하는 (다른 나라의 일반적 경기 사이클에 비해 긴) 단기적 관계를 장기적 관계와 혼동할 수 있다.

　스티븐슨과 울퍼스 역시 이스털린의 반박에 응답했다. 이들은 다니엘 삭스**Daniel Sacks**가 함께 참여한 2010년의 논문에서 장기적으로도 GDP와 행복 사이에 상관관계가 있으며, 구 공산권 국가가 아닌 나라에서도 이 같은 관계가 성립한다고 주장한다.[13] 이들의 세계가치조사 데이터 분석에서는 시계열이 평균 11년 정도일 때도 GDP의 변화와 행복의 변화 사이에 유의미한 관계가 나타났다.

한편 삭스 등의 연구가 이스털린의 역설에 대한 경제학자들의 비판이었다면, 갤럽의 설문조사**GWP** 자료를 사용해 이스털린의 역설을 비판하고 나선 에드 디너**Ed Diener**와 그 동료들의 연구는 심리학자들의 비판이다.[14] 이들에 따르면, 가계의 소득 변화는 행복의 변화와 통계적으로 유의미한 관계가 있었다. 이들은 상대소득보다 절대소득이 더 중요한 인자였다고도 주장하며, 동시에 자신들이

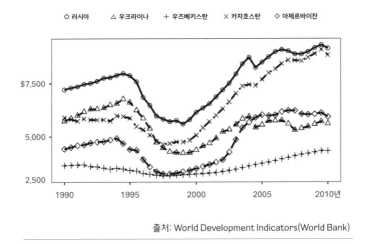

출처: World Development Indicators(World Bank)

그림4. 구 공산권 국가들의 1인당 GDP 추이(2015년 PPP달러 기준)

4장 가치 : 팩트에도 불구하고

분석한 6년 정도의 기간 동안 GDP는 가계 소득 변화의 차이를 잘 설명하지 못한다는 사실을 지적한다. 이스털린이 소득과 행복 간 시계열적 관계를 찾아내지 못한 것은 소득 변화의 지표로서 GDP 를 사용하는 것에 한계가 있기 때문일 가능성을 시사한 것이다.

사회학자인 루트 빈호벤Ruut Veenhoven은 행복에 관한 연구들의 아카이브를 구축하고 있는 세계행복데이터베이스World Database of Happiness 자료를 분석했다. 그 결과 최소 10년의 시계열을 형성하는 보다 방대한 데이터셋으로도 GDP 성장과 행복의 변화 사이에 상관관계가 있다는 사실을 발견할 수 있었다. 이로써 그는 이스털린의 역설을 반박했다.[15] 빈호벤에 따르면, 경제가 빠르게 성장하는 나라가 그렇지 않은 나라에 비해 통계적으로 유의미하게 행복이 증가할 확률이 더 높았으며, 40년 이상의 시계열을 형성하는 데이터셋으로도 연평균 GDP 변화율과 행복 변화율 사이에 유의미한 상관관계가 있었다.

이스털린은 삭스 등의 재반박이 역시 단기와 장기를 제대로 분별하는 데 실패했다고 지적한다.[16] 그들이 사용한 주요 데이터인 세계가치조사 자료는 평균적으로는 11년의 시계열을 보유하고 있지만, 더 자세히 살펴보면 대략 절반 정도의 나라들이 10년보다도 짧은 시계열을 갖고 있었으며, 시계열이 3년에서 7년 정도로 짧은 나라들이 전체의 3분의 1 정도라는 것이다. 또한 이들이 유로바로 미터 자료를 분석하면서는 10년 이상의 시계열을 10년 단위로 끊어 분석했기 때문에 단기적 관계를 보여 주는 데 그쳤다고 반박한다. 이스털린은 무엇보다 삭스 등이 연구를 진행하던 시점에 이미 세계가치조사의 5차 조사 자료를 사용할 수 있었음에도, 4차 조사까지의 데이터만 이용한 까닭을 이해할 수 없다고 지적한다. 이스털린이 직접 5차 조사를 포함해 6차 자료까지 분석한 결과는 자신의 주장에 부합하게도, 오히려 GDP와 행복 사이에는 장기 시계열적 관계가 없다는 것이었다.

이스털린은 심리학자 에드 디너 등의 연구에 대해서도 반박한다. 길어야 6~7년 정도의 관계를 다루고 있을 뿐, 역시 장기적 관계를 검증하는 데에는 한계가 있다는 것이다. 가장 최근 논문에서 이스털린은 세계가치조사 자료를 이용해서 국가별로 평균 28년의 시계열을, 디너 등이 연구에서 사용한 갤럽 설문조사 자료로는 평균 14년의 시계열적 관계를 분석했다.[17] 그에 비해 6년은 너무 짧다.

빈호벤의 연구는 방대한 데이터베이스를 통해 GDP와 행복 사이의 장기적 관계를 보여 주며 세계가치조사, 갤럽 등 여러 조사 자료를 한데 분석하고 있는데, 이스털린은 이 선택에 대해서도 방법론적으로 과연 적절했는지 의문을 표한다.[18] 세계가치조사의 행복 데이터에는 조사 방식에 변화가 있었다. 2차 조사에서는 응답자에게 제시된 "매우 행복함"부터 "전혀 행복하지 않음"까지의 선택지 순서가 응답자마다 바뀌었는데, 3차 조사부터는 모든 응답자에게 "매우 행복함"이 맨 앞에 나오는 선택지가 주어졌다. 사회조사에서는 '초두효과'라는 말과 함께, 응답자들이 먼저 제시되는 선택지를 더 많이 선택하는 경향이 있다는 사실이 알려져 있다. 이런 변화를 고려하지 않으면 실제로는 사람들이 느끼는 주관적 행복감에 변화가 없더라도 행복감이 증가한 것으로 결과가 나타날 가능성이 크다. 이스털린의 계산으로는 빈호벤의 데이터셋에서 21~40년의 시계열을 가진 국가들의 4분의 1 정도, 10~20년의 시계열을 가진 나라들의 5분의 1 정도가 이렇게 왜곡될 수 있는 자료를 포함하고 있다.

이스털린은 같은 연구의 40년 이상의 데이터셋에도 마찬가지의 상향 편의가 발생할 수 있다고 말한다. 가장 낮은 단계에서 가장 높은 단계까지, 본인의 삶이 어느 수준에 해당하는지 고르도록 하는 캔트릴 사다리 문항의 경우, 과거 서베이에서는 응답 직전 인터뷰에서 응답자에게 "가능한 가장 나쁜" 상태를 묘사하라는 지시를 했고, 따라서 부정적인 프레임에 노출된 응답자들이 자신의 만족도를 보다 낮은 상태로 보고했을 가능성이 높았다. 반면 최근 조사에서는 그런 우려가 없어졌으므로 이 문항에 대한 응답들은 역시 추세적으로 상향 편의를 보일 가능성이 있다는 것이다. 이스털린은 빈호벤의 데이터에서 40년 이상의 시계열을 가진 18개국 중 11개국

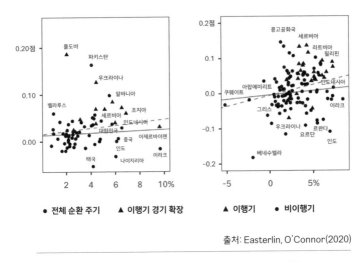

출처: Easterlin, O'Connor(2020)

**그림5. 1인당 GDP 성장률에 따른 삶의 만족도 변화.
장기 시계열 분석(왼쪽), 중기 시계열 분석**

이 이런 오염의 우려가 있는 자료를 포함하고 있다고 지적한다.

이스털린이 밝힌 또 하나의 오류는 빈호벤이 GDP의 장기적 추이를 연구하면서 고정 달러constant dollar로 계산한 GDP가 아닌, 각 시점의 현재 달러current dollar로 계산한 GDP를 사용했다는 것이다. 같은 값의 화폐라고 해도 시간이 지나면서 그 실질 가치는 변동하기 때문에 이런 연구에서는 기준 연도로 가격을 고정해 서로 다른 시점 간 비교가 가능하도록 하는 처리가 필요한데, 빈호벤은 별도의 처리 없이 현재 달러를 분석에 사용하는 실수를 저질렀다는 것이다.

코로나 팬데믹이 세계를 덮치기 직전까지 수행된 가장 최근의

4장 가치 : 팩트에도 불구하고

세계가치조사와 유럽인가치조사**European Values Survey, EVS**, 갤럽세계조사 데이터를 분석한 2020년의 연구에서 이스털린은 다시, 장기적으로는 경제성장이 더 높은 행복으로 이어지지 않는다는 결과를 보여 준다.[19] 이는 핑커가 가장 좋아한다는 2008년 스티븐슨과 울퍼스의 논문보다 많은 수의 나라를 분석한 결과였다.

행복의 비법

우리나라에서는 특히 이스털린의 역설이 '소득이 일정 수준을 넘어 기본 욕구가 충족되면 소득이 증가해도 행복은 더 이상 증가하지 않는다는 이론'이라는 오해가 널리 퍼져 있다. 영어로 생산된 정보에 직접 접속하지 않고, 한국 포털사이트를 통해 정보에 접근하는 방식으로는 이스털린의 역설을 원래 의미로 풀이한 한국어 텍스트를 찾기가 매우 어렵다. 한국인 인터뷰어가 이스털린과 인터뷰하면서 포털사이트에 잘못 적힌 내용대로 이스털린의 인터뷰 발언을 오역하는 해프닝이 벌어지기도 했다.[2] 그러나 이스털린이 내

---

2 일련의 오역 해프닝들 이후 나는 리처드 이스털린과 이메일로 인터뷰를 진행하며 이스털린의 역설에 대해 직접 물었다. 당시 인터뷰 내용은 다음 기사들에 실었다. 이승엽, 〈'이스털린의 역설' 의미, 이스털린 교수에게 직접 확인했더니〉, 오마이뉴스, 2022. 6. 23; 이승엽, 〈'이스털린의 역설' 제시한 노학자의 행복 처방〉, 오마이뉴스, 2022. 7. 12.

놓은 분석 결과에 따르면, 소득 수준이 낮을 때만 GDP의 증가가 행복을 증가시킨다는 관계도 없었다. 즉, 경제적 개발 수준이 낮은 국가에서도 장기적으로는 GDP의 성장이 행복을 증가시키지 않았다.

이를 가장 잘 보여 주는 사례는 단연 중국이다. 인류의 행복이 자본주의의 출현과 더불어 어떤 궤적을 그려 왔는지는 정확히 알 길이 없지만, 실제 역사에 가장 근접하게 가늠할 수 있게 해 주는 사례가 있다면, 역시 중국일 테다. 행복에 대한 체계적인 조사가 이뤄지기 시작한 최근 몇십 년 동안 산업 자본주의가 서구 문명에 선물했던 것과 같은 근대적 경제성장을 가장 압축적으로 겪은 나라가 바로 중국이기 때문이다. 중국은 세계가치조사에 처음 참여한 1990년부터 2017년까지, 1인당 GDP가 네 배 이상 증가하는 경제성장을 기록했다. 경제사학자들이 널리 사용하는 역사 통계인 메디슨 데이터베이스**Maddison Project Database**에 따르면,[20] 1990년 시점의 중국의 1인당 GDP는 2011년 달러 기준 2,982달러로, 산업혁명기에 막 진입하는 1760년 영국(2,915달러)과 비슷한 수준이다.[21] 영국의 경제가 중국의 2017년 1인당 GDP인 12,734달러를 처음 능가하게 되는 건 1950년대다. 단순 비교하자면, 이 27년 동안 중국이 이룩한 경제성장은 과거 서구 문명이 산업혁명을 통해 근대로 진입하고 그 한복판을 지나며 겪었던 250년 동안의 성장

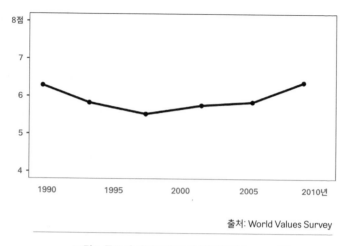

출처: World Values Survey

그림6. 중국의 삶의 만족도 추이(행복지수, 1~10점)

과 양적으로 맞먹는 수준이다. 그럼에도 중국 국민의 행복 수준은 1990년에 비해 거의 증가하지 않았다. 오히려 이 기간에 다소 감소했다가 2000년대 이후 증가해 최근에야 1990년 수준을 회복하는 U자 궤적을 보여 준다(〈그림6〉). 비슷한 시기에 진행된 중국인의 행복에 관한 다른 조사 자료들 역시 비슷한 궤적을 그리고 있다.[22]

중국이 유일한 사례는 아니다. 비슷한 시기에 높은 경제성장률을 기록했던 또 하나의 인구 대국 인도의 추세도 비슷하다. '이스털린의 역설'에 대해 널리 퍼진 오해대로라면, 기본 욕구가 충족되기 전 일정 수준 미만에서는 소득이 증가하면서 기본 욕구가 만족됨에 따라 행복도 증가해야 하는데, 인도의 사례에서는 그런 현상

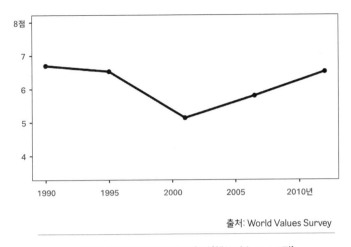

출처: World Values Survey

그림7. 인도의 삶의 만족도 추이(행복지수, 1~10점)

을 볼 수 없다. 모아소스의 데이터를 보면, 앨런과 같은 방법으로 계산한 기본욕구빈곤선을 만족하지 못하는 극빈의 비율은 1990년 41.7퍼센트에서 2008년에는 25.5퍼센트에 이를 정도로 가파르게 감소한다. 그런데도 세계가치조사에서 인도인의 행복은 1990년 평균 6.70점에서 2008년 5.80점으로, 극빈율이 약 40퍼센트에 육박했던 1990년에 비해서 2008년 행복이 오히려 감소했다(〈그림7〉).

과거 인류의 생활 양식과 비슷한 방식으로 살아가는 원시 부족민 사회의 행복을 조사한 연구에서도 근대적 경제성장을 겪기 전의 먼 과거 인류의 행복감에 대한 힌트를 얻을 수 있다. 그리고 이런 연구를 통해 우리가 내릴 수 있는 잠정적 결론은 원시 부족민이

4장 가치 : 팩트에도 불구하고

근대 문명의 혜택을 누리는 산업사회의 시민보다 불행하다는 증거는 찾기 어렵다는 것이다. 동아프리카 케냐에서 목축 생활을 하며 케냐의 화폐경제 바깥에서 수도도 전기도 없이 살아가는 마사이족은 일반적으로 높은 수준의 행복을 누리는 것으로 보고됐으며,[23] 남아프리카에서 목축 생활을 하는 힘바족 주민을 대상으로 실시된 조사에서도 이들 원시 부족민은 세계에서 가장 부유한 선진국 가운데 하나인 영국의 성인들보다도 높은 수준의 행복을 누린다고 보고된 바 있다.[24] 수렵채집민 하드자 부족 역시 현대의 폴란드인보다 높은 행복감을 보고하고 있다.[25]

1990년대에 중국인의 행복이 경제가 성장하면서도 오히려 감소하고, 2000년대 이후에야 다시 1990년의 수준을 회복한 까닭은 대체 무엇일까? 경제성장이 항상 행복을 가져다주지는 않는다면, 무엇이 사회를 행복하게 만들까? 《세계행복보고서》는 GDP 외에 행복을 예측하는 변수로서 건강 기대수명, 필요할 때 의지할 수 있는 친구 등의 사회적 지지, 선택의 자유, 부패의 부재를 꼽는다.[26] 2012년 처음 발표된 《세계행복보고서》에는 1인당 GDP를 포함한 이 다섯 변수가 지역 간 행복의 차이를 거의 대부분 설명한다는 내용이 포함돼 있다.

한편, 《2017년 세계행복보고서》에 수록된 이스털린의 연구는 이 변수들 가운데 어느 것 하나도 중국인의 U자 궤적의 행복과 꼭 같은 궤적을 그리는 것은 없었다고 밝힌다.[27] GDP는 꾸준히 오르고 있었으며, 기대수명 역시 꾸준히 증가하고 있었다. 자유나 부패 측면에서는 GDP나 기대수명에 비해 뚜렷한 변화가 없었다. 대신 이스털린은 1990년대에서 2000년대 초 사이, 경제의 고속 성장에도 불구하고 중국인의 행복이 오히려 감소했던 이유를 실업과 사회안전망에서 찾는다. 같은 기간 1인당 GDP를 비롯한 다른 사회적 변수들에 비해, 실업률 및 노후연금과 헬스케어의 포괄범위는 행복지수의 변화와 매우 유사한 궤적의 그래프를 보여 준다는 것이다. 중국인의 행복도가 가장 바닥을 치며 U자 곡선의 정가운데를 지나던 2000년 초반에 중국은 실업률이 가장 높았고, 동시에 사회안전망으로부터의 보호는 가장 낮은 수준이었다. 이스털린은 이후 실업률이 떨어지고 사회안전망도 회복되면서 중국인의 행복지수가 다시 증가했다고 말한다.

　사회보장의 정도가 행복에 미치는 영향은 중국뿐 아니라 유럽 국가들에서도 확인된다. 특히 소득이 비슷한 유럽 국가들 가운데 왜 어떤 나라는 행복도가 높고 어떤 나라는 낮은지 그 차이를 설명할 때 그렇다. 에스핑-안데르센의 '노동력 탈상품화' 개념에 기초해 사회복지제도를 지수화한 정치학자 라일 스크럭스Lyle Scruggs의 지수를 유럽 복지국가들 사이에서 비교해 보면 덴마크, 스웨덴, 핀란드 등 복지제도의 보장 수준이 높은 것으로 나타난 나라들이 프랑스, 독일, 오스트리아, 영국 등 복지 수준이 상대적으로 낮은 나라들에 비해 더 행복했다는 것이다.

이스털린은 동독 역시 중국과 비슷한 사례라고 말한다. 중국과 마찬가지로 과거 사회주의 체제하에 완전 고용과 튼튼한 안전망을 보장받다가 자본주의 체제로 편입된 동독은 물질적 만족도가 증가했는데도 사회보장제도의 해체 탓에 삶에 대한 만족도는 크게 바뀌지 않았다. 그리하여 유럽 국가들의 사례를 통해 이스털린은 완전 고용의 보장과 사회보장의 확대, 복지국가의 건설로 더 행복한 사회를 만들 수 있다고 주장한다.[28]

사회안전망과 행복의 관계

이스털린의 분석 이전에도 유럽 국가들 사이에서는 사회안전망이 행복과 유의미한 통계적 관계가 있다는 사실이 알려져 있었다.[29] 국가와 연도 등 조사 단위의 상수적 효과(고정효과)를 고려한 모형에서 실업보험의 소득대체율이 일관되게 유럽 국가들의 행복도를 높여 준 것으로 나타난다. 또한 실업급여의 수급자만이 아니라 비실업자 표본에서도 실업급여의 소득대체율이 높아질수록 더 행복해지는 현상이 나타났다. 미래에 닥칠지 모르는 실업에 대한 안전망이 사회 전반의 불안을 실제로 줄여 주는 역할을 한 것이다.

스크럭스의 지수로 측정한 노동의 탈상품화 수준이 EU 국가들 사이에서 행복의 증가와 연관되어 있다는 통계적 관계를 발견한 연구도 있다.

시장이 아닌 국가에서 지급되는 소득인 사회임금이 높고, 노동력의 탈상품화 정도가 높은 북유럽 복지국가들이 형성된 배경에 사민주의적 정치의 전통이 있다는 것은 이미 에스핑-안데르센의 연구에서도 다뤄진 주지의 사실이다. 정치학자 알렉산더 파첵 **Alexander Pacek**과 벤자민 래드클리프 **Benjamin Radcliff**의 연구는 복지국가의 형성 정도를 가늠하는 탈상품화, 사회임금, 정부의 이념 성향, 이 세 가지 차원의 변수들이 각각 1인당 GDP와 국가별 고정효과를 모형에 포함했을 때도 그 나라의 행복 수준과 통계적으로 유의미한 관계가 있음을 보여 준다.[30]

결론부터 말하자면, 사회임금이 높을수록, 노동력의 탈상품화 수준이 높을수록, 좌파의 누적 내각 점유율이 높을수록 그 나라의 국민은 평균적으로 더 행복했다. 물론 상관관계가 곧 인과관계는 아니니, 실제로는 다른 어떤 이유로 행복도가 높은 사회가 광범위한 사회복지 정책을 시행하고 있는 경우를 고려해 볼 필요도 있다. 예컨대 역인과 **reverse causality**의 경우가 있을 수 있다. 그러나 파첵과 래드클리프가 세계가치조사를 통해 마이크로 레벨의 데이터를 분석한 결과로는, 사람들의 높은 행복도가 국가의 사회적 역할 확대에 대한 지지로 이어지는 통계적 관계는 없었다.

사회복지를 통한 행복의 증가가 이미 경제성장으로 부유해진 국가들에서만 가능할 거라고 생각하는 사람들도 많을 것이다. 주로 소득 수준이 높은 선진국들로 표본이 제한된 앞의 연구들을 일반화하는 데에는 무리가 있지 않은가? 2022년 이스털린의 저서 《지적 행복론》의 출간과 관련해 이스털린을 인터뷰할 기회를 얻었던 나는 이스털린에게 이렇게 물었다. "상당의 인구가 극빈 상태인 저소득 국가에게는 부유한 나라의 경우보다 경제성장이 더욱 중요하지 않나요?"[31]

이스털린은 이렇게 대답했다. "경제성장이 아니라 행복이 정책 목표가 되어야 합니다. (중략) 이건 고소득 국가뿐 아니라 저소득 국가에도 해당하는 얘기입니다. 코스타리카는 비록 가난한 나라였지만 복지국가를 건설했고, 세계에서 가장 행복한 나라들 중 하나입니다. 한국이나 미국보다도 더 행복하지요."

이스털린과 켈시 오코너Kelsey O'Connor는 1인당 GDP가 4,000달러보다 낮던 1880년대에 독일은 이미 사회보험을 도입했고, 코스타리카 역시 1940년대 1인당 GDP가 3,000달러인 상황에서 사회복지제도들을 시행하지 않았느냐고 반문한다.[32] 그리고 저개발 국가와 구 공산권 국가까지 널리 포함한 광범위한 표본으로 진행한 연구에서도 오코너는 사회복지 정책이 행복 수준과 유의미한 관계가 있었다는 사실을 보여 준다.[33] 다만 주의해야 할 것은 앞서도 한번 언급했듯, 일반적으로 사회의 고령화에 따라 노인의 인구비율이 높아지면 그만큼 정부의 복지 지출에 대한 수요도 높아지고, 따라서 국가의 이념적 정책 지향과는 다소 무관하게 사회지출이 증가하는 경향이 있다는 것이다.[34] 그런 까닭에 오코너는 노동연령층 대비 노인층의 인구비를 통제한 모형에서 사회지출이 행복과 맺는 통계적 관계를 분석했다. 그 결과, GDP 대비 정부의 사회지출 비율이 2퍼센트포인트 높으면, 11점 척도의 행복지수도 0.5점 높은 상관관계가 있었다. 선진국들을 비롯해, 구 공산권 국가들과 저개발 국가들도 정부의 사회지출이 높을수록 더 행복했다.

복지국가에 대해 의심 어린 시선을 갖고 있는 사람들은 이렇게 말할지도 모르겠다. 높은 수준의 복지를 위해서는 시민들에게 그만큼 더 많은 세금을 걷어야 할 텐데, 세금이 사람들의 행복감을 저해하지 않겠냐고.[35] 예상과 달리 오코너는 조세부담률을 고려했을 때도 결과가 크게 달라지지 않는다는 사실을 보여 준다. 또한 정부의 교육 지출을 통제했을 때도, 복지 수준이 높은 동시에 행복지수도 높다고 알려진 노르딕 국가들을 표본에서 제외했을 때도 여전히 높은 수준의 사회복지 정책은 높은 수준의 행복지수와 이어져 있었다. 그런데 사회복지에 이미 많은 지출을 하고 있는 나라

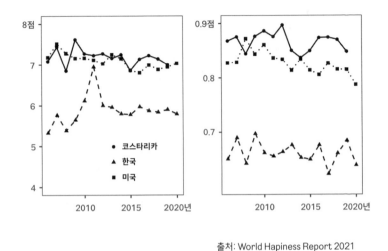

출처: World Hapiness Report 2021

그림8. 코스타리카, 한국, 미국의 행복지수 추이(0~10점, 왼쪽)와 긍정적 감정 추이(0~1점)

에서도 복지 지출을 늘리는 것이 도움이 될까? 현실에서는 일반화하기 힘들지 모르겠지만, 오코너가 분석한 자료 안에서 답은 '그렇다'이다. 그의 분석 결과, 행복과 사회복지 지출 사이의 관계는 선형적이었다. 사회지출이 높아질수록 행복지수도 선형적으로 높아져, 높은 복지 지출에도 여전히 복지 지출과 행복 사이에는 양(+)의 상관관계가 있었다.

여기서 기대수명의 증가에서 진보적 정치가 담당했던 역할을 복기해 보자. 산업 자본주의가 선물한 근대적 경제성장은 인류사에 유례없던 물질적 풍요를 가져왔지만, 경제적 풍요가 곧바로 다른 모든 측면의 사회적 진보로 연결됐던 것은 아니다. 오히려 산업 혁명이 야기한 위생 환경의 악화로 영국의 도시 노동자들은 더 가난한 농업인에 비해 수명이 낮았다. 이런 가운데, 자유방임주의 시대의 자본주의 원리를 얼마간 접어 두고 위생 환경의 정비와 적극적인 인프라 투자에 나선 영국은 가파른 수명 증가를 가장 먼저 경험하게 됐다. 위생이라는 무형의 공공재를 널리 보급하는 데에는 교육의 힘도 컸다. 그래서 정부가 교육 및 복지 공급의 높은 공공성을 보장하면, 국민소득이 낮은 나라도 높은 수명을 누릴 수 있었다. 이는 영국에 국한되지 않음을 우리는 3장에서 확인할 수 있었다. 이스털린이 낮은 소득 수준으로도 높은 수준의 웰빙을 누리는 복지국가의 사례로 거론한 코스타리카는 객관적 발전 지표에서도 높은 성적을 기록하고 있다. 미국보다 4~5배 낮은 1인당 GDP로도 그보다 높은 기대수명을 누릴 정도로 말이다.

　이 장에서 살펴본 연구들에 따르면, 시민의 사회권을 적극 보호하는 사회정책은 더 높은 수준의 행복과 연관되어 있는 것으로 보인다. 복지국가의 사회임금이 사람들이 생계에 대해 가진 걱정과 불안을 덜어 주었던 것이다. 그런데 복지국가는 노동자들의 정치 세력화에 힘입은 조직적 운동과 계급 없는 사회를 지향하던 유토피아 이념이 자본주의로부터 이끌어 낸 타협안이었다. 탈정치화라는 착각에 매몰돼 핑커는 정작 자신이 주장하는 세상의 진보, 그

일부는 진보주의자가 만든다는 걸 못 본 게 아닐까?

경제성장이 곧 더 큰 행복으로 이어지지는 않는다고 말하는 이스털린의 역설은, 진보를 일관된 잠복 변수로부터 비롯된 하나의 패키지처럼 취급하는 핑커의 내러티브가 또 한 번 빗나가게 만든다. 더 나아가 이스털린의 역설은 팩트가 객관적 진보를 증거하고 있을 때도 그 진보의 의미와 가치를 판정하는 최종 심급인 우리의 주관은 아주 딴판인 얘기를 할 수도 있음을 분명히 규명하는 사례다.

《세계행복보고서》는 우려스럽게도, 최근 10여 년간 세상 사람들의 부정적 정서가 상승하고 있다고 말한다. 핑커가 인간 개발과 행복의 여러 차원들에서 진행되는 변화를 진보라는 하나의 이름으로 뭉치지 않고 가치의 최종 판관인 우리의 주관을 뜯어 보았다면, 이런 질문을 마주할 수도 있지 않았을까? "대체 왜 부의 증가와 건강의 증진에도 사람들은 더 행복해지지 않는가?" 핑커 자신의 본업인 심리학 연구자로서도 매우 의미 있는 질문이었을 텐데 말이다. 우리 역시 이 새로운 질문을 통해서 더 건설적인 논의를 할 수 있었을 것이다. 그러나 유감스럽게도, 신낙관주의자들의 팩트물신은 이런 질문을 발굴하는 데에 실패한 것처럼 보인다.

4장 미주

1   대니얼 로드 스메일, 〈내면의 악마들〉, 《우리 본성의 악한 천사》(필립 드와이어, 마크 S. 미칼레 편저, 김영서 옮김), 책과함께, 2023. [원서: Philip Dwyer and Mark Micale eds., *The Darker Angels of Our Nature: Refuting the Pinker Theory of History&Violence,* Bloomsbury Publishing, 2021]

2   Richard A. Easterlin, "Does Economic Growth Improve the Human Lot? Some Empirical Evidence", *Nations and Households in Economic Growth*, Academic Press, 1974, pp.89~125 참고.

3   위의 글, 99~104쪽 참고.

4   위의 글, 104~108쪽 참고.

5   위의 글, 108~111쪽 참고.

6   Richard A. Easterlin, "Will Raising the Incomes of All Increase the Happiness of All?", *Journal of Economic Behavior&Organization*, vol. 27, no. 1, 1995; Richard A. Easterlin, "Income and Happiness: Towards a Unified Theory", *The Economic Journal*, vol. 111, no. 473, 2001, pp.465~484 참고.

7   Angus Deaton, "Income, Health and Well-Being around the World: Evidence from the Gallup World Poll", *Journal of Economic Perspectives*, vol. 22, no. 2, American Economic Association, 2008, pp.53~72 참고.

8   Richard A. Easterlin, 앞의 글(미주 6, 1995) 참고.

9   Angus Deaton, 앞의 글(미주 7) 참고.

10   Betsey Stevenson and Justin Wolfers, "Economic Growth and

Subjective Well-Being: Reassessing the Easterlin Paradox", *National Bureau of Economic Research*, no. w14282, 2008.

11   Richard A. Easterlin, 앞의 글(미주 6, 2001) 참고.

12   Richard A. Easterlin and Laura Angelescu, "Happiness and Growth the World Over: Time Series Evidence on the Happiness-Income Paradox", 2009; Richard A. Easterlin et al., "The Happiness-Income Paradox Revisited", *Proceedings of the National Academy of Sciences*, vol. 107, no. 52, 2010, pp.22463~22468 참고.

13   Daniel W. Sacks, Betsey Stevenson and Justin Wolfers, "Subjective Well-Being, Income, Economic Development and Growth", *National Bureau of Economic Research*, No. 16441, 2010 참고.

14   Ed Diener, Louis Tay and Shigehiro Oishi, "Rising Income and the Subjective Well-Being of Nations", *Journal of Personality and Social Psychology*, vol. 104, no. 2, 2013, p.267 참고.

15   Ruut Veenhoven and Floris Vergunst, "The Easterlin Illusion: Economic Growth Does Go with Greater Happiness", *International Journal of Happiness and Development*, vol. 1, no. 4, 2014, pp.311~343 참고.

16   Richard A. Easterlin, "Happiness and Economic Growth: the Evidence", *Springer Netherlands*, 2015; Richard A. Easterlin, "Paradox Lost?", *USC-INET Research Paper*, vol. 16, no. 2, 2016 참고.

17   Richard A. Easterlin and Kelsey J. O'Connor, "The Easterlin Paradox", *IZA Discussion Papers*, no. 13923, 2020 참고.

18   Richard A. Easterlin, 앞의 글(미주 16, 2016) 참고.

19   Richard A. Easterlin and Kelsey J. O'Connor, 앞의 글(미주 17) 참고.

20   Maddison Project Database, version 2020. Jutta Bolt and Jan Luiten van Zanden, "Maddison Style Estimates of the Evolution of the World Economy. A New 2020 Update".

21   Harry X. Wu, "China's Growth and Productivity Performance Debate Revisited", *The Conference Board Economics Working Papers*, no. 14-01, 2014; Stephen Broadberry et al., *British Economic Growth 1270~1870*, Cambridge University Press, 2015 참고.

22   Richard A. Easterlin et al., "China's Life Satisfaction, 1990~2010", *Proceedings of the National Academy of Sciences*, vol. 109, no. 25, 2012, pp.9775~9780 참고.

23   Robert Biswas-Diener, Joar Vittersø and Ed Diener, "Most People Are Pretty Happy, but There Is Cultural Variation: the Inughuit, the Amish, and the Maasai", *Journal of Happiness Studies*, 2005, pp.205~226 참고.

24   Robert William Martin and Andrew J. Cooper, "Subjective Well-Being in a Remote Culture: the Himba", *Personality and Individual Differences*, 2017, pp.19~22 참고.

25   Tomasz Frackowiak et al., "Subjective Happiness among Polish and Hadza People", *Frontiers in Psychology*, 2020, p.1173 참고.

26   John F. Helliwell and Shun Wang, "The State of World Happiness", *World Happiness Report*, Sustainable Development Solutions Network, 2012, pp.10~57 참고.

27   Richard A. Easterlin, Fei Wang and Shun Wang, "Growth and Happiness in China, 1990~2015", *World Happiness Report*, Sustainable De-

velopment Solutions Network. 2017, pp.48~83 참고.

28 Richard A. Easterlin, "Happiness, Growth, and Public Policy", *IZA Discussion Papers*, no. 7234, 2013 참고.

29 Rafael Di Tella, Robert J. MacCulloch and Andrew J. Oswald, "The Macroeconomics of Happiness", *Review of Economics and Statistics*, vol. 85, no. 4, 2003, pp.809~827 참고.

30 Alexander Pacek and Benjamin Radcliff, "Assessing the Welfare State: the Politics of Happiness", *Perspectives on Politics*, vol. 6, no. 2, pp.267~277 참고.

31 이승엽, 〈'이스털린의 역설' 제시한 노학자의 행복 처방〉, 오마이뉴스, 2022. 7. 12.

32 Richard A. Easterlin and Kelsey J. O'Connor, 앞의 글(미주 17) 참고.

33 Kelsey J. O'Connor, "Happiness and Welfare State Policy around the World", *Review of Behavioral Economics*, vol. 4, no. 4, 2017, pp.397~420 참고.

34 Cameron A. Shelton, "The Size and Composition of Government Expenditure", *Journal of Public Economics*, vol. 91, no. 11-12, 2007, pp.2230~2260 참고.

35 Hiroshi Ono and Kristen Schultz Lee, "Welfare States and the ReDistribution of Happiness", *Social Forces*, vol. 92, no. 2, 2013, pp.789~814 참고.

5장

우리 본성의 천사,
혹은 국가 본성의 악마

팩트물신주의가 잠식한 사실관계와 의미구조를 치밀하게 분석하면 우리는 또 어떤 결론에 다다르게 될까? 스티븐 핑커를 스타 지식인으로 만든 가장 유명한 주장 가운데 하나는 인류의 폭력성이 과거에 비해 놀랍도록 감소했다는 것이다. 인류가 저지른 폭력 중 가장 극단적인 형태의 폭력은 단연 살인과 전쟁이다. 핑커는 자신의 주장 중 상당 부분을 바로 이 살인률 및 전쟁의 감소에 할애하고 있다. 그가 근거로 들이미는 팩트들의 사실관계와 의미구조를 해부하면, 극빈과 행복에 대해 그랬듯 이번에도 역시 다른 결론을 내리게 될까?

앞서 신낙관주의자들의 주장을 검토할 때 사용했던 개념적 틀은 여기서도 유용하다. 그들이 내세우는 팩트가 어떻게 구성되었는지(구성성), 그 팩트가 형성하고 있는 의미 및 사실의 관계망이 무엇인지(관련성) 따져 보는 것이다. 극단적 빈곤처럼, 핑커의 핵심 주장 가운데 하나를 구성하는 폭력 역시 추상적 개념이라는 점은 부정할 수 없어 보인다. 그렇기에 우리는 핑커가 제시하는 팩트들이 어떤 정량화에 기초해 폭력을 측정하는지, 거기에 주관적 판단이 개입했는지 검토할 수 있다. 이미 많은 역사학자들이 이런 견지에서 핑커의 주장을 비판해 왔다. 이들은 각자의 전문 영역에서 전개한 핑커에 대한 비판을 한데 엮어 《우리 본성의 악한 천사The Darker Angels of Our Nature》(이하 《악한 천사》)라는 저서로 내놓았다.[1] 인류의 폭력성이 역사적으로 감소해 왔다는 주장을 개진하며 베스트셀러의 자리를 꿰찬 핑커의 저서 《우리 본성의 선한 천사》(이하 《선한 천사》)를 겨냥한 제목이다.

핑커가 폭력을 측정하는 방식

이들은 스티븐 핑커가 폭력의 개념이 시대에 따라 달리 해석되어 왔다는 점을 도외시했다고 생각한다. 《악한 천사》를 엮은 필립 드와이어Philip Dwyer와 마크 S. 미칼레Mark S. Micale는 《선한 천사》에서 핑커가 폭력을 측정할 대리변수로 살인과 전쟁 등으로 인한 사망자 관련 수치를 이용한 점을 가리키며, 이는 "매우 편협"해서 "실제적인 육체적 고의적 폭력에 한정"하는[2] 폭력 정의이며 폭력의 "의미를 규정하는 역사적 맥락에서 벗어나 왜곡되"게[3] 하는 데다, "시대나 그 행위를 둘러싼 문화적 상황은 전혀 고려되지 않았다"고[4] 비평한다. 이 책의 2장을 쓴 대니얼 로드 스메일은 "여성, 빈곤층, 여러 형태의 종종 치명적인 구조적 폭력이 배제"된[5] 대리변수가 과연 적합한지 의문을 제기한다. 이들의 문제의식은 폭력은 시대별로 형태를 달리하며 변화해 왔는데, 핑커의 정량화는 그런 다양한 형태의 폭력을 모두 무시하는 접근이라는 데에 수렴하고 있다.

폭력이라는 개념이 해석자가 놓인 사회적이고 시대적인 맥락에 의존한다는 점을 그저 지적하는 것만으로는 부족하다. '감소했다'를 확인하기 위해서는, 또는 '감소했다'를 부정하기 위해서는 일관된 비교가 필요하고 결국에는 고정된 의미 기준, 그것을 셀 일관된 기준이 필요하기 때문이다. 폭력 개념이 가진 해석의 다채로운 스펙트럼에도 불구하고, 폭력을 경험과학의 영역에서 다루고자 한다면 어쨌건 그 스펙트럼의 어딘가에서 멈추자고, 그 기준이 되는 지점에 관해 다분히 실용적이고 잠정적인 합의를 해야 한다. 그런 관점에서 우리에게 가장 유용한 의미 기준을 제공하는 건 최소주의적 접근이다. 그러므로 어떤 기준으로든 대다수가 '폭력'이라는 데에 동의할 치사 행위가 유용한 기준이 된다는 점에 있어서는 핑커의 관점을 부정하기 어려워 보인다(《악한 천사》의 저자들은 이 기준조차 합당하지 않다고 본다). 대다수에게 명백한 폭력이라고 할 수 있는 치명적 행위인 살인과 전쟁에 준거점을 두고 주장을 전개한 점에서 핑커의 《선한 천사》는 설득력이 있다.

이와 별개로, 살인과 전쟁의 정도를 어떻게 측정할 것인가 하는 문제는 여전히 남아 있다. 분명 살인과 전쟁의 명백하고 객관적인 결과인 사망자 수는 측정 가능한 단위다. 그런데 과거에 비해 살인과 전쟁으로 인한 사망자 수가 늘어났다면 살인과 전쟁이 증가했다고, 더 나아가 폭력성이 증가했다고 말할 수 있는가? 폭력성 감소 명제를 다루는 대다수의 사람들은 폭력 사건의 절대적 빈도가 감소했는지가 아니라, 폭력 사건으로 인한 피해의 일반성이 감소했는지에 관심을 기울인다. 그렇기 때문에 우리는 어떤 살인과 전쟁의 숫자가 사회적 맥락에 비추어 어느 정도의 일반성을 갖는지 해석하기 위해 유관한 사실관계를 검토해야 한다.

폭력으로 인한 사망자 수의 일반성을 나타내는 가장 간단하고 직관적인 방법은 사망자 수를 해당 사회의 전체 인구수로 나누거나, 혹은 전체 사망자 수로 나누는 것이다. 스티븐 핑커가《선한 천사》에서 과거 인류의 폭력성이 현대인에 비해 높았다는 것을 보여주기 위해 제시한 첫 번째 정량적 증거들(《선한 천사》〈그림2-2〉와 〈그림2-3〉)이 바로 이런 성격의 통계치들이다.[6]

〈그림1〉과 〈그림2〉는 핑커가 이용한 것과 같은 자료를 수정하고 업데이트한 Our World In Data의 데이터셋으로 그린 그래프들이다. 〈그림1〉을 보면, 21개 선사시대 고고학 매장지들, 8개 현대 수렵채집 사회, 수렵과 채집 및 원예 농업을 섞어서 시행했던 사회와 여타 부족 집단 10개 등 세 가지 비국가사회에서 폭력으로 인한 사망자 비율(각각 평균 15퍼센트, 14퍼센트, 24.5퍼센트)은 모두 국가사회에서 그에 견줄 수 있는 사망자 비율(20세기 전 세계 전사자 0.7퍼센트, 집단 살해/숙청/인재 포함 사망자 3퍼센트, 2005년 정치적 폭력으로 인한 직접 사망자 비율 0.03퍼센트 등)보다 훨씬

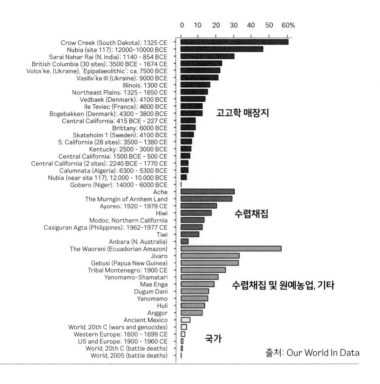

**그림1. 《선한 천사》〈그래프2-2〉와 같은 데이터셋으로 그린 그래프.
국가사회와 비국가사회의 10만 명당 폭력 사망자 비율**

높았다.[7] 〈그림2〉는 27개 비국가사회와 9개 수치로 제시된 국가사회의 10만 명당 전사자 비율을 보여 주는데, 비국가사회의 평균이 10만 명당 수백 명인 데 비해, 두 차례의 세계대전이 있었던 20세기의 전 세계 조직적 폭력 사망자는 10만 명당 60명 정도에 불과했다.[8] '리바이어던', 즉 폭력을 독점하는 강한 국가의 존재가 인류

5장 우리 본성의 천사,
혹은 국가 본성의 악마

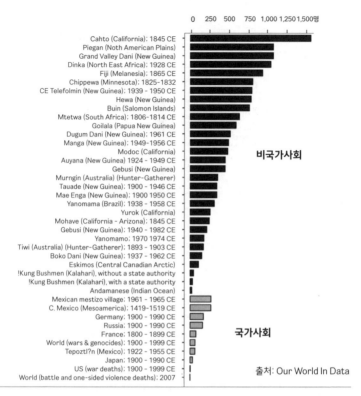

**그림2. 《선한 천사》〈그래프2-3〉과 같은 데이터셋으로 그린 그래프.
국가사회와 비국가사회의 10만 명당 폭력 사망자 수**

의 폭력성 감소라는 큰 역사적 궤적을 설명하는 하나의 축이라는 핑커의 주장을 거의 이론의 여지 없이 뒷받침하는 것 같은 그래프들이다. 국가의 출현으로 강력한 정부의 통제가 이뤄지기 시작하면서 폭력성이 억제될 수 있었다는 것이다.

대표적 사례라고 할 수 있는가

《악한 천사》의 3장을 쓴 다그 린드스트룀Dag Lindström은 핑커가 제시한 팩트들이 과연 무슨 의미가 있는지를 예리하게 따져 묻는다.[9] 국가사회와 달리 비국가사회의 '평균'들은 그것이 어떤 모집단의 성격을 나타내는지 불분명하다는 것이다.[1] 〈그림1〉의 21개 고고학 매장지 유골들이 선사시대 사회를 대표한다고 판단할 만한 정보는 지극히 부족하다. 선사시대 사망자들 중에 훗날 발견될 매장지에 유골을 남길 이들이 순전히 무작위로 정해졌다면 이 유골들은 당시의 전체적인 사회상을 알 수 있는 좋은 표본이 되겠지만, 정말로 그랬는지는 알 길이 없다. 물론, 이 유골들이 선사시대의 폭력성에 대해 알려 주는 것이 전혀 없지는 않다. 린드스트룀에 따르면, 이 유골들의 사망 원인 중 폭력의 비율이 0퍼센트에서 60퍼센트까지 큰 편차를 띠는 이유는, 그 유골들이 이질성이 큰 서로 다른 모집단을 대표해서일 가능성이 농후하다. 그가 지적하듯, 많은 역사학자들과 고고학자들은 농경의 확산과 정착 생활을 전쟁의 기원과 연관지어 왔다. 그렇다면 시대 구별 없이 '선사시대'로 한데 분류한 유골 중 폭력으로 인한 사망자의 비율을 국가사회의 사망자 비율

---

1   모집단(population): 통계적 관찰의 대상이 되는 집단 전체. 측정이나 조사를 하기 위해 표본(sample)을 뽑을 때 그 바탕이 된다(국립국어원 표준국어대사전 참고).

5장 우리 본성의 천사,
혹은 국가 본성의 악마

에 견주어 비국가사회의 폭력성을 대표하는 수치라고 보는 건 지나치게 단순한 해석이다.

린드스트룀 이전에 핑커의 고인골 통계를 문제 삼은 학자는 인류학자 브라이언 퍼거슨Brian R. Ferguson이었다. 2013년 쓴 글 〈핑커의 목록Pinker's List〉에서 퍼거슨은 핑커의 고인골 자료에 특히 폭력으로 인한 사망자 비율이 높은 사례들이 선별적으로 인용되는 데다가, 중복이거나 폭력으로 인한 사망이 아닐 가능성이 제기되는 유골의 사례들까지 포함되었다고 말한다.[10] 또한 그는 핑커가 선별한 일부 폭력적 사례들을 포함해 유럽과 근동 지역 전체의 고고학 자료를 검토해 보면, 핑커와 아주 다른 결론에 이르게 된다고 말한다.[11] 우선 퍼거슨은 선사시대의 고고학 자료들이 정주 생활과 농경의 도래와 함께 사회가 팽창하고 복잡해지면서 전쟁이 퍼졌다는 익숙한 상식과 잘 부합한다고 서술한다. 초기에는 전쟁의 증거가 거의 없다가, 중석기와 신석기 시대를 거치며 전쟁이 확산되는 것이 일반적 패턴이라는 것이다.[12] 여기에 더해 그는 핑커의 고인골 목록 중 유럽 지역에 해당하는 21개 사례들을 포함해, 약 1,100개에 이르는 중석기 유럽 고인골 중 폭력 사망자 비율을 계산한다. 그 결과로 그가 제시하는 사망자 비율은 핑커의 수치와는 차이가 크다. 전쟁의 증거가 나타나기 시작하는 중석기 시대에도 전쟁으로 인한 사망자 비율은 핑커의 고인골 통계가 이야기하는 15퍼센트에는 한참 미달했던 것이다. 사례들 중 가장 유명하고 폭력 사망자 비율이 높은 사례를 포함하더라도 사망자 비율이 최소 3.7퍼센트에서 최고 5.5퍼센트 정도일 뿐이었다.[13]

거듭되는 오류들

핑커의 "통계 오용"은 고인골 자료에만 그치지 않는다. 인류학자 더글라스 프라이Douglas P. Fry는 핑커의 또 다른 오류를 지적한다. 〈그림1〉에 포함되어 있는 8개의 수렵채집 사회 목록의 통계치 역시 이들 사이에서 폭력이 얼마나 일반적이었는지를 나타내는 지표로 해석해서는 안 된다는 것이다. 마찬가지로 프라이도 핑커가 사용한 자료를 직접 분석한다. 그 결과, 이 8개 목록 중 폭력으로 인한 사망률이 30퍼센트로 가장 높았던 파라과이 아체Ache족의 경우, 사망자 46명은 모두 파라과이인의 총에 맞아 사망한 이들이었으며, 17퍼센트의 비율로 세 번째로 높은 통계치를 기록한 베네수엘라-콜롬비아의 히위Hiwi족 역시 베네수엘라인에 의해 사망한 경우였다.[14] 핑커가 현대 수렵채집 사회의 폭력 사망 통계를 사용한 것은 수렵채집 사회의 폭력성이 높다는 주장에 근거를 보태기 위해서였다. 그러나 수렵채집 사회의 토착민들이 외부의 개척자에 의해 사망한 비율은 핑커의 주장과는 정반대로, 오히려 근대 국가

사회의 폭력성을 증거하는 것이 아닐까? 핑커는 가해자의 폭력성으로부터 비롯된 수치를 거꾸로 피해자의 폭력성을 나타내는 팩트로 이용해 버렸다.

나머지 사례도 수렵채집 사회의 폭력성을 가늠할 일반적 사례라고 보기 어렵다. 아요레오Ayoreo족은 수렵채집과 함께 원예를 병행했고, 모독Modoc족은 반semi 정착/계급 사회로, 인류가 수렵채집을 하며 살았던 대부분의 기간 동안 일반적이었던 유목 생활과는 다른 형태의 삶을 영위하는 이들이었다.[15] 프라이는 8개의 표본 중 8개 모두 전쟁을 수행한 이력이 있는 핑커의 표본과는 달리, 학자들이 비교문화 연구에 사용하는 표준비교문화표본Standard Cross-Cultural Sample, SCCS에 등록된 유목 수렵채집 사회 21개 표본에서는 전쟁이라고 할 만한 행위와 전쟁 사망자가 있는 사회가 전체 21개 중 단 8개일 뿐이며, 그중 6개는 전쟁의 이력이 등록되지 않았을 뿐만 아니라 살인사건의 비중도 몹시 낮았다고 말한다.[16] 이는 핑커의 표본이 어느 정도 호전적인 사례들을 편향적으로 대표한다는 점을 시사한다.

《악한 천사》의 저자들은 핑커의 살인율 통계 인용에도 문제가 있다고 지적한다. 자료가 유럽 지역에 국한됐다는 점은 차치하고, 자료가 가공된 사회적 과정에 대한 충분한 주의 없이 인용했다는 것이다. 이들은 중세 유럽에서 살인율은 소도시에 집중되는 경향이 있었다고 지적한다. 도시에 거주하는 사람들이 인구에서 차지하는 부분이 오늘날보다 훨씬 적었다는 점, 실제로는 다른 지역의 살인사건이 소도시의 법정 기록에 중복 포함되기도 했던 사정을 고려하면, 몇백 년 전으로 갈수록 높아지는 유럽 지역의 살인율 통계가 전체 인구의 경향을 온전히 대표한다고 보기는 어렵다. 대체로 유럽 지역에서 살인율이 감소해 온 것은 사실이지만, 핑커의 팩트들이 시사하는 것만큼의 낙폭은 아니었을 가능성이 농후한 것이다. 우리 본성의 '선한 천사'들은 핑커가 말한 것보다는 덜 선했던 것일까.

국가 본성의 악한 악마?

핑커는 리바이어던을 폭력성을 억제하는 주요한 원인 가운데 하나로 꼽지만, 적어도 국민국가의 형성과 함께 진행된 전쟁 기술의 고도화는 핑커 자신도 인정하듯, 인간 폭력의 가장 극단적 형태 중 하나인 전쟁의 치명성을 증가시켰다. 그렇다면 살인 범죄가 과거에 비해 감소했다는 《선한 천사》의 주장은 일단 수긍하더라도, 치사적 폭력이 개인 대 개인의 살인으로부터 국가가 수행하는 전쟁으로 전가되며 폭력이 줄어든 것이 아니라 그 형태가 변화했다고 이야기하는 것이 옳지 않을까? 적어도 《악한 천사》의 저자들은 그렇게 생각한다. 그러나 《선한 천사》와 《지금 다시 계몽》에서 핑커가 일관되게 주장하는 것 가운데 하나는 전쟁도 과거에 비해 감소했다는 것이다. 그 증거로 핑커가 제시하는 팩트들의 구조를 해부해 보자.

《지금 다시 계몽》에서 전쟁의 감소세를 보여 주는 증거로 인용되는 그래프는 두 개다. 그중 첫 번째, 〈그림3〉을 보면 1500년 이후 열강 사이의 전쟁 햇수 비율이 감소하고 있다.[17] 하지만 '열강 사이의 전쟁 햇수 비율이 감소한다'라는 기술적 사실의 의미를 제대로 해석하기 위해서 첫 번째 그래프가 그려진 기간 동안 열강 사이의 전쟁은 줄어들었을지 모르지만 동시에 분쟁의 양상이 변화했다는 맥락이 고려되어야 한다. 분쟁의 일반적 성격이 열강 사이의 전쟁으로부터 식민지 정복으로, 더욱 최근에는 내전과 학살 등으로 옮

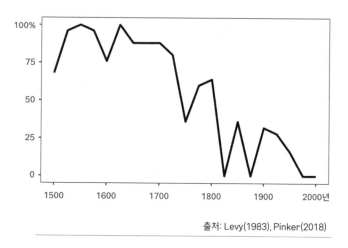

출처: Levy(1983), Pinker(2018)

그림3.《지금 다시 계몽》〈그림11.1〉과 같은 데이터셋으로 그린 그래프.
열강 사이의 전쟁 햇수 비율

겨왔다는 사실관계를 염두에 두어야 한다.[18]

전쟁 햇수라는 단위도 문제적이다. 전쟁의 폭력성을 가늠하기 위해서는 기술 발달로 인류가 같은 기간 동안 조직적으로 발휘할 수 있는 살상력이 증가했다는 사실관계까지도 고려해야 하기 때문이다. 따라서 전쟁 혹은 그 폭력성의 종합적인 추세를 파악하려면, 17세기 이전 열강 간 전쟁과 식민지 정복, 20세기의 내전 등 살상력의 차이가 큰 서로 다른 형태의 분쟁들을 동일한 차원에서 비교할 수 있는 단위가 있어야 한다. 여기서도 가장 유용한 단위는 분쟁의 희생자 수인 것 같다.

핑커 역시 불과 몇 페이지 뒤에서 전쟁이 줄어든다는 근거로 전쟁 희생자 수 정보를 이용한다. 전쟁이 줄어들고 있다는 그의 주장을 증거하는《지금 다시 계몽》의 두 번째 그래프다(〈그림11.2〉).[19] 단, 이번에는 시간축이 1500년이 아니라 1946년부터 시작한다. 그가《선한 천사》에서 '긴 평화'를 증명하기 위해 제시한 것과 같이, 웁살라 분쟁 데이터 프로그램Uppsala Conflict Data Program, UCDP과 오슬로국제평화연구소The International Peace Research Institute, Oslo, PRIO의 자료를 이용한 그래프다. 이 그래프를 보면 1946년 이후 전 세계의 전투 사망자 비율이 감소하고 있다. 그런데 '긴 평화'의 추세가 진정 긴 평화인지 따져 보려면, 보다 장기적 추세를 검증할 자료가 필요하지 않을까? 1945년 이전에는 전쟁으로 인한 희생자 수

5장 우리 본성의 천사,
혹은 국가 본성의 악마

를 알 수 있는 통계 자료가 없었던 걸까?

긴 평화인가, 반복되는 패턴인가

《지금 다시 계몽》 2부 전반에 걸쳐 제시되는 그래프 대부분은 Our World In Data를 출처로 한다. 여기에는 정치학자 피터 브렉케**Peter Brecke**가 구축한 '분쟁 카탈로그**Conflict Catalogue**' 데이터를 이용해 1400년 이후 발생한 크고 작은 분쟁들의 직간접 사망자 통계를 정리한 파일도 있다. 핑커가 인용하고 있는 자료는 1946년 이후 전투의 직접 사망자만을 집계하지만, 간접 사망자까지 포함해 그보다 더 긴 시계열을 형성하고 있는 자료가 있는 것이다.[2]

바로 그 파일을 이용해 그래프를 그리면 〈그림4〉가 된다. 17세기 초의 30년전쟁, 1800년 전후의 프랑스혁명전쟁과 나폴레옹전쟁 등 몇번의 큰 전쟁들이 중간의 휴지기들을 끼면서 큰 봉우리들을 만드는 형국이다. 20세기 전반기에 벌어진 두 차례의 세계대전은 이전 몇백년 동안 벌어진 그 어떤 전쟁에 비해서도 높이 솟은 봉우리를 만들고 있으며, 약 600년의 긴 시간축을 따라 추세선을 그려 보면, 점점 전체

---

2 《지금 다시 계몽》에서 핑커는 《우리 본성의 선한 천사》에서 사용한 UCDP와 PRIO의 데이터를 그대로 사용하고 있다. Our World In Data는 UCDP와 PRIO의 데이터를 포함한다.

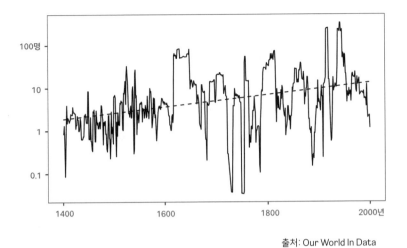

그림4. 10만 명당 분쟁 사망자 수 추이(로그스케일)

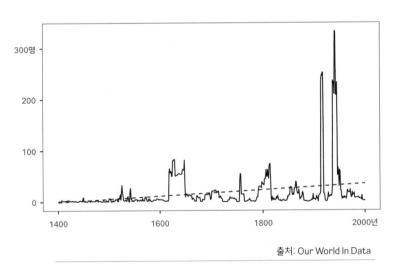

그림5. 10만 명당 분쟁 사망자 수 추이

5장 우리 본성의 천사,
혹은 국가 본성의 악마

인구 대비 분쟁 사망자 수가 늘어나는 우상향 직선이 그려진다. 리바이어던의 출현과 함께 국가 본성의 악마가 고개를 들었던 것일까?

세로축을 로그 스케일로 그려서 세로축의 한 간격이 뜻하는 수가 점점 커지고 있는 〈그림4〉와 달리, 〈그림5〉의 그래프는 두 차례의 세계대전이 그 이후 현재까지는 물론, 그 이전 500년 동안의 그 어떤 전쟁보다도 많은 사망자를 기록했다는 사실을 훨씬 인상적으로 보여 준다. 〈그림5〉에서 나타나는 것과 같은, 두 세계대전이 만드는 우뚝 솟은 봉우리 때문에 핑커가 그랬던 것처럼 2차 세계대전이 끝날 즈음부터 몇십 년만을 잘라 보면 전쟁의 눈부신 감소세를 확인할 수밖에 없다. 봉우리의 정상까지 올라가는 궤적은 볼 수 없고, 오직 정상에 오른 뒤 내려가는 구간만 보이기 때문이다. 그에 비해 〈그림4〉, 〈그림5〉와 같이 수백 년의 긴 추세를 그래프 위에 그리면 스티븐 핑커가 강조하는 1945년 이후 '긴 평화'가 과연 그 이전 몇백 년의 추세를 반전시키는 것인지는 불분명하다. 이른바 '긴 평화' 이전 시대에도 "전쟁들 사이에 긴 휴식기"가[20] 있었기에, 큰 전쟁들 후에 가파른 기울기로 분쟁 사망자의 비율이 감소하는 구간이 나타나고는 했기 때문이다. 이 구간들을 '긴 평화'의 기간과 직접 비교해 볼 수는 없을까?

핑커를 비롯한 신낙관주의자들을 본격적으로 비평한 경제학자 로드리고 아길레라Rodrigo Aguilera의 저서 《반이 비어 있는 물잔The Glass Half-Empty》에는 〈그림4〉, 〈그림5〉의 바탕이 된 분쟁 카탈로그

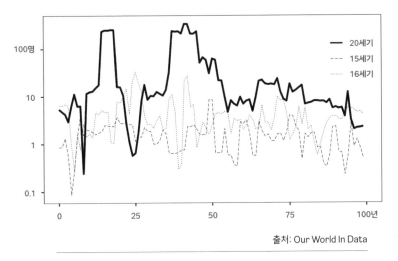

출처: Our World In Data

그림6. 15세기, 16세기, 20세기 10만 명당 분쟁 사망자 수 추이(로그스케일)

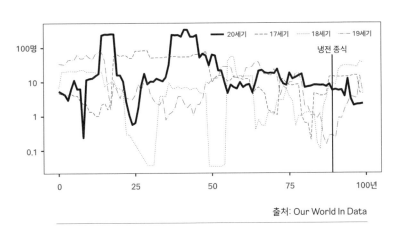

출처: Our World In Data

그림7. 17세기, 18세기, 19세기, 20세기 10만 명당 분쟁 사망자 수 추이(로그 스케일)

5장 우리 본성의 천사,
혹은 국가 본성의 악마

자료를 이용해 세기별로 사망자의 추세를 직관적으로 비교해 주는 그래프가 등장한다.[21] 그와 같은 방법을 따라 15세기, 16세기, 20세기 분쟁 사망자들의 100년 동안의 추세를 나타내는 그래프들이 한 축 위에서 겹쳐지도록 그래프를 그려 봤다(〈그림6〉). 두 차례의 세계대전이 가장 높은 골짜기를 만들어 내는 것은 물론이고, 핑커가 강조하는 1945년 이후의 '긴 평화' 시기의 그래프가 15세기, 16세기의 그래프를 웃도는 경향을 확인할 수 있다.

마찬가지 방법으로 2000년까지 최근 400년의 분쟁 사망자 수를 한 축 위에 나타낸 〈그림7〉의 그래프를 보자. 두 차례의 세계대전이 이전 어느 세기보다도 더 높은 봉우리를 형성하고 있고, 핑커가 '긴 평화'로 지목한 1945년 이후 역시 이전 300년에 비해 대체로 높은 숫자를 기록하다가 냉전이 종식되는 1991년에야 비로소 이전 세기에 비해 뚜렷이 낮아지는 것을 발견할 수 있다. 6세기 동안의 100년 단위 그래프들을 모두 겹쳐 〈그림5〉와 같은 선형 스케일로 표시한 〈그림8〉에서도 20세기 사망자가 이전 세기의 같은 구간에 비해 뚜렷이 줄어드는 시기는 냉전 종식 이후다.

분쟁 카탈로그 자료로 사망자의 장기 추세를 분석하지 않은 까닭에 대해 핑커를 이해해 볼 만한 이유가 있기는 하다. 분쟁 카탈로그 자료는 핑커가 인용한 전투 사망자 자료와는 달리, 분쟁과 관련해 발생한 질병이나 기아 등으로 인한 간접 사망자까지 포함하

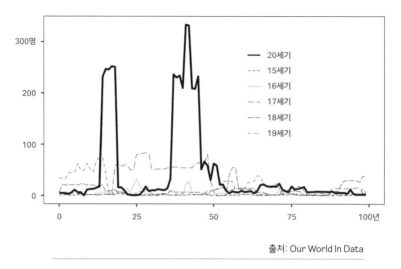

출처: Our World In Data

그림8. 세기별 10만 명당 분쟁 사망자 수 추이

고 있다. 그는 자신이 인용하는 자료가 간접 사망자를 제외한 까닭
에 대해서 《선한 천사》에서 이렇게 설명한다.

간접 사망자 추정의 난점은 우리가 상상력을 동원하여 철학적 문제
를 풀어야 한다는 점이다. 우리는 전쟁이 일어나지 않은 세상을 상상
하고 그 세상의 사망자를 어림하여 그것을 기준으로 삼아야 하는데,
이것은 가히 전지적 능력을 요구한다. 전쟁이 터지지 않았더라도 전
복된 정부의 무능 때문에 어차피 기근이 발생하지 않았을까? 그해
에 가뭄이 있었다면 어땠을까? 기근 사망자는 전쟁 탓인가, 기후 탓
인가? 기아 사망률이 전쟁 전부터 줄었다면, 전쟁이 터지지 않았을 경

5장 우리 본성의 천사,
혹은 국가 본성의 악마

우 그것이 계속 줄었으리라고 가정해야 할까? (중략) 1918년 독감이 낳은 4000만~5000만 명의 희생자를 제1차세계대전 사망자 1500만 명에 더해야 할까? (중략) 간접 사망자를 추정하려면 수백 개의 충돌에 대해서 이런 질문들에 일관되게 답해야 하는데, 불가능한 과제다.[3]

전쟁이라는 원인이 질병, 기아 등을 경유해 사망에 이르게 한 간접 사망자 수를 통계에 포함하게 될 경우, 우리는 핑커가 앞에서 예시한 것과 같이 그 답이 모호한 질문들에 답을 정해야 한다. 어디까지가 전쟁이 원인인 사망일까? 전쟁이 아니더라도 질병이 퍼져 죽었을 사람들이 있지 않았을까?

수백 년 동안 발생한 각종 분쟁들 모두에 대해서 일관된 기준을 가지고 사망자 수를 집계하는 것은 불가능하다. 그래서 일관된 기준을 가지고 통시적 비교가 가능한 신뢰할 만한 수치를 만들기 위해 직접 사망자 수를 계산해야 한다는 핑커의 논리는 타당하다. 더군다나, 먼 과거로 갈수록 이런 문제에 정확하게 답하는 데 근거가 될 만한 객관적 자료가 부족하기에, 간접 사망자 수가 누락되는 편향이 생길지 모를 일이다. 그렇다면 〈그림4〉나 〈그림5〉의 상승하는 추세선이 이런 편향이 만들어 낸 환상일 가능성을 무시할 수 없다. 장기적 추세를 보여 주는 더 신뢰할 만한 자료는 없는 걸까?

---

3   스티븐 핑커, 《우리 본성의 선한 천사》, 김명남 옮김, 사이언스북스, 2014, 519-520쪽.

이 지점에서 반가운 사실을 밝히자면, 〈그림4〉와 〈그림5〉가 민간인 간접 사망자까지 모두 포함한 수치를 나타내는 건 맞지만, Our World In Data는 분쟁 카탈로그 자료 중 군인 사망자만을 집계한 수치 역시 제공하고 있다는 점이다. 민간인보다는 분쟁과 그 사망 사이의 인과관계가 보다 직접적일 듯한 군인으로 분석의 범위를 한정하면 비교적 일관된 비교가 가능하지 않을까?

그래서 분쟁 카탈로그의 군인 사망자 데이터만을 반영해 그래프를 새로 그렸다. 바로 〈그림9〉다. 〈그림9〉의 추세선 역시 우상향하는 기울기를 보여 주고 있기는 하다. 그러나 18세기까지는 사망자가

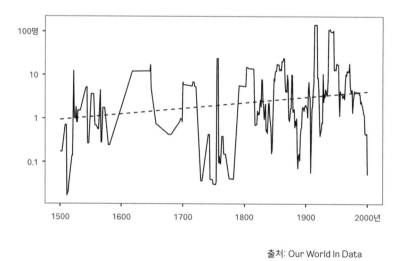

그림9. 세기별 10만 명당 분쟁 사망자 수 추이(로그스케일)

5장 우리 본성의 천사,
혹은 국가 본성의 악마

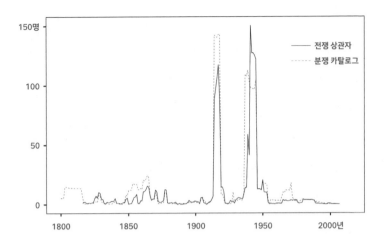

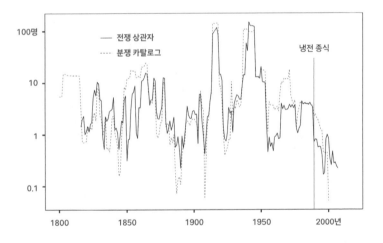

**그림10. 10만 명당 분쟁 사망자 수 추이. 위는 선형,
아래는 로그스케일**

단 한 명도 기록되지 않아서 그래프에 표시하지 않은 연도들이 많은 탓에 데이터 포인트들 사이의 간격이 들쑥날쑥하며 널찍한 구간들이 있다. 이 구간의 몇십 년 동안 사망자가 단 한 명도 존재하지 않았다고 믿기는 어렵다. 그보다는 먼 과거의 자료가 오늘날만큼 풍부하지 않고 정확하지 않다는 의미로 읽는 것이 합리적일 것이다. 그럼, 비교적 신뢰할 만한 19세기 이후의 통계치들을 분석해 보면 어떨까?

이번에는 군인 사망자만을 계수하는 '전쟁 상관자Correlates of War' 연구 프로젝트의 데이터와 분쟁 카탈로그 데이터의 군인 사망자 통계치를 모두 이용해 그래프를 그려 봤다(〈그림10〉).

서로 다른 자료로 그린 두 그래프의 궤적이 대체로 비슷하며, 전 기간에 걸친 통계적으로 유의미한 선형 추세는 파악할 수 없었다. 대신, 냉전 종식 이후에 비로소 사망자가 이전 두 세기 전체의 기록에 견주어 뚜렷하게 낮아지는 경향만은 일관된다. 굳이 평화의 분기점을 정해야 한다면, 그건 1945년이 아니라 냉전이 해체되는 1990년경이 되어야 하는 것 아닐까?

전쟁 사망자 수는 전쟁의 추세를 대리하는가

성급하게 이런 결론에 이르기 전에, 전쟁으로 인한 사망자의 수를 전체 인구로 나누어 그 의미를 해석하는 방법이 실제로 무엇을 측정하는지 한 번 더 고민해 보자. 이 숫자의 통시적 변화가 어떤 의미에서 전쟁이나 분쟁으로 인한 사망의 일반성이 띠는 추세를 가리킨다는 점은 틀림없다. 그런데 국제분쟁과 국제질서를 계량과학의 방법론으로 연구해 온 정치학자 베어 브라우몰러**Bear F. Braumoeller**는 이런 접근은 전쟁의 문제를 "공중보건"의 문제로 접근하는 것과 같다고 말한다.[22] 그의 말에 기대 생각해 보자. 보건 지표로서 '사망률'을 그 유관 개념인 '유병률', '발생률'과 비교해 보면, 사망률의 추세를 전쟁의 추세로 해석한 우리의 작업에 어느 정도 비약이 있다는 점을 눈치챌 수 있다.

사망률과 유병률, 발생률은 서로 관련이 있지만 각기 다른 개념을 계량화하고 있다. 사망률이 어떤 질병으로 사망한 사람들의 비율이라면, 유병률은 해당 질병을 보유하고 있는 사람들의 비율, 발생률은 해당 질병이 새로 발생한 사람들의 비율이다. 같은 질병에 대해서도 이 세 지표의 추세가 반드시 일치하지는 않는다. 예로, 전 세계의 HIV 혹은 에이즈의 유병률은 줄어들고 있지 않거나 오히려 증가하는 중이지만 사망률은 줄어들고 있다.[23] 효과적인 치료법이 보급되며 HIV를 보유하고 있는 사람들이 증가하면서도 사망률은 감소하고 있는 것이다.

요컨대, 어떤 사망의 원인 인자를 보유하고 있는 사람이 반드시 그로 인해 사망하지는 않는다. 발생률은 사망률과 함께 줄어들고 있지만, 두 지표가 감소하기 시작한 시점이 반드시 일치하는 것은 아니었다.[24] 그럼 전쟁으로 인한 사망률이 증가(혹은 감소)한다는 것이, 반드시 그 원인 인자인 전쟁이 증가(혹은 감소)하거나 혹은 새로운 전쟁이 발발하는 빈도가 증가(혹은 감소)한다는 것을 의미하지는 않는 것 아닐까? 전쟁으로 인한 사망률을 대리변수로 삼아 폭력성의 추세를 파악하는 핑커의 방법은 특히 의약의 발전으로 예전보다 훨씬 더 많은 사람들을 살릴 수 있게 된 전근대와 근대 사이의 추세를 비교하는 데 있어서는 유효하지 않을지 모른다. 전쟁의 폭력성이 감소하지 않아도 의약의 발달로 사망률은 감소할 수 있지 않은가.

브라우몰러는 사망률, 즉 전 세계 인구 10만 명당 전사자 수가 전 세계 전쟁의 추세를 파악하기에 적당한 지표인지 의문을 표한다. 그에 따르면 전 세계 전쟁 사망률은 전쟁의 개수, 전쟁의 강도 혹은 치명성, 전쟁의 지속 기간, 전 세계 인구수라는 여러 차원의 서로 다른 변수들을 반영하고 있다.[25] 이 가운데 전 세계 인구수는 "조직적 인간 행동"으로서[26] 전쟁과 의미론적 상관은 없는 개념인 것 같다. 여기서 해석의 문제가 발생한다. 나머지 세 변수, 그러니까 전쟁의 개수와 치명성, 지속 기간이 동일할 때도, 그저 전체 인구수가 증가하고 있다는 사실만으로 10만 명당 전사자 수는 줄어든다. 동일한 수의 사망자가 발생하는 전쟁을 매년 수행하는 국가

5장 우리 본성의 천사,
혹은 국가 본성의 악마

에서, 동시에 인구수가 매년 증가한다면 과연 이 나라에서 전쟁은 감소하고 있다고 말할 수 있는 것일까? 이 질문에 '그렇다'라고 단언하기 곤란하다는 느낌이 든다면, 인구 규모에 현저한 차이가 있는 두 집단을 '10만 명당 전사자 수'로 비교하는 것은 어떤가? 비국가사회의 10만 명당 전사자 수가 더 높다는《선한 천사》의〈그림 2-3〉이 바로 이런 비교를 하고 있다.

앞서〈그림2〉는 Our World In Data가《선한 천사》〈그림2-3〉의 바탕이 된 자료에서 몇 가지를 수정 추가해 만든 파일을[27] 이용해 그린 그래프였다. 비국가사회가 과연 어떤 집단을 대표하는지 따위의 반복되는 쟁점은 차치하더라도, 비국가사회의 인구가 통상 국가사회보다 압도적으로 적다는 점을 염두에 두면 이 그래프 혹은《선한 천사》의〈그림2-3〉이 보여 주는 국가사회와 비국가사회 수치의 격차를 어떻게 해석해야 할지 더더욱 난감해진다. 수십억을 분모로 하는 현대 사회의 사망률과 네 자릿수 분모의 비국가사회 사망률을 비교함으로써 우리는 무얼 해석할 수 있을까?

브라우몰러의 지적대로, 분모인 전체 인구수가 적을수록 전사자 수 한 명의 사례가 비율 변화에 미치는 영향이 매우 크다는 사실은 사망률 수치에 미치는 우연의 영향력이 더 크다는 것을 의미한다.[28] 브라우몰러는 이 문제를 부각하기 위해 미국질병관리본부 데이터의 독극물로 인한 사망자 통계를 미국의 서로 다른 행정 단위인 주**State**

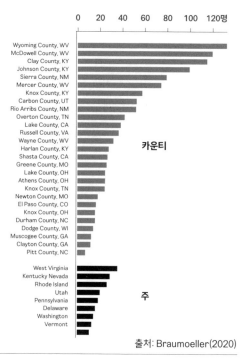

카운티

주

출처: Braumoeller(2020)

그림11. 미국의 주와 카운티별 독극물 중독 사망률(10만 명당)

와 카운티County로 각각 집계해 비교하는 그래프를 제시한다.[29] 〈그림11〉은 그 그래프와 같은 방법을 사용해 그린 것이다.

주 단위의 사망률이 카운티보다 대체로 더 낮다는 것을 한눈에 봐도 알 수 있다. 이는 매우 부조리한 결론이다. 주의 시민이 곧 카운티의 시민이기도 하기 때문이다. 문제는 〈그림11〉이 보여 주는 패턴이 〈그림2〉와 놀랍도록 유사하다는 것이다. 인구가 더 작은 단위

5장 우리 본성의 천사,
혹은 국가 본성의 악마

에서(〈그림11〉에서는 카운티 단위에서) 사망률의 편차가 더 크고 평균도 더 크다.

〈그림2〉에 나타난 국가사회와 비국가사회의 격차도 〈그림11〉처럼 사망률의 분모 크기 차이 때문에 만들어진 것일까? 인류학자 딘 포크Dean Falk와 찰스 힐데볼트Charles Hildebolt의 연구는 실제로 여러 비국가사회와 세계대전 참전국, 심지어 침팬지 집단에서도 집단의 규모가 클수록 폭력에 의한 사망률이 작아지는 경향을 발견했다.[30]

1945년 이후 긴 평화가 이어졌다는 핑커의 주장을 뒷받침하는 팩트들이 주로 사망률 수치에 기대고 있다는 점은, 그가 '긴 평화'라고 명명한 바로 그 기간 동안 전 세계의 인구수가 가파른 기울기로 증가해 왔다는 사실까지도 고려해서 비판적으로 재해석되어야 한다. 그저 인구의 증가만으로 전쟁으로 인한 사망률 감소를 설명할 수 있다면, 핑커가 주장하는 계몽주의적 가치의 승리는 더 이상 제 몫의 입지가 없어지기 때문이다. 그러므로 전사자 수가 전쟁의 어떤 양상이 띠고 있는 추세를 파악할 수 있는 중요한 정보임은 분명하지만, 전쟁이 진정 감소하고 있다는 가장 확실한 증거를 찾고자 한다면 '10만 명당 전사자 수'라는 단위가 뭉개는 전쟁이라는 현상의 여러 층위를 좀 더 분석적으로 파악할 필요가 있다.

브라우몰러는 전쟁의 두 가지 차원, 즉 전쟁의 빈도와 강도 각각에 대해 핑커가 내세우는 전쟁 감소 명제의 검증을 시도한다. 〈그림

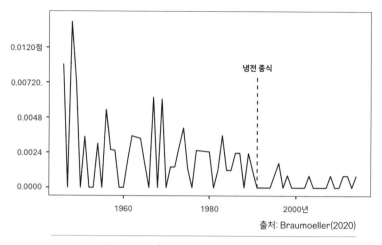

그림12. UCDP/PRIO 데이터에 따른 국제분쟁 발생률
(유관 양자관계당 국제분쟁 발생 수)

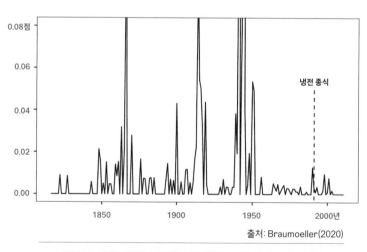

그림13. 전쟁 상관자 프로젝트 데이터에 따른 연간 전쟁 발생률
(유관 양자관계당 국제분쟁 발생 수. 발생률이 Y축의 범위보다 높은
경우 그래프의 윗부분이 잘려 보이지 않는다는 점에 유의)

12〉는 핑커의 《지금 다시 계몽》 〈그림11.2〉 그래프와 같이 UCDP/
PRIO 자료를 이용한 그래프로, 25명 이상의 사망자를 발생시킨 국
제분쟁 발생의 건수를 분쟁이 발생할 수 있는 국가 간 양자 관계 수
로[4] 나누어 계산한 국제분쟁 발생률의 추세를 나타낸다. 브라우몰
러의 지적처럼 분쟁 발생률은 냉전기 동안 일정하다가 냉전이 끝
나며 감소해서 최근까지 대략 그 수준을 유지하고 있다.[31]

브라우몰러가 19세기 초부터 시계열을 형성하고 있는 전쟁 상
관자 프로젝트 데이터를 이용해 계산한 전쟁의 발생률은 〈그림13〉
에서 볼 수 있다. 〈그림12〉와 달리, 1990년경 이후로도 뚜렷한 감
소세를 찾기는 어렵다. 그에 비해 전쟁보다 더 빈번하게 발생하는
상호 무력 사용 사건의 발생률은 그 기저에 흐르는 변화에 더 민감
하게 반응한다. 〈그림14〉에서 볼 수 있듯, 같은 자료를 이용한 계산
결과, 20세기의 분쟁 발생률은 냉전기까지도 19세기를 전반적으
로 웃도는 수준이었으며, 브라우몰러에 따르면, 감소가 나타나는
것은 냉전이 해체될 즈음이다.[32]

그렇다면 나머지 층위, 즉 전쟁의 강도와 치명성은 증가하고 있

---

4 국가 간 양자 관계 수: 국가 간 양자 관계별로 두 국가가 상대와 싸우고자 할 때 싸
울 수 있는 정도를 그 인접성, 거리, 강대국과의 적대관계 등을 이용해 점수로 계산
한 값의 총합을 말한다. Bear F. Braumoeller, *Only the Dead: the Persistence
of War in the Modern Age*, Oxford University Press, 2019, pp.83~84,
pp.254~255, part 4, footnote no.5 참고.

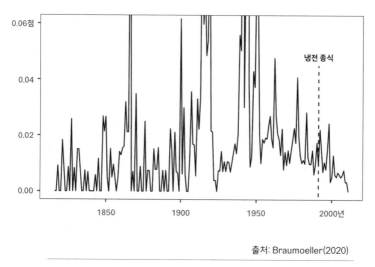

출처: Braumoeller(2020)

**그림14. 전쟁 상관자 프로젝트 데이터에 따른 연간 상호
무력 사용 발생률(유관 양자관계당 국제분쟁 발생 수)**

을까, 감소하고 있을까? 브라우몰러는 이 두 층위에서도 핑커가 말하는 것처럼 뚜렷이 감소한다는 양상은 찾을 수 없었다. 이와 관련해 구체적인 내용은 그의 저서 《오직 죽은 사람만Only the Dead: the Persistence of War in the Modern Age》을 참고하기 바란다.

'역사의 종말'은 취소됐을까

이번에는 핑커가 말하는 1945년 이후 '긴 평화' 기간의 전쟁 감소세를 이끄는, 앞의 그래프들에서 보이지 않는 요인이 있을지 살펴보자. 앞의 그래프들에서 냉전 종식 이후 분쟁의 감소세가 사망자 수가 치솟은 봉우리들 사이에 낀 여러 휴식기와 근본적 차이가 있다면, 민주주의의 확산과 함께 진행되었다는 것이다. 정치학에서 '민주평화론'으로 알려져 있는 이론은 민주주의 체제 사이에서는 무력 충돌의 가능성이 낮다고 진단한다. 핑커는《지금 다시 계몽》에서 폴리티IV 프로젝트Polity IV Project의 민주주의 지수를 이용해 계산한 '민주정 대 전제정 점수'의 200년간 시계열적 추이를 보여준다. 이로써 세상이 점점 민주적으로 변해 가고 있다는 낙관적인 전망을 개진한다.[33] 그럼 1945년 이후의 '긴 평화', 마침내 1991년 냉전 해체와 찾아온 '새로운 평화'가 지난 몇백 년간 전쟁의 추세를 완전한 감소세로 반전시킬 거라고 믿어도 될까?

200년 전에 비해 세상이 더 민주적으로 변했다는 사실에는 의심의 여지가 없다. 하지만 악마는 항상 디테일에 있다. 우리는 지수의 구성 과정에 개입된 자의적 판단들을 간과할 때, 때로 부당한 결론이 나올 수 있음을 알고 있다. 그러므로 핑커가 민주주의 확산의 증거로 제시한 민주주의 지수에 대해서도 다음과 같은 검토를 수행해야 한다. ①폴리티IV의 민주주의 점수는 과연 '민주주의'라는 구성개념에 대한 타당한 척도인가? ②'민주정 대 전제정 점수'는 과연 민주주의의 확산세를 나타내는 타당한 지표일까?

폴리티IV의 민주주의 점수는 많은 비교정치학 연구에서 민주주의를 측정하기 위해 사용되는 변수가 맞긴 하지만, 비교적 최근의 민주주의의 발달을 검증하는 맥락에 비추어 적절한 지표인지는 검토가 필요하다. 폴리티IV의 민주주의 지수를 구성하고 있는 하위 항목인 행정부 견제의 정도, 정치 참여의 개방성, 정치 참여의 규제, 정치 참여의 경쟁성, 선거의 경쟁성 등은 민주주의를 구성하는 중요한 요소라는 데에 이견이 있기 어렵지만, 최근 민주주의를 둘러싼 논의의 중심에 있는 민주주의 퇴행democratic backsliding 현상의 주요한 한 가지 경향, 그러니까 선거를 통해 집권한 정치 세력이 자유민주주의의 가치를 훼손함으로써 민주주의가 퇴보하는 현상을 파악하는 데에는 한계를 노정해 왔다. 단적으로, 최근 법과정의 당Pis의 집권으로 민주주의가 후퇴했다는 평가를 받는 폴란드의 폴리티IV '민주정 대 전제정 점수'는 10점 만점으로 미국, 프랑스, 한국보다도 높다. 마찬가지로 극우 정권이 집권하며 민주주의가 크게 퇴행해 국제사회의 우려를 사고 있는 헝가리 역시 폴리티IV의 민주주의 점수에서는 만점을 받았다. 그에 비해 민주주의다양성연구소Varieties of Democracy Institute, V-Dem Institute의 '자유민주주의 지수'는 최근 포퓰리스트 및 권위주의 세력의 집권으로 자유민주주의의 가치가 훼손됐다는 우려를 산 여러 민주주의 퇴행 사례를 더 예민하게 반영하고 있다(〈그림15〉). 《지금 다시 계몽》에서 핑커는 민주주의다양성연구소의 '자유민주주의 지수'를 언급하지 않는다.

5장 우리 본성의 천사,
혹은 국가 본성의 악마

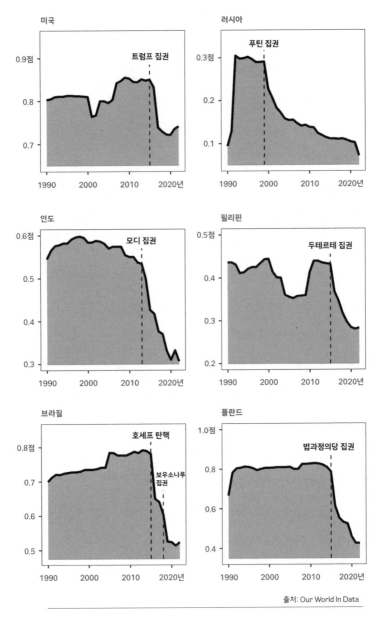

출처: Our World In Data

그림15. 주요 국가별 자유민주주의 지수(0~1점)

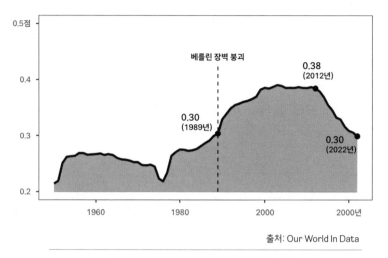

출처: Our World In Data

그림16. 전 세계 자유민주주의 지수(0~1점)

폴리티IV 자료를 사용한 '민주정 대 전제정 점수'가 가진 또 다른 문제점은 50만 이상 인구의 모든 정치체들을 한 단위의 점수로 동등하게 계산한 점이다. 핑커가 인용한 그래프의 논리대로라면, 14억 중국이 민주주의로 이행하는 것과 8천만 이란이 민주주의로 이행하는 것이 똑같은 크기의 변화로 나타나는 것이다.

민주주의다양성연구소는 '자유민주주의 지수'에 나라별로 인구 가중치를 준 정보를 제공한다. 한 나라의 민주주의 점수의 변화가 그 인구수에 상응하는 만큼 지수의 변화에 기여하도록 한 것이다. 이런 방법으로 그려진 〈그림16〉의 그래프에 따르면, 전 세계의 자유민주주의는 2000년대에 정점을 찍고 정체하다가 2010년대에 접어들어 분명한 감소세를 띠고 있으며, 베를린 장벽의 붕괴 이전 수준으로 회귀하고 있다.

데이터는 스스로 말하는 법이 없다

신낙관주의는 팩트에 충실하면 종교와 이데올로기가 오염시킨 세계의 진실을 볼 수 있다고 말한다. 그러나 로슬링의 대중 강연과 《팩트풀니스》가 사람들을 매료시키고 침팬지보다 못했던 대중의 오답률을 단 몇 분 만에 끌어올릴 수 있었던 것은 팩트 그 자체보다 그것에 관한 관점을 그들에게 처방해 주었기 때문이었다. 낱개의 단편적 토막 정보, 팩트를 하나로 엮어 주는 관점 말이다. 건강, 부, 삶의 질, 행복, 불평등, 환경, 평화, 민주주의…… 우리가 생각할 수 있는 거의 모든 영역에서 인류는 계속 진보해 왔다는 핑커의 팩트들도 그의 관점 아래에 하나의 일관된 서사로 배치되고 있다. 그 많은 팩트들 배후에 "일관된 현상"으로서 도사리고 있는 진보가 있다고 말하는 그에게 저 팩트들은 '진보의 승리'라는 스토리로 엮이고 있다. 그리고 그 진보의 정체란 대략 그가 좋아하는 거의 모든 것에 가깝다. 그것은 "계몽"이며, 즉 세속주의적 휴머니즘이고 열린 사회이며, 코스모폴리타니즘이고, 이성과 과학인가 하면, 고전적 자유주의, 자유시장, 자본주의다. 여러 진보들을 그 배후에 잠복

306

하고 있는 일관된 현상의 연장으로 취급하는 그에게 이런 연상 작용은 너무나 자연스러운 일이다.

나는 이 책을 시작하며 《지금 다시 계몽》이 "정의상 계몽주의는 옳으며 곧 진보이기 때문에, 진보가 있었다는 사실을 그저 보여 주는 것만으로도 논증이 완결되는 구조를 선취하고 있"으며, 때문에 계몽의 가치를 역설하면서도 "진보들이 계몽주의로부터 비롯됐다는 인과관계를 증명해 보이려는 어떤 본격적인 학술 논의를 전개하지 않"는다고 말했다. 핑커가 《지금 다시 계몽》에서 제시하는 팩트들을 저 진보의 패키지로 묶으며 만들어 내는 내러티브에 대해서도 마찬가지다. "삶을 향상시킨 방식들 사이에 존재하는 상관관계의 매듭을 풀고 그 인과의 방향을 확실하게 추적하기가 불가능할 때도" 있다면서, "잠시 꼬인 줄을 푸는 일이 얼마나 어려울지 걱정하는 일은 멈추"자면서, 그렇게 하면 "그 아래에 일관성 있는 현상"으로서[34] "진보"를 발견할 수 있다고 말하는 그는 실제로는 그 꼬인 인과관계의 줄에 별로 큰 관심은 없는 것 같다. 그래서 그는 여러 진보들의 배경에 있었던, 때로는 서로 모순되고 충돌하는 정치적 역동을 조명하지 않는다.

진보에 대한 이해가 이렇게 단순한 탓에, 그는 자신의 진보 내러티브로 깔끔히 설명되지 않는 우려스러운 징후들에 대해서는 눈을 감거나 그 의미를 애써 축소한다. 그의 책은 사람들이 더 행복해지고 있다면서 세계인들의 '부정 감정 지수'가 최근 약 10년 새 증가하고 있다는 사실은 진지하게 다루지 않으며, 세상이 더 민주적으로 변하고 있다고 말하면서 민주주의다양성연구소의 '자유민주주의 지수'가 민주주의의 퇴행을 경고하고 있다는 사실에는 큰 관심이 없고, 세계가 더 평화로워지고 있다면서 전 세계의 10만 명당 전투 사망자 비율이 최근 증가하고 있다는 사실은 중요하게 다루지 않는다.

핑커가 틀렸고, 세상은 그의 말과는 반대로 더 나빠지고 있으며, 더 나빠질 것이라고 주장하고 싶은 건 아니다. 내게는 그런 판단을 할 재주가 없다. 핑커의 주장대로 인류는 많은 측면에서 과거에 비해 진보했다. 하지만 진보만 한 건 아니다. 지금 진행 중인 진보가 앞으로도 줄곧 전개될지 확신할 수만은 없다. 진보가 항상 일직선을 그려 오지도 않았다. 핑커는 근거 없는 낙관론을 지지할 생각은 없다고 잘라 말한다. 인류가 지금까지 진보를 이루었다는 걸 알고, 지식과 이성을 통해 그 진보를 더 진척시킬 수 있다는 것이 그의 메시지라고 한다. 그의 메시지에 기어코 반대해야 할 이유는 찾기 어렵다. 그렇지만 정말 진보를 추구한다면, 그래서 진보를 이해하고자 한다면 그의 스토리텔링으로는 결코 설명되지 않는 그 사실관계에 대해서 더 예민해져야 한다.

세상을 이해하기 위해서는 그저 데이터를 들여다보면 된다는 신낙관주의의 주장은 안일하다. 어떤 데이터도 스스로 혼자 말하지는 않는다. 빈곤, 평화, 민주주의에 이르기까지, 신낙관주의가 주장하는 팩트에는 항상 신낙관주의자들의 해석의 층위가 있었다. 신낙관주의 혹은 핑커의 기대와는 달리, 어떤 사실도 사람들의 이해관심 바깥에서 개체로 존재하지 않는다. 문제는 해석의 층위에서 팩트에 의미를 부여하는 사실관계다. 세상을 있는 그대로 보여 주겠다는 신낙관주의의 팩트도 복잡하게 펼쳐진 사실관계 가운데 선별된 것일 수밖에 없고, 무엇보다 신낙관주의의 팩트가 강력한 힘을 갖는 것도 사실관계와 이해관심의 제약하에 (종종 정치적인) 의미를 갖기 때문임을 무시할 수 없다. 신낙관주의자들은 이런 의미관계를 물신화해, 마치 이성적이고 과학적인 자신들의 팩트에는 주관적 이해와는 무관한 자기완결적 의미가 있는 것처럼 가장한다. 그러면서 한편으로는 사실관계와 이해관심이 부여하는 의미의 힘은 취하는 정치적 효과를 누리고 있다. 신낙관주의의 팩트물신주의가 정치 커뮤니케이션의 관점에서 문제적인 까닭이 여기 있다.

우리가 빈곤과 건강, 수명, 교육, 행복, 평화와 민주주의 등 사회 지표의 진보에 관심이 있다면, 신낙관주의 일각의 팩트물신주의가 질식시킨 사실관계의 함의를 복원하고, 신낙관주의의 정치적 귀결을 제대로 평가하는 작업이 필요하다. 그리고 이 작업은 곧 사실관계에 기초한 합리적 정치 커뮤니케이션을 모색하는 진보적 실천이기도 하다.

5장 미주

1 필립 드와이어, 마크 S. 미칼레 편저,《우리 본성의 악한 천사》, 김영
   서 옮김, 책과함께, 2023. [원서: Philip Dwyer and Mark S. Micale
   eds., *The Darker Angels of Our Nature: Refuting the Pinker Theory of Histo-*
   ry&Violence, Bloomsbury Publishing, 2021]

2 위의 책, 30~31쪽.

3 위의 책, 33쪽.

4 위의 책, 33쪽.

5 위의 책, 57쪽.

6 스티븐 핑커,《우리 본성의 선한 천사》, 김명남 옮김, 사이언스북스,
   2014, 113쪽, 118쪽 참고.[원서: Stevenn Pinker, *The Better Angels of*
   Our Nature: the Decline of Violence in History and Its Causes, Penguin UK,
   2012]

7 위의 책, 112~115쪽 참고.

8 위의 책, 117~118쪽 참고.

9 다그 린드스트룀, 〈스티븐 핑커와 폭력의 역사 기술에서 통계의 사용
   과 오용〉,《우리 본성의 악한 천사》(필립 드와이어, 마크 S. 미칼레 편
   저, 김영서 옮김), 책과함께, 2023.

10 Brian R. Ferguson, "Pinker's List: Exaggerating Prehistoric War
    Mortality", *War, Peace, and Human Nature: the Convergence of Evolution-*
    ary and Cultural Views(Douglas P. Fry ed.), Oxford University Press,
    2013 참고.

11 Brian R. Ferguson, "The Prehistory of War and Peace in Europe and

the Near East", *War, Peace, and Human Nature: the Convergence of Evolutionary and Cultural Views*(Douglas P. Fry ed.), Oxford University Press, 2013 참고.

12 위의 책, 191쪽 참고.

13 위의 책, 201쪽 참고.

14 Douglas P. Fry, "War, Peace, and Human Nature: the Challenge of Achieving Scientific Objectivity", *War, Peace, and Human Nature: the Convergence of Evolutionary and Cultural Views*(Douglas P. Fry ed.), Oxford University Press, 2013 참고.

15 위의 책, 18쪽 참고.

16 위의 책, 19쪽 참고.

17 《지금 다시 계몽》, 249쪽 참고.

18 Nicolas Guilhot, "H-Diplo Commentary 1 on Enlightenment Now: The Case for Reason, Science, Humanism, and Progress", *H-Diplo*, 2018. 7. 4. 참고.

19 《지금 다시 계몽》, 252쪽 참고.

20 《지금 다시 계몽》, 248쪽.

21 Rodrigo Aguilera, *The glass half-empty: Debunking the myth of progress in the twenty-first century*, Repeater, 2020 참고.

22 Bear F. Braumoeller, *Only the Dead: the Persistence of War in the Modern Age*, Oxford University Press, 2019 참고.

23 Global Burden of Disease Collaborative Network, *Global Burden of Disease Study 2019(GBD 2019) Results*, Institute for Health Metrics and Evaluation(IHME), 2021 참고.

24   위의 책 참고.

25   Bear F. Braumoeller, 앞의 책(미주 22) 참고.

26   위의 책.

27   Max Roser, "Data Review: Ethnographic and Archaeological Evidence on Violent Deaths", Our World In Data(2013). ourworldindata.org/ethnographic-and-archaeological-evidence-on-violent-deaths

28   Bear F. Braumoeller, 앞의 책(미주 22) 참고.

29   위의 책 참고.

30   Dean Falk and Charles Hildebolt, "Annual War Deaths in Small-Scale Versus State Societies Scale with Population Size Rather than Violence", *Current Anthropology*, vol. 58, no. 6, 2017, pp.805~813 참고.

31   Bear F. Braumoeller, 앞의 글(미주 22), 85쪽 참고.

32   위의 책 참고.

33   《지금 다시 계몽》, 314쪽 참고.

34   《지금 다시 계몽》, 375쪽.

《지구를 위한다는 착각》은
무엇을 착각했나
-환경 및 생태

데이터와 팩트의 아우라에 시선을 빼앗긴 채, 의미 구조와 관계에 대한 치밀한 검토는 생략해 버리는 지적 불성실. 이것이 가져올 위험한 귀결을 예증하는 책이 여기 또 하나 있다. 이 책은 지금 이 순간 세계 시민과 정책 결정자, 정치 지도자들이 가장 주목하는 의제인 기후변화를 소재로, 파격적이면서도 정치적 함의가 짙은 주장을 설득력 있게 펼쳐 보이며 공론장에서 돌풍을 일으켰다. 각종 보고서와 논문, 전문가 인터뷰를 오가며 종횡무진 담대한 주장을 전개해, 국내 출판 시장에서도 입소문을 타고 베스트셀러의 자리를 당당히 꿰찬 이 책의 한국어 제목은《지구를 위한다는 착각》. 원제 "Apocalypse Never"는 저자의 주장을 선명히 요약한다. "종말은 절대 오지 않는다."

우리는 환경운동가들에게 속았는가

2019년 호주, 2020년 캘리포니아를 강타한 산불을 보며 성큼 다가온 기후위기에 위협을 느낀 적이 있는가? 불타는 아마존에 대한 뉴스를 보며 지구를 파괴하는 인간의 탐욕에 분개한 적이 있는가? 연일 지구촌 곡물 가격의 폭등을 전하는 뉴스를 보며 기후변화가 촉발할 식량위기를 걱정해 본 적은? 인류의 산업활동으로 파괴된 생태계에 불어닥친 "여섯 번째 대멸종"에 아득해져 본 적은?《지구를 위한다는 착각》은 이런 암울한 뉴스들이 기후변화에 대한 거대한 착각을 부추기고 있다며 지구는 망하지 않는다고, 호들갑을 떨지 않아도 괜찮다고 독자를 안심시킨다. 아무래도 이 저자의 낙관에 아무런 근거가 없지는 않은 것 같다. 저자 마이클 셸렌버거는 자신의 주장은 신뢰할 수 있는 기관들의 연구 결과를 근거로 한다고 당당히 말하고 있다.

> 이 책에서 다루는 모든 사실, 주장, 논증은 현재 이용 가능한 최고의 과학 지식에 근거하고 있다. 기후변화정부간협의체, 유엔식량농업기구를 비롯해 여러 과학 단체가 내놓은 탁월한 연구 결과들이다. 이 책에서 나는 정치적 좌파나 우파 쪽으로 편향된 사람들이 배척하는 주류 과학을 옹호하고자 한다.[1]

저자의 팩트에 따르면 진실은 이렇다. "2019년의 호주 산불도, 2020년의 캘리포니아 산불도 기후위기가 원인이 아니었고, 아마존은 물론 불타고 있지만 '지구의 허파'는 아니며, 자연재해의 피해는 오히려 줄고 있는 데다 식량 생산은 계속 증가할 것이며, 세계는 멸망하지 않을 것이고, 여섯 번째 대멸종은 취소되었고, 생물다

---

1   마이클 셸렌버거, 《지구를 위한다는 착각》, 노정태 옮김, 부키, 2021, 28쪽.

양성은 오히려 증가했다!"

팩트로 무장한 기후위기 회의론으로서 비외른 롬보르**Bjørn Lomborg**의 《회의적 환경주의자》의 족보를 잇는 《지구를 위한다는 착각》은 데이터와 팩트, 과학을 전면에 내세우며 낙관을 뒷받침하고 있다는 점에서 신낙관주의의 흐름과 조응하고 있다. 마이클 셸렌버거를 자신의 책에서 인용하기도 했던 신낙관주의자 스티븐 핑커는 《지구를 위한다는 착각》에 이런 추천사를 남긴다.

> 셸렌버거는 오늘날 우리의 가장 큰 시련인 환경 문제의 진실을 똑바로 꿰뚫어 보는 대단히 유익하고 현실적인 환경주의를 주창하면서, 이 문제를 해결하기 위해 우리가 정말로 무엇을 해야 하는지 깨우쳐 준다.[2]

거꾸로, 저자 마이클 셸렌버거는 핑커의 《지금 다시 계몽》의 익숙한 통계들을 인용하며 도시화, 산업화, 에너지 소비가 인류의 복지와 진보에 혁혁한 기여를 해 왔노라고 말한다.

> 도시화, 산업화, 에너지 소비가 가져다준 긍정적 효과는 압도적이라 할 수 있다. (중략) 산업화 이전까지 인류의 평균 수명은 30세

---

2   《지구를 위한다는 착각》, 9쪽.

6장 《지구를 위한다는 착각》
은 무엇을 착각했나

였으나 지금은 73세에 달한다. 영아 사망률은 43퍼센트에서 4퍼센트까지 줄어들었다. 하버드대학교 심리학과 교수 스티븐 핑커에 따르면 1800년 이전에 살았던 대부분의 사람들은 지극히 가난한 상태에 머물러 있었다. (중략) "게다가 세계 인구 중 거의 95퍼센트가 오늘날 기준에서 볼 때 '절대 빈곤'(하루 1.9달러 이하 소득) 상태로 살았다." 핑커에 따르면 산업혁명 덕분에 인류는 가난으로부터 "위대한 탈출"을 하게 되었다. 그 위대한 탈출은 오늘날까지 계속되고 있다. 1981년부터 2015년까지 절대 빈곤에 시달리는 사람은 전체 인류의 44퍼센트에서 10퍼센트까지 줄어들었다.[3]

산업화와 에너지 소비가 인류에게 가져다준 선물은 여기서 끝나지 않는다.

하버드대학교의 경제학 교수 벤저민 프리드먼과 스티븐 핑커 같은 학자들은 물질적 풍요 증진과 자유 증가 사이에 강력한 상관관계가 있음을 밝혀냈다. 또한 물질적 풍요는 폭력을 감소시키고 여성, 인종, 종교적 소수자, 동성애자에 대한 관용은 더 키운다.[4]

---

3 《지구를 위한다는 착각》, 205쪽.
4 《지구를 위한다는 착각》, 207쪽.

더 나아가, 셸렌버거는 산업화가 가난한 이들의 복지에 더 이로울 뿐 아니라, 궁극적으로는 "자연을 구"하는 길이라고 역설한다. 가난한 이들이 산업화의 혜택을 누리게 되면, 더 이상 나무 연료를 사용하기 위해 삼림을 파괴하고 야생동물의 서식지를 빼앗을 필요가 없어질 것이고, 에너지 밀도가 높은 에너지원을 이용할 수 있게 돼 이전보다 탄소를 덜 배출할 수 있게 되기 때문이다.

《지구를 위한다는 착각》에서 셸렌버거가 개진한 주장의 개요는 대체로 주류 환경운동이 사람들로 하여금 믿게 만들어 온 환경 문제는 심히 과장되었으며, 진정 인류가 시급히 해결해야 할 과제는 저개발이고, 개발을 통해서 오히려 환경 문제도 해결된다는 것이다. 신낙관주의의 진보 서사의 중심에 산업 자본주의가 선물한 경제성장이 있었듯, 셸렌버거는 일각의 급진적 환경 담론에 맞서 자본주의적 경제 개발이 우선해야 한다고, 신낙관주의가 널리 전파한 익숙한 팩트를 이용해 주장하고 있다.

셸렌버거가 "압도적"이라고 찬양하는 평균 수명의 증가는 산업화와 에너지 소비가 가져다준 경제적 풍요 이상으로 지식과 위생 환경 등 공공재의 공급에 얽힌 정치경제학의 문제였다(3장 참고). 그럼에도, 고밀도 에너지의 보급이 빈곤층의 생활 수준에 긍정적으로 기여하고 환경 문제의 해결에도 도움이 된다는 그의 논지는 대체로 설득력이 있다. 《지구를 위한다는 착각》의 흥행 뒤에는 보기

드물게 광범위한 연구와 사례를 섭렵해 설득력 있는 논리를 갖추고 그동안 우리에게 상식처럼 알려진 주류 환경운동의 주장을 정면으로 비판한다는 분명한 강점이 자리하고 있다.

《지구를 위한다는 착각》에 쏟아지는 호평이 증명하는 그 소구력도 《팩트풀니스》와 《지금 다시 계몽》의 신낙관주의 담론과 닮아 있다. 세상은 생각보다 좋은 곳이며 미래는 밝다고 말해 주고, 더 나아가 비평가들, 염세주의자들, 지식교양으로 무장하고 쓴소리를 해 온 엘리트들이 퍼뜨렸던 거짓말을 꿰뚫어 보는 혜안을 얻은 것 같은 만족감을 선사한다는 점에서 말이다.

그러나 신낙관주의의 팩트에 어떤 정치적 입장에 이르게 하는 해석이 결부돼 있었듯이, 《지구를 위한다는 착각》이 너무나도 당당히 팩트, "주류 과학"이라고 포장한 것들 가운데에는 저자의 입맛에 맞게 왜곡된 정보들이 적지 않다.

《지구를 위한다는 착각》의 착각

《지구를 위한다는 착각》이 출간될 즈음인 2020년 6월, 경제지 〈포브스〉에 셸렌버거의 기사가 실린다. 〈환경운동가들을 대신해, 그동안의 기후 공포에 사과한다On Behalf of Environmentalists, I Apologize for the Climate Scare〉라는 제목의 이 글에서 셸렌버거는 환경주의자들이 숨겨 왔기 때문에 사람들이 잘 알지 못했을 환경 관련 팩트를 폭로하겠다고 나선다.[1] 이 기사는 자기 홍보에 관한 편집 지침을 위반한 이유로 추후 게재가 취소됐지만, SNS에서 단시간에 20만 회 이상 공유되며 주목을 받았고, 많은 기후과학자들이 그의 주장에 대한 팩트체크에 나섰다.[2] '기후피드백climatefeedback.org'이라는 팩트체크 사이트의 기후과학자 리뷰어들은 〈포브스〉에 게재된 셸런버거의 기사에 -1.2점을 매겼다.[3] 리뷰어로 참가한 일곱 명의 과학자들이 대체로 이 기사의 과학적 신뢰도가 낮다고 평가한 것이다. 이 팩트체크 기사의 제목이 그들의 입장을 잘 대변하고 있다.

"마이클 셸런버거의 기사는 기후변화에 대한 오해와 지나치게 단순한 주장을 공고히 하기 위해 정확한 주장과 부정확한 주장을 뒤섞는다Article by Michael Shellenberger Mixes Accurate and Inaccurate Claims in Support of a Misleading and Overly Simplistic Argumentation about Climate Change."

이들의 지적은 셸런버거가 그저 오류를 범했다는 데에서 그치지 않는다. 이 기사의 요약본을 보면 "맥락을 결여하거나 데이터를 체리피킹하며, 다른 관련 있는 과학적 연구는 간과함으로써 독자를 오도"하고 있다는 것이다. 이들은 그 자체로는 참이어도 부적절한 맥락 속에 배치되면 의미가 달라지는 팩트의 오용까지 지적한다. 〈포브스〉 기사와 비교해 훨씬 많은 지면이 사용된 셸런버거의 책《지구를 위한다는 착각》은 과학자들의 혹평을 받은 그 기사에 비해서는 더 많은 맥락적 정보를 제공하고 있지만, 조금의 수고를 들이면《지구를 위한다는 착각》에서조차 기후피드백에서 제기된 오류들 가운데 상당수가 반복되고 있음을 알아챌 수 있다.

맥락을 벗어난 인용

지구온난화의 현실성을 가장 극적으로 보여 준 사건인 캘리포니아주 대형 산불 사태에 대해 셸렌버거가 펼친 주장을 살펴보자. 〈포브스〉 기사에서 셸렌버거는 2020년 여름 미국 서부를 강타한 화재를 보며 기후변화의 위험을 현실적으로 체감했던 사람들에게 "기후변화가 아니라 나무 연료의 축적과 숲 근처에 더 많은 집들이 생긴 사실이, 왜 호주와 캘리포니아에 더 많고 위험한 화재가 발생하는지를 설명한다"고 말한다. 환경주의자들이 숨기는 팩트를 자신이 폭로하는 것이라며.[4]《지구를 위한다는 착각》에서는 미국지질조사국U.S. Geological Survey 소속 과학자 존 킬리Jon Keeley의 인터뷰와 연구를 인용해 자신의 주장을 뒷받침한다.

한편 지구가 불타고 있다는데 그 실상은 어떨까? 미국지질조사국 소속 과학자 존 킬리 박사는 캘리포니아에서 40년 넘게 화재 문제를 연구해 온 사람이다. 그가 내게 한 말은 이렇다. "우리는 캘리포니아주 전체의 화재와 기후 역사를 살펴봐 왔습니다. 그런데 주 대부분, 특히 캘리포니아주 서쪽을 놓고 보면 기후와 화재 사이에 연관이 있는 해는 단 한 해도 없었습니다."

 2017년 킬리가 꾸린 과학 연구팀은 미국 전역의 37개 지역을 대상으로 모델링을 수행했다. 그렇게 확인된 결과에 따르면 "인간은 산불에 영향을 미칠 뿐 아니라, 인간 존재가 미치는 영향은 기후변화로 인한 영향을 능가하거나 무의미하게 만들 정도로 강력하다." 킬리 연구팀에 따르면 화재의 빈도와 심각도에 영향을 미친다고 통계적으로 확인되는 유일한 지표는 인근에 거주하는 인구수와 개발 진행 정도였다.[5]

 타오르는 캘리포니아 숲의 시각적 충격이 기후변화와는 별로 상관없었다니, 연일 화재를 보도하며 기후위기의 심각성에 대해서 떠들던 언론과 환경운동가들에게 우리가 속은 걸까? 여기서 셸렌버거가 인용하는 존 킬리의 연구는 2017년 《국제산불저널 International Journal of Wildland Fire》에 게재된 논문, 그리고 《미국국립과학원회보 PNAS》에 게재된 논문이다. 하지만 두 논문 중 그 무엇

---

5 《지구를 위한다는 착각》, 39~40쪽.

도 실제로는 캘리포니아주의 산불과 기후가 상관이 없다는 단호하고도 용감한 주장을 하지 않는다.

《국제산불저널》의 논문은 화재와 기후 변수 사이의 관계가 기후 구역별로, 그리고 시기별로 달랐다는 내용을 담고 있다.[5] 주 전체를 단위로 분석했을 때는 사계절의 기후 변수들이 모두 화재로 연소된 땅의 면적과 유의한 상관이 있었지만, 기후적 특징이 비슷한 기후 구역별로 나누어 분석했을 때는 화재와 기후 변수 사이의 관계를 통계적으로 유의미하게 설명하지 못했다는 식이다.[6] 저자들에 따르면, 고도가 높은 산림 구역에서는 봄과 여름의 기온이 연소 면적과 긴밀한 상관이 있었고, 남쪽 구역에서는 20세기 초까지 기후와 화재 사이에 별 상관이 없었다가 지난 50년 동안은 전년도의 강수량이 화재를 설명하는 변수로 부상했다. 저자들이 분석한 모형에서 기온이나 강수량 등 기후 변수들은 1960년 이후 약 50년 동안 연간 연소 면적의 분산을 미국삼림국**USFS** 보호 지역 기후 구역별로 26~52퍼센트, 캘리포니아 산림 보호 및 화재 예방국**Cal Fire** 보호 지역에서는 15~32퍼센트 설명하고 있다.[6]

《미국국립과학원회보》에 게재된 논문의 내용도 기후변화가 산

---

6 분산: 통계학 개념으로, 어떤 변수가 평균으로부터 떨어진 정도를 나타낸다. 독립 변수(여기서는 기후 변수들)가 다른 종속 변수의 분산을 (예컨대 본문에서와 같이 26퍼센트) "설명"한다고 하면, 그만큼의 종속 변수의 변화를 독립 변수의 변화로 예측할 수 있다는 의미다.

불에 미치는 영향이 무의미하다는 것이 아니다.[7] 저자들이 미국 전역 37개 지역을 대상으로 분석을 수행한 결과, 기후와 화재 사이에서 상관관계가 발견됐다. 미연방 기관들이 제공하는 데이터에서 기후 변수는 37개 지역에 걸쳐 평균적으로 연소 면적 비율의 분산을 29퍼센트 설명했다. 보다 짧은 시계열의 FPA-FOD**Fire Program Analysis Fire-Occurrence Database**로 분석을 수행한 결과는 마찬가지 분산을 기후 변수가 평균적으로 42퍼센트 설명한다는 것이었다. 다만 저자들은 기후 변수의 설명력이 지역별로 큰 차이가 난다는 점 또한 발견했다. FPA-FOD 데이터를 기준으로, 17개 지역 중 6개 지역은 기후 변수가 연소 면적 비율을 50퍼센트 이상 설명해 내는 반면, 3개 지역은 10퍼센트 이하밖에 설명하지 못했다. "인구수와 개발 진행 정도"가 "유일"하게 통계적으로 유의한 영향을 미쳤던 종속 변수는 "화재의 빈도와 심각도"가 아니라, 이 기후 변수의 설명력이었다. "인간 존재가 미치는 영향은 기후변화로 인한 영향을 능가하거나 무의미하게 만들 정도로 강력"하다는 존 킬리의 말은 이상의 분석 결과에 대한 저자들의 해석이었다. 전반적으로 기후는 화재에 분명한 영향을 미치지만, 기후의 영향력은 균일하지 않고, 때로는 큰 힘을 발휘하지 못하기도 한다는 의미다. 때문에 이 연구로부터 우리가 얻을 교훈은 기후변화의 영향을 인간 활동이 조절한다는 사실을 이해하고, 화재가 발생하는 패턴을 더 정치하게 파

6장 《지구를 위한다는 착각》
은 무엇을 착각했나

악해 대응해야 한다는 것 정도다. 기후변화가 캘리포니아 화재와 상관이 없다는 말과는 상당한 거리가 있는 내용이다.

셸렌버거는 과거 경제학자 테드 노드하우스Ted Nordhaus와 공동으로 브레이크스루연구소Breakthrough Institute를 설립했다. 그와 마찬가지로 에코 모더니즘의 가치를 공유하는 이 브레이크스루연구소에 소속된 기후과학자 지크 하우스파더Zeke Hausfather는 지금은 이 연구소를 나간 셸렌버거를 비판하는 입장이다. 그는 기후변화가 아닌 나무 연료 축적 및 인구 증가가 화재가 더 심각해진 이유라는 셸렌버거의 주장이 "잘못된 이분법"이라고[8] 말한다. 물론, 낙엽과 나뭇가지 등 나무 연료의 축적은 산불의 확대를 설명하는 중요한 요인이다. 하지만 하우스파더는《미국국립과학원회보》에 게재된 존 아바초글루John Abatzoglou 등의 연구를 인용하며,[9] 기후변화는 1970년대 이후 연료 건조도 상승의 절반 이상을 설명하며 결과적으로 산림 화재 면적을 증가시키는 원인으로 작용했다는 사실을 지적한다. 현상을 설명하는 데에 항상 단 하나의 진정한 궁극적 원인이 있다고 생각한다면, 그건 오해다.

나무 연료의 축적과 기후변화 모두가 산불 확대의 원인으로서 서로 상호작용한다는 점이 셸렌버거의 주장에서는 깊이 고려되지 않았다. 셸렌버거는 존 킬리로부터 "지난 50여 년 동안 봄과 여름 기온은 매년 발생하는 화재의 50퍼센트를 설명해 주는 지표가 되었"다는[7] 대답을 듣고도, "만약 우리가 지난 20세기부터 산에 나무 연료가 쌓이도록 내버려 두지 않았더라도 시에라네바다산맥에 이렇게 큰 산불이 발생했을까Would we be having such hot fires in the Sierra, (I asked,) had we not allowed wood fuel to build up over the last century?"라는[8] 반문을 던지며, 나무 연료의 축적이 마치 산불 사태의 가장 결정적이고 궁극적인 원인인 듯한 인상을 전달하는 방식으로 킬리와의 문답을 재전유한다. 킬리의 대답은 이렇다. "어쩌면 아닐지도 몰라요Maybe you wouldn't."[9] 하지만 나무 연료와 기후변화가 각각 산불 사태의 원인으로 작용한다는 점이 서로 배타적인 사실이 아니라는 점을 고려하는 우리는 셸렌버거와는 달리 이렇게 질문할 수도 있다. "유례없는 기후변화가 아니었다면 캘리포니아 산불이 이렇게까지 크게 번졌을까요?" 아마 이 질문에 대한 유력한 대답도 "어쩌면 아닐지도 몰라요"가 아니었을까. 하우스파더가 인용한 아바초글루 등의 연구에서는 인간에 의한 기후변화가 1984~2015년 누적 산불 면적을 거의 두 배로 늘렸다고 진단한다.[10] 그렇다고 해서, 나

---

7   《지구를 위한다는 착각》, 68쪽.

8   Michael Shellenberger, *Apocalypse Never*, Harper, 2020, p.20. (한국어판 68쪽 "만약 우리가 20세기 중반부터 산에 낙엽과 나뭇가지 등이 쌓이도록 내버려 두지 않았다면 시에라네바다산맥에 이렇게 큰 산불이 발생하는 일도 없지 않았을까"에 해당하는 내용이다.)

9   *Apocalypse Never*, p.20. (한국어판 68쪽 "어쩌면 산불이 안 났을지도 몰라요"에 해당하는 내용이다.)

6장 《지구를 위한다는 착각》 은 무엇을 착각했나

무 연료의 누적과 인구적 변화가 캘리포니아 산불의 확대에서 한 역할이 사소하다는 의미는 아니다. 셸렌버거가 나무 연료와 인구 변화의 역할을 이유로 기후변화의 영향을 축소하고 있는 것과는 달리 말이다.

허수아비 공격

셸렌버거는 기후변화가 산불 이외의 기상이변 및 자연재해에 미치는 영향에 대해서도 오해의 여지가 큰 주장을 펼친다.《지구를 위한다는 착각》의 추천사를 쓰기도 했던 MIT 대기과학 교수 케리 이매뉴얼Kerry Emanuel은 "기후변화는 자연재해를 악화시키고 있지 않"다는[11] 셸렌버거의 기사에 대해서 "명백히 거짓"이라고[12] 잘라 말한다. 그러나 셸렌버거는《지구를 위한다는 착각》에서도 비슷한 주장을 반복한다. "기후변화는 지금까지 많은 유형의 극단적 기상 현상의 빈도나 강도를 증가시키지 않았다But climate change so far has not resulted in increases in the frequency or intensity of many types of extreme weather"며[10] 그는 정치학자 로저 펠키 주니어Roger Pielke

---

10   *Apocalypse Never*, p.20 (한국어판 57쪽에 "하지만 이는 기후 변화가 수많은 기상이변의 발생 빈도나 강도를 높이는 결과를 낳았다는 말과 상당히 거리가 있다"에 해당하는 내용이다.)

Jr.의 말을 인용한다. "펠키의 설명에 따르면 기후변화정부간협의체는 '홍수, 가뭄, 허리케인, 토네이도의 빈도나 강도가 치솟았다는 주장을 뒷받침하는 근거는 희박하다'고 결론 내렸다"는[13] 것이다. 기후변화정부간협의체Intergovernmental Panel on Climate Change, IPCC의 보고서를 직접 인용하지도 않고, 기후과학자도 아닌 정치학 박사의 2014년 발언을 빌려서 요약하는 것이, 셸렌버거가 《지구를 위한다는 착각》 서문에서 한 장담처럼 "현재 이용 가능한 최고의 과학 지식에 근거"한 주장인지는 매우 의심스럽다.

2021년에 발표된 IPCC 제1실무그룹의 6차 평가보고서는 "인간이 유발한 온실가스 배출이 산업화 이래 몇몇 기상 및 극한 기후 현상의 빈도와 강도를 증가시켜 왔다는 것은 확립된 사실"이라고[14] 말한다. 또한 "최근 몇몇 극한 고온 현상은 기후시스템에 대한 인간의 영향이 없었다면 발생할 가능성이 극도로 낮았을 것이며, "강우 현상의 빈도와 강도는 관측 영역이 잘 확보된 대부분의 육지에 걸쳐 전 지구적 규모로 증가했을 가능성이 높다고 서술한다.

한편, 2013년에 출간된 IPCC 5차 보고서가 "홍수, 가뭄, 허리케인, 토네이도의 빈도나 강도가 치솟았다는 주장을 뒷받침하는 근거는 희박하다"고 결론 내렸다는 펠키의 진술은 대체로 사실과 부합한다. 그러나 증거의 부재가 곧 부재의 증거는 아니다. 따라서 "기후변화는 지금까지 많은 유형의 극단적 기상 현상의 빈도나 강도를 증가시키지 않았다"는 셸렌버거의 진술은 IPCC 5차 보고서의 결론에 대한 다소 과격한 해석이다.

무엇보다 기후변화의 위협에 대해 우리가 우려하는 까닭은 그것이 지난날까지 미친 영향보다는 점점 더 광범위하고 뚜렷해질 미래의 영향과 관련 있다. 그러므로 기상 현상의 미래 전망을 언급하지 않고 그 의의를 평가한다면, 상당히 왜곡된 결론에 도달할 수 있음을 우려하지 않을 수 없다. 셸렌버거가 인용한 펠키의 발언은 그 팩트는 틀리지 않았을지 모르지만, 우리의 이해관심에 직결된 핵심 사실이 누락되었기에 문제적이다. 동시에, 펠키가 언급한 5차 보고서는 신뢰도에 있어 높은 평가를 받지는 못했지만, 21세기 후반 가뭄의 강도와 지속 기간은 국지적 세계적 단위로 증가할 것이라는 전망을 내놓았으며, 허리케인 등 강력한 열대성 저기압 활동에 대해서는 21세기 후반 북서태평양과 북대서양에서 증가할 가능성이 증가하지 않을 가능성보다 높다고 판단했다.[15]

IPCC 6차 보고서에 따르면, 5차 보고서가 발행된 이후 극한 기후 현상의 추세를 이해하는 데 중요한 발전이 있었다. 비록《지구를 위한다는 착각》이 IPCC 6차 보고서보다 먼저 출간됐다 하더라도, 5차 보고서와 6차 보고서 사이 8년의 시간 동안 추후 6차 보고서에 인용될 무수한 연구들이 이루어졌고 전 세계의 주목을 받았다. 게다가《지구를 위한다는 착각》에서 셸렌버거는 자신이

2020년 1월 IPCC 6차 보고서의 검토자였다고 밝힌다.《지구를 위한다는 착각》은 2020년 6월 출간됐다.

6차 보고서는 5차 보고서와 달리 가뭄, 열대성 저기압 등 여러 극한 기후 현상에 인간이 미치는 영향에 관해 최신 과학 지식을 반영했다고 밝히고 있다. 그 결과, 열대성 저기압의 지난 추세에 대해서 6차 보고서는 "범주 3-5의 열대성 저기압의 사례와 (열대성 저기압 강도의) 급격한 강화가 발생하는 빈도가 지난 40년 동안 전 세계적으로 증가했을 가능성이 높다"고 평가하기에 이르렀으며, 수문학적 가뭄hydrological drought은 일부 지역에서만 증가 추세가 나타났지만, 농업가뭄agricultural drought과 생태적 가뭄ecological drought은 북부 호주를 제외한 모든 대륙에서 중간 신뢰도의 증가 추세가 발견되었다고 말한다. 여러 극한 현상이 복합적으로 발생하는 복합 현상도 증가했다. 6차 보고서는 열파와 가뭄의 동시다발적 발생이 더 빈번해졌다고 말하며, 폭풍해일, 폭우 등과 연계된 복합 홍수의 가능성에 대해서도 중간 수준 신뢰도로 일부 지역에서 증가했다고 평가한다.

그러니 극한 기후 현상들에 관한 한 IPCC가 그 "빈도나 강도가 치솟았다는 주장을 뒷받침하는 근거는 희박하다"고 결론 내렸다는 펠키의 발언은, 이제는 다소 시의성이 떨어지는 주장인 셈이다.

6장《지구를 위한다는 착각》
은 무엇을 착각했나

인터뷰이가 반박하는 인용

셸렌버거의 주장 가운데에는 명백하게 틀린 사실도 있지만, 팩트 물신주의 비평의 견지에서 더 이목을 끄는 건, 사실이긴 하되 그 사실이 의미를 부여받는 사실관계의 구조를 오해하게끔 전유된 맥락, 혹은 탈맥락이다. 그의 주장이 그 자체로는 과학적 사실과 부합하지만 적절한 맥락이 누락되면서 사람들의 판단을 그르치는 사례를, 우리는 《지구를 위한다는 착각》의 〈2장 지구의 허파는 불타고 있지 않다〉에서 찾을 수 있다.

> 2019년 늦여름 아마존 열대우림 화재가 대중적 관심을 끌기 시작했고, 나는 댄 넵스태드에게 전화를 걸어 기본적인 사실관계를 확인하기로 했다. 넵스태드는 IPCC가 최근 발표한 아마존에 대한 보고서의 주저자로 잘 알려진 인물이었다. 나는 그에게 아마존이 지구 전체 산소의 주요 공급원이라는 말이 사실이냐고 물었다.
> "헛소리예요." 넵스태드가 말했다. "그 말에는 과학적 근거가 없어요. 아마존이 생산하는 산소가 엄청나게 많은 건 맞지만 호흡하는 과정에서 산소를 빨아들이니까 결국 마찬가지입니다."[11]

---

11 《지구를 위한다는 착각》, 87쪽.

위의 진술로부터 독자는 대략 이런 함축적 의미를 읽어 낸다. "주류 환경주의자들은 아마존이 지구의 핵심적인 산소 공급원으로서 허파 역할을 해 왔다는 사실을 근거로 아마존 열대우림에서 이뤄지는 개발에 맹목적으로 반대해 왔지만, 그들의 근거는 과학적으로 뒷받침되지 않는 헛소리이며, 따라서 아마존 보호를 위해 핏대 높이는 그 주장도 필요 이상으로 과장됐다."

많은 사람들이 관용적으로 아마존을 "지구의 허파"에 빗댄 것은 사실이다. 그러나 아마존의 파괴와 관련해 기후과학자들과 활동가들이 가장 크게 우려하는 것은 그 산소 공급 기능이 아니다. 아마존의 파괴가 우리의 우려와 직결되는 것은 주로 그것이 야기할 생물다양성의 큰 손실과 탄소 배출이다. 벌목과 기후변화 등으로 아마존이 사바나 초원과 같은 생태계로 바뀌어 버리면, 아마존 숲이 수행하던 탄소 저장 기능이 망가진다. 2000년 이후 아마존 열대우림의 4분의 3 이상이 회복력을 잃고 있다는 연구를[16] 《네이처》계열의 〈네이처 기후변화Nature Climate Change〉에 발표한 연구자 크리스 불턴Chris A. Boulton은 아마존의 사바나화에 대해 이렇게 말했다. "아마존은 많은 양의 탄소를 저장하고 있는데, 그 모든 탄소가 대기 중으로 방출되어 기온 상승에 기여하고 장래 지구 평균 기온에 영향을 미칠 것"이라고[17] 말이다. 아마존이 기후변화를 가속하는 탄소 배출원으로 바뀌게 된다는 것이다. 기후과학자 하우스파더도 지적하듯, "벌목과 기후변화의 결합이 이번 세기 내에 아마존의 상당 부분을 사바나와 같은 생태계로 전환시킬 현실적 위험"은[18] 맹목적 기후 활동가들만이 아니라 과학자들까지 우려하고 있는 문제다.

덧붙이자면, 셸런버거에게는 《지구를 위한다는 착각》에서 인용한 넵스태드와의 인터뷰를 오용해 아마존 열대우림의 사바나화에 대한 진지한 우려를 부정한 전력이 이미 있었다. 2019년 8월 26일, 아마존 화재를 다룬 〈포브스〉 기사 〈지구의 허파라는 말을 포함해, 그들이 아마존에 관해 말하는 모든 것이 틀린 이유〉에서였다. 그는 〈뉴욕 타임스〉 기사 내용을 반박하기 위해 다음과 같이 넵스태드의 발언을 인용한다.

열대우림이 상당량 사라지고 회복하지 못하게 되면 탄소를 많이 저장하지 않는 사바나가 되고, 이는 지구의 허파 기능이 감소됨을 의미한다는 〈뉴욕 타임스〉의 주장은 어떨까? 그 또한 사실이 아니고, 가장 최근 기후변화에 관한 정부간 패널 보고서의 주저자인 넵스태드는 말했다. "아마존은 많은 양의 산소를 생산하지만, 그건 콩 농장과 (가축) 목초지도 마찬가지입니다."[12]

---

12 Michael Shellenberger, "Why Everything They Say about the Amazon, Including That It's the 'Lungs of the World', Is Wrong", *Forbes*, 2019. 8. 26.

이 기사에서 인용된 넵스태드의 발언은 인터뷰 원문에서[19] 확인할 수 있다. 그 내용을 살펴보면 넵스태드의 발언은 아마존이 지구의 허파라는 주장, 즉 지구의 주요 산소 공급원이라는 생각에 대한 반박이었지, 사바나화가 야기할 피해를 부정하는 내용이 아님을 알 수 있다. 2019년 8월 27일 온라인에 게재된 반박 기사에서 넵스태드는 오히려 "사바나화savannization라고 종종 일컬어지는 아마존의 황폐화는 아마존 숲에 가장 큰 위협"이라고[20] 말한다. 그는 자신의 트위터 계정에 셸렌버거의 〈포브스〉 기사가 "내 발언을 문맥을 벗어나게 인용했고, 내가 말하지 않은 것들을 내게 돌렸다"는[21] 말을 남기는가 하면, 팩트체크 전문 매체 〈스놉스Snopes〉에 셸렌버거와의 인터뷰를 "내가 한 가장 경솔한 인터뷰 중 하나"라고[22] 평하기도 했다. 넵스태드를 인용한 부분은 셸렌버거의 탈맥락이 분명하게 틀린 정보를 생산한 예다.

"여섯 번째 대멸종은 취소되었다"라는 제목을 붙인 《지구를 위한다는 착각》의 4장에서도 팩트를 오용하는 탈맥락이 독자를 잘못된 길로 안내한다. 셸렌버거는 다음과 같이 말한다.

생물종이 사라지는 속도가 갈수록 빨라지고 있으며 "육상 생물 50만여 종이 (중략) 이미 멸종위기에 처해 있을 수 있다"라는 주장은 이른바 '종-면적 모델'에 근거한 것이다. (중략) 다행히 종-면적 모델의 가정은 틀린 것으로 판명났다. 2011년 영국의 과학 학술지 《네이처》에 〈종-면적 관계 이론은 서식지 상실에 따른 멸종률을 언제나 과대 추산한다〉라는 제목의 논문이 실렸다. 이 논문에서 저자들은 멸종이 벌어지기 위해서는 "이전에 생각했던 것보다 훨씬 큰 서식지 상실이 필요하다"는 것을 보여 준다.[13]

여기서 그가 일컫는 종-면적 모델이란, 서식지의 면적과 종의 수 사이의 관계에 관한 것으로, 개별 생물종의 멸종 여부를 하나하나 직접 파악하지 않고 손실된 서식지의 면적을 이용해 간접적으로 파악하는 추정 방법이다. 이 방식에 오류가 있다는 것이 셸렌버거의 지적이다.

여섯 번째 대멸종이 진행 중이라는 일각의 주장이 종-면적 모델에만 의존하는 건 아니다. 최근 여섯 번째 대멸종과 관련한 문헌들에서 가장 빈번히 인용되는 논문 중 하나는 다름 아닌 셸렌버거가 종-면적 모델 바로 다음 페이지에서 멸종위기가 과장되었다는 자신의 주장을 뒷받침하기 위해 이용한[14] 논문 〈가속되는 현대 인류에 의한 종 손실Accelerated Modern Human-Induced Species Losses〉이다. 세계자연보전연맹IUCN의 적색목록Red List 자료를 분석한 이 논

---

13   《지구를 위한다는 착각》, 153~154쪽.

14   《지구를 위한다는 착각》, 155쪽.

문은 1500년 혹은 1900년 이후 척추동물의 멸종률이 인간의 영향 없이도 자연적으로 발생하는 배경멸종률background extinction rate이었다면 그 동물들이 멸종하는 데 거의 수천 년이 걸렸어야 한다고 계산한다.[23] 그러나 실제로는 수천 년이 아니라 수백 년에 걸쳐 멸종했으므로 그 사실은 여섯 번째 대멸종이 진행 중임을 시사한다. 셸렌버거가 "여섯 번째 대멸종이 취소되었다"고 말하기 위해 인용한 것과 같은 자료를 가지고 과학자들은 오히려 여섯 번째 대멸종을 걱정하고 있는 것이다.

취소되지 않았다

셸렌버거가 인용한 논문의 저자들 역시 그의 팩트 오용을 지적한 바 있다. 셸렌버거는 《네이처》 논문 〈종-면적 관계 이론은 서식지 상실에 따른 멸종률을 언제나 과대 추산한다Species–Area Relationships Always Overestimate Extinction Rates from Habitat Loss〉를[24] 인용하며 종-면적 모델의 가정이 틀렸다고 지적한 앞의 본문 이후에 다음과 같이 말한다.

실제로 전 세계 도서지역의 생물다양성은 평균 두 배가량 상승했다. 이는 역설적이게도 '외래종'이 들어온 덕분이다. 식물의 경우 한 종

이 멸종할 때마다 대략 100여 종의 새로운 종이 유입된다.[15]

환경과학자 피터 글릭**Peter Gleick**은 셸렌버거가 종 부유도**species richness**와 생물다양성의 개념을 혼동하고 있다며, 이런 셸렌버거의 진술이 "이상한 논리"라고 지적한다.

이 이상한 논리에 따르면, 만약 한 섬에 10종의 토착종 조류가 있었다가, 이들이 모두 멸종하는 대신 20종의 외래종 조류가 들어오면 그 섬의 종 다양성은 두 배로 증가한 것이다. 이런 오류는 그가 자신이 인용한 연구를 오해한 까닭에 생긴다. 그 연구는 단순히 도서지역의 종의 수(즉 생물다양성이 아닌 부유도)만을 보는 것은, 고유종 상호작용의 붕괴, 생태계 안정성의 약화, 생태계 기능의 변화, 동식물군의 균질화 등 외래종이 야기하는 종 다양성의 중대한 문제들을 무시하게 만든다고 적절하게 지적하고 있다.[16]

이 인용문들에서 셸렌버거와 글릭 모두가 언급한 논문의[25] 저자

---

15 《지구를 위한다는 착각》, 154쪽.

16 Peter Gleick, "Book Review: Bad Science and Bad Arguments Abound in 'Apocalypse Never' by Michael Shellenberger", *Yale Climate Connections*, 2020. 7. 15.

중 한 명인 도브 삭스**Dov Sax**는 〈스놉스〉에 도서지역과 같은 일부 지역의 생물다양성 증가는 전 지구적 멸종률에 대해서는 아무것도 알려 주지 않는다고 말한다. 또 다른 저자인 제임스 브라운**James Brown**도 마찬가지로 셸렌버거가 언급한 종-면적 모델의 오류는 "오늘날 대부분의 (자연)보전 문제와 큰 관련이 없다"고[26] 말한다. 여기서도 셸렌버거가 인용한 연구의 저자가 오히려 그의 탈맥락을 지적하고 있다.

셸렌버거의 탈맥락은 계속 이어진다.

> 생물다양성과학기구는 종, 멸종, 생물다양성 연구를 주요 목표로 삼는 과학기구가 아니다. 그런 역할은 세계자연보전연맹에 속한다. 이 기구는 전체 생물종 가운데 6퍼센트가 멸종위급, 9퍼센트가 멸종위기, 12퍼센트가 멸종취약 상태에 놓여 있다고 주장한다.
>
> 세계자연보전연맹은 1500년대 이후 식물, 동물, 곤충 112,432종 가운데 0.8퍼센트가 절멸한 것으로 추산한다. 비율로 환산해 보면 매년 2종 미만, 0.001퍼센트만이 멸종하는 셈이다.[17]

---

[17] *Apocalypse Never*, p.65. 앞부분은 한국어판 155쪽 "생명다양성과학기구는 종, 멸종, 생물다양성 연구를 주요 목표로 삼는 과학기구가 아니라 세계자연보전연맹 산하 단체다"에 해당하는 내용이다.

6장 《지구를 위한다는 착각》
은 무엇을 착각했나

여기서 셸렌버거가 인용한 숫자들은 그가 《지구를 위한다는 착각》을 집필할 당시를 기준으로는 대체로 참인 팩트였을 것이다. 문제는 다시, 팩트 그 자체는 참일지라도 그 의미와 중요도를 평가하는 데에는 적절한 기준이 필요하다는 점이며, 셸렌버거의 팩트에선 이런 맥락적 정보가 누락되어 있다는 점이다.

긴 지구의 역사 동안 여러 종이 새로 생겨나고 사라지는 사건이 거듭돼 왔다. 대멸종Mass Extinction은 비교적 단기간에 생물종의 상당수인 75퍼센트 이상이 멸종하는 사건이다. 고생물학적인 의미에서 '단기간'은 지질학적 시간 단위에 비추어 짧다는 뜻으로, 보통 200만 년 미만으로 간주된다.[27] 따라서 멸종률 수치의 의미를 적절히 해석하려면, 고생물학적 지질학적 규모와 관련지어 그 크기를 비교해야 한다. 과거의 화석 기록 등을 근거로 학자들은 1개 종이 지속되는 수명이 100만 년에서 1000만 년 정도일 때의 멸종률을 배경멸종률로 간주해 왔다.[28] 이는 1년 동안 100만 종 가운데 1개 종이 멸종하는, 100만종년당 1종(1E/MSY; 1 extinction per million species-years)의 비율이다. 여섯 번째 대멸종은 인류의 산업활동이 생태계에 미치는 영향이 폭발적으로 커지기 시작한 최근 수백 년 혹은 100년 정도의 시간 동안 진행되기 시작한 일이므로, 비교의 편의를 위해 이 비율을 100년을 단위로 환산하면, 배경멸종률은 100년 동안 1만 종 중 1개 종이 멸종하는 것과 같은 비율이라고 할 수 있다. 셀렌버거가 이야기한 11만여 종 중 "매년 2종"은 얼핏 보기에는 작은 수치지만, 100만종년당 멸종수로 환산하면 17.8E/MSY, 즉 100년 동안 1만 종 중 약 17.8개 종이 멸종한다는 것과 같은 의미다.

셀렌버거처럼 세계자연보전연맹의 적색목록에 등록된 멸종 사례를 분석했지만, 그와는 달리 여섯 번째 대멸종이 진행 중임을 시사하는 결과를 내놓았던 헤라르도 세바요스Gerardo Ceballos 등의 연구가 가장 보수적으로 추산한 결과가 1500년 이후 척추동물의 멸종률이 100만종년당 16종, 즉 16E/MSY이라는 점을[29] 고려하면 17.8E/MSY은 적어도 작은 수치는 아니다. 해당 연구는 척추동물의 배경멸종률을 2E/MSY으로 간주한다. 이에 따라 100만종년당 16종은 인간의 영향 없이 자연적으로 발생했을 멸종률에 비해 여덟 배 이상 높은 비율이다. 더 큰 문제는 멸종률이 최근으로 올수록 더 증가하고 있으며, 앞으로도 당분간은 증가할 가능성이 높다는 점이다.

세바요스 등의 연구가 계산한 1900년 이후 척추동물의 멸종률은 44E/MSY으로, 배경멸종률의 22배에 이른다.[30] 2020년 세바요스 등의 후속 연구는 29,400종의 육상 척추동물 중 515종이 1천 마리 미만의 개체가 남아 있는 상태로 멸종의 언저리에 있다고 파악했다.[31] 그리고 해당 종들이 2050년까지 완전히 멸종하게 된다면,

6장 《지구를 위한다는 착각》
은 무엇을 착각했나

1900년 이후의 멸종률은 배경멸종률의 117배에 이르게 될 것으로 추산한다. 앞으로 멸종률이 이렇게 가파른 기울기로 증가하게 될 경우 "이번 세기 중간까지는 모든 종의 5분의 1이, 세기말까지는 절반 이상이 멸종위기 상태에 처하게 될 것이라는 예측"은[32] 더 이상 터무니없는 말이 아니게 된다. 셸렌버거의 자신 있는 단언과는 달리, 여섯 번째 대멸종은 진지한 생태학자들 다수가 우려하고 있는 문제인 것이다.

대멸종은 인간의 타임 스케일 안에서 발생하는 일이 아니기에, 대멸종이 찾아온들 현 세대 내에 혹은 이번 세기 동안 완료되지는 않을 것이다. 2010년 65차 유엔총회의 결의에 따라 설립된 정부 간 국제기구인 생물다양성과학기구IPBES의 2019년 보고서는 당시 세계자연보전연맹 자료에 기초해, 포유류와 조류 등 멸종위험성이 가장 잘 파악된 생물분류군에서 "1500년 이래 약 1.4퍼센트의 종이 멸종했다고 알려져 있다"고[33] 평가한 바 있다. 가장 최근 세계자연보전연맹 적색목록의 분류 통계에[34] 따르면, 150,388종의 생물종 중 약 1.5퍼센트인 2,291종이 "절멸Extinct", "야생절멸Extinct in the Wild", "절멸가능Possibly Extinct", "야생절멸가능Possibly Extinct in the Wild"으로 분류된다. 아직 그 어느 수치도 대멸종의 기준인 75퍼센트에는 한참 이르지 못했다.

다만, 현재 멸종률의 추세가 반전되지 않고 계속 가속 증가한다면, 지난 다섯 번의 대멸종에 버금가는 사건이 수백 년 내에도 발생할 수 있다는 가능성을 과학자들이 진지하게 고려하고 있다는 점을 간과해서는 안 된다. 이미 2011년 《네이처》에 게재된 한 연구는 멸종위기에 이른 생물종들이 이번 세기 동안 모두 멸종하고 그 멸종률이 줄어들지 않은 채 멸종이 계속된다면, 육지 양서류와 조류, 포유류 등의 멸종률이 각각 240~540년 내에 대멸종의 수준에 이르게 될 것이라고 계산한 바 있다.[35]

셸렌버거의 팩트와 관련해 또 하나 고려해야 할 점은, 세계자연보전연맹의 적색목록에 기초한 통계는 자연 세계에서 진행된 멸종률을 편향 없이 보여 주는 정보라고 볼 수 없으며, 오히려 멸종률을 실제보다 작게 추정하고 있을 가능성이 있다는 것이다. 생물학자 로버트 코위**Robert Cowie** 등은 논문 〈여섯 번째 대멸종〉에서 적색목록에 분류된 생물종은 포유류와 조류 등 비해양 척추동물에 치우쳐 있다고 지적한다. 비교적 몸이 큰 이 척추동물들은 대체로 넓은 영역에 걸쳐 생활하며, 때문에 서식지의 파괴로 멸종에 이를 가능성이 비교적 낮은 동물종이기도 하다.[36] 따라서 사람들에게 잘 알려진 척추동물종에 치우친 적색목록 통계를 이용하면 멸종률을 과소 평가할 수 있다는 것이다. 지식 생산 과정에 대한 비판적 검토가 생략된 팩트물신주의의 오류를 경계해야 할 이유는 여기서도 유효하다. 코위 등 저자들은 연체동물의 멸종률 등을 바탕으로 1500년 이후 멸종률을 이미 배경멸종률의 100배 이상에 이르는 수준인 100만종년당 150~260종으로 추산, 인류에게 알려진 약 200만 종 중 7.5~13퍼센트가 이미 멸종했다고 추정한다.[37]

여섯 번째 대멸종의 종막에 이르기까지는 많은 시간이 남았다. 그사이에 생물다양성 보전을 위한 인간의 집합적인 행동과 노력으로 대멸종이 취소될지도 모를 일이다. 그러나 여섯 번째 대멸종이 취소되기 전에 취소됐다고 선언해 버리는 것은 분명히 그런 노력과는 거리가 멀다.

종말은 아니지만

결론적으로 셸렌버거의 주장은 모두 틀렸고, 역시 우리가 익히 생각해 왔던 것처럼 기후변화로 인류의 존속이 위협받는 일이 벌어지게 되는 것일까? 기후변화 때문에 인류의 멸망, 혹은 문명 붕괴가 임박했다는 것은 적어도 기후과학자들 대다수의 여론은 아니며, 이런 점에 관한 한 셸렌버거의 지적이 크게 틀렸다고 할 수만은 없다. 기후변화가 곧 인류 문명 파멸로 이어지는 것은 아니라는 데에 셸렌버거만이 아니라 중도 기후과학자들 다수 역시 동의한다. 그럼 그동안 우리가 들어 온 기후종말론은 무엇이란 말인가?

기후종말론은 지구의 온도가 산업화 이전에 비해 1.5도 혹은

2도 이상 오르면 더 이상 인간의 힘으로 온도 상승을 제어할 수 없는 "티핑 포인트"를 지나게 되어 지구의 기후가 인간이 살기 어려운 수준으로 치닫게 된다고 말한다. 기후 시스템에는 여러 티핑 포인트가 있고, 평균 1~ 2도씨 높아져도 티핑 포인트를 지날 수 있으며, 이미 몇 개는 지났을지 모른다는 가능성을 시사하는 유명한 과학 논문이 실제로 있다. 포츠담기후영향연구소 소속 과학자 윌 스테판Will Steffen과 요한 록스트룀Johan Rockström 등의 논문〈인류세에서 지구 시스템의 궤적Trajectories of the Earth System in the Anthropocene〉이다.[38]

이 논문은 기후변화에 관한 대중 강연이나 언론 보도 등을 통해서 많이 인용되어 왔다. '온실 지구Hothouse Earth'라는 개념을 제시한 이들의 논문은 국제사회의 기후변화 대응의 중요한 준거점이 되어 온 1.5도씨 혹은 2도씨를 티핑 포인트와 연관지으며 기후변화를 인류 문명이 통째로 직면한 존재론적 위협으로 간주하는 기후 담론들의 핵심에 있는 연구라고 할 수 있다. 요한 록스트룀은 2020년 테드 강연에서 이렇게 얘기한다.

우리의 문명 사회는 안정적인 기후와 풍요로운 생명을 기반으로 만들어졌습니다. 모든 것이, 정말 모든 것이 이 상태에 기초해 있습니다. 문명은 골디락스 존에서 번창했습니다. 너무 뜨겁지도 너무 춥

지도 않은 환경이지요. 이것이 우리가 마지막 빙하기 이후 만 년 동안 누려 온 것입니다. 좀 더 확대해 봅시다. 300만 년으로요. (이 동안) 온도는 섭씨 2도 한계를 넘겨 본 적이 없습니다. 지구는 따뜻한 간빙기의 영상 2도에서 빙하기의 영하 4도까지의 좁은 범위 안에서 자기 조절을 해 왔습니다. 지금 우리는 단 세 세대 안에 우리를 3~4도 올라간 세상으로 이끌 경로를 따라가고 있습니다. 우리는 기후 시계를 되감고 있습니다. 100만 년도 아니고, 200만 년도 아니고, 500만에서 1000만 년을요. 우리는 온실 지구를 향해 가고 있습니다. 1도가 오를 때마다, 10억 명의 사람들이 오늘날 우리가 대체로 거주 불가능하다고 여기는 조건에서 살게 될 것입니다. 이건 기후 비상 사태가 아니고, 지구 행성 비상 사태입니다.[18]

온실 지구는 어떤 세상일까? 많은 기후 활동가들이 록스트룀의 이 연구에 감명받은 것은 분명하다. 《지구를 위한다는 착각》의 〈1장 세계는 멸망하지 않는다〉에 인용된 BBC Two의 시사 프로그램에서 급진적 환경운동 단체 멸종저항**Extinction Rebellion**을 대변하는 입장으로 출연한 새라 러넌**Sarah Lunnon**은 "우리가 지금 향하고 있

---

18   요한 록스트룀, 2020년 10월 테드 강연, "10 Years to Transform the Future of Humanity or Destabilize the Planet". youtu. be/8Sl28fkrozE?si=dfO_Fioht5q5_Dlu

는 4도, 4도의 온난화가 실현되면 지구가 어떻게 10억 명이 아니라 5억 명의 인구조차도 부양할 수 있을지 모르겠다고 말하는 과학자들이 여럿 있"다며 "65억 명의 사람들이 죽어 가는"[39] 거라고 발언한다. 셸렌버거가 취재한 결과, 이렇게 말한 러닌이 인용한 과학자가 바로 록스트룀이었다. 그러나 역시 셸렌버거의 취재로 밝혀진 것처럼, 실제 록스트룀의 발언은 "우리가 80억 명의 인구를 또는 그 절반만이라도 부양할 수 있을지 가늠하기란 쉽지 않"다는[40] 것이었다고 한다. 록스트룀은 셸렌버거에게 "4도 오른 지구가 80억 명의 인구를 감당할 수 있다는 과학적 증거를 나는 찾지 못했"다고[41] 말한다.

65억 명이 죽어 가는 것은 아닐지라도, 우리는 40억 명조차 제대로 부양할 수 있을지 알 수 없는 극한의 온난화에 처하는 것일까? 이대로 가면 지구의 미래는 '온실 지구'인 것일까? IPCC 보고서의 필진이었던 마이클 만Michael E. Mann의 2021년 저서 《새로운 기후 전쟁The New Climate War》에 윌 스테판과 록스트룀의 온실 지구 논문에 대한 논평이 등장한다. 지구의 평균 온도가 산업화 이후 급격하게 증가했음을 보여 주는 '하키 스틱' 그래프로 기후변화의 심각성을 일깨우며 기후변화 부정론자들의 표적이 되어 온 인정받는 기후과학자인 마이클 만은 온실 지구 논문이 제기한 연성 파멸soft doom 이론에 대해 다음과 같이 비평한다. "주류 기후과학 연구는 이러한 주장을 지지하지 않는다. 적어도 단기적으로는 그렇다."[42]

마이클 만은 이어서 IPCC 5차 보고서의 주저자였던 기후과학자 리처드 베츠**Richard Betts**의 기사를 인용한다. 그 기사에서 베츠는 온실 지구 논문이 "새로운 모델링이나 데이터 분석보다는 과학 문헌 지식에 기초한 에세이"에[43] 가깝다고 말했었다. 온실 지구를 향해 온난화가 가속되는 경계로 지목된 2도씨라는 기준에 대해서도 베츠는 "극도로 불확실"하며, 무엇보다 이 경계를 넘겨 "자기 영속적인 변화가 수십 년 이내에 시작되더라도, 그 과정은 완전히 진행되려면 오랜 시간이 걸린다. 수세기 또는 수천 년이 말이다"라고[44] 덧붙인다. 2도씨가 불가역적 기후변화를 초래하는 티핑 포인트라는 것도, 2도씨를 넘어가면 피드백 효과로 기후 상승이 또 다른 티핑 포인트를 발동시켜 지구는 해수면의 비약적 상승과 대가뭄을 수반할 "찜통의 계곡"에 빠진다는 것도, 모두 과학적 사실이나 주류 기후과학의 합의가 아닌 저자들의 "추측"이라는 이야기다. 더욱이 이들의 "추측"이 현실이 되더라도, 그 과정은 수백 년, 또는 천년 수준의 긴 시간 동안 전개될 이야기며, 지금 세대가 경험할 임박한 현실이 아니라는 것이다.

기후변화로 인류 문명이 붕괴하고 인류가 멸종하는 일이 적어도 이번 세기 안에 찾아올 가능성을 뒷받침하는 과학적 근거는 없다. 이 점에 관한 한 셸렌버거는 옳았다. 그래서 어쩌면 기후위기로 몇십 년, 혹은 몇 년 안에 인류 문명의 존속을 위협하는 비극적

운명이 결정될 거라고, 그게 주류 기후과학의 상식이라고 착각했던 사람들에게는 《지구를 위한다는 착각》이 하나의 충격요법처럼 기능했을 수 있다. 《팩트풀니스》와 신낙관주의가 많은 사람들이 알지 못했던 진보의 존재를 깨우쳐 주었듯 말이다.

그러나 기후변화를 둘러싼 여러 의제들을 정확하게 이해하고자 하는 목적을 가진 독자라면, 《지구를 위한다는 착각》의 폭로를 비판적으로 독해해야 한다. 셸렌버거는 유엔식량농업기구FAO의 보고서를 중복 인용하며, 기후변화에도 불구하고 식량 생산은 계속 늘어날 것이라고 말한다. 그런데 최근 유엔식량농업기구의 식량 안보 및 영양 현황 보고서를 보면, 식량 안보의 위협 상태를 겪는 사람들이 늘어나고 있다. 전 세계적으로 중간 또는 심각한 수준의 식량 불안food insecurity을 겪은 비율은 코로나19 팬데믹의 발생 이전부터 상승해, 2014년 21.2퍼센트에서 2019년 25.4퍼센트로 증가했고, 2020년과 2021년에는 각각 29.5퍼센트, 29.3퍼센트를 기록했다.[45] 식량 불안이 가장 큰 폭으로 증가한 아프리카에서 이 비율은 7년 사이에 44.4퍼센트에서 57.9퍼센트까지 상승했다. 2000년대까지는 감소하다가 2010년대에 정체하기 시작했던 전 세계 영양 결핍 유병률Prevalence of Undernourishment은 팬데믹을 거친 후 2021년 9.8퍼센트로 증가한 것으로 추정된다.[46] 지역별로는 역시 2015년 15.8퍼센트에서 2019년 17.4퍼센트, 2021년 20.2퍼센트까지 증가한 것으로 추정되는 아프리카가 그 상승세를 견인하고 있다.[47] 그리고 유엔식량농업기구의 보고서는 영양 결핍의 핵심 상관자 중 하나가 극한 기후 현상이라고 보고한다. 2021년 유엔식량농업기구 보고서에 따르면, 2010~2018년 영양 결핍 유병률의 변화 시점 분석 결과, 비율 상승 시점의 발생은 경제 둔화 및 침체, 극한 기후 현상, 분쟁, 이 세 개 변수와 밀접한 관련이 있었고, 87개의 상승 시점 중 56개가 극한 기후 현상에 영향을 받거나, 혹은 극한 기후 현상과 나머지 두 상관자들의 복합과 함께 영양 결핍 유병률의 상승을 겪은 경우였다.[48] 기후는 이미 세계의 가난한 지역들에서 기아와의 싸움을 어렵게 만들고 있는 강력한 요인 중 하나인 것이 분명하다.

당연하게도 기후변화가 야기할 중요한 문제들을 해결하는 데 있어서, 기후변화가 우리 삶에 미칠 영향을 과장 없이 정확하게 이해할 필요는 있다. 기후변화에 관해서라면, 과학적 근거가 없는 침소봉대도 (아마 선한 의도에서 비롯되었을) 정치적 이유로 눈감아주는 관성이 우리의 공론장에 강한 장악력을 발휘하고 있다는 것도 부정하기 힘들다. 하지만《지구를 위한다는 착각》과《지구를 위한다는 착각》의 탈맥락 역시 그런 정확한 이해와는 거리가 멀다. 기후변화가 가져오는 가난한 사람들의 영양 결핍은 더 합리적인 커뮤니케이션을 통해 서둘러 해결해야 할 지구 공동체의 과제다. 팩트를 정확하게 구성하고 사용해야 할 이유가 이토록 분명하다.

6장 미주

1   Michael Shellenberger, "On Behalf of Environmentalists, I Apologize for the Climate Scare", *Environmental Progress*, 2020. 6. 29.

2   Nikki Forrester ed., "Article by Michael Shellenberger Mixes Accurate and Inaccurate Claims in Support of a Misleading and Overly Simplistic Argumentation about Climate Change", *Climate Feedback*, 2020. 7. 6. 참고.

3   위의 글 참고.

4   Michael Shellenberger, 앞의 글(미주 1) 참고.

5   Jon E. Keeley and Alexandra D. Syphard, "Different Historical Fire-Climate Patterns in California", *International Journal of Wildland Fire*, vol. 26, no. 4, 2017, pp.253~268 참고.

6   위의 글 참고.

7   Alexandra D. Syphard, Jon E. Keeley, Anne H. Pfaff and Ken Ferschweiler, "Human Presence Diminishes the Importance of Climate in Driving Fire Activity across the United States", *Proceedings of the National Academy of Sciences*, vol. 114, no. 52, 2017, pp.13750~13755 참고.

8   Nikki Forrester ed., 앞의 글(미주 2) 참고.

9   John T. Abatzoglou and A. Park Williams, "Impact of Anthropogenic Climate Change on Wildfire across Western US Forests", *Proceedings of the National Academy of Sciences*, vol. 113, no. 42, 2016,

pp.11770~11775 참고.

10   Nikki Forrester ed., 앞의 글(미주 2) 참고. 해당 논문은 John T. Abatzoglou, and A. Park Williams, 앞의 글(미주 9).

11   Michael Shellenberger, 앞의 기사(미주 1) 참고.

12   Nikki Forrester ed., 앞의 글(미주 2) 참고.

13   《지구를 위한다는 착각》, 57쪽.

14   S. I. Seneviratne, X. Zhang, M. Adnan, W. Badi, C. Dereczynski, A. Di Luca, S. Ghosh, I. Iskandar, J. Kossin, S. Lewis, F. Otto, I. Pinto, M. Satoh, S.M. Vicente-Serrano, M. Wehner and B. Zhou, "Weather and Climate Extreme Events in a Changing Climate", *Climate Change 2021: the Physical Science Basis. Contribution of Working Group I to the Sixth Assessment Report of the Intergovernmental Panel on Climate Change*(V. Masson-Delmotte, P. Zhai, A. Pirani, S.L. Connors, C. Péan, S. Berger, N. Caud, Y. Chen, L. Goldfarb, M.I. Gomis, M. Huang, K. Leitzell, E. Lonnoy, J.B.R. Matthews, T.K. Maycock, T. Waterfield, O. Yelekçi, R. Yu and B. Zhou eds.), Cambridge University Press, 2021, pp.1513~1766 참고(doi: 10.1017/97810091 57896.013).

15   "IPCC, 2013: Summary for Policymakers", *Climate Change 2013: the Physical Science Basis. Contribution of Working Group I to the Fifth Assessment Report of the Intergovernmental Panel on Climate Change*(T. F. Stocker, D. Qin, G.-K. Plattner, M. Tignor, S.K. Allen, J. Boschung, A. Nauels, Y. Xia, V. Bex and P.M. Midgley eds.), Cambridge University Press, , 2013 참고.

16 Chris A. Boulton,, Timothy M. Lenton and Niklas Boers, "Pronounced Loss of Amazon Rainforest Resilience since the Early 2000s", *Nature Climate Change*, vol. 12, no. 3, 2022, pp.271~278 참고.

17 Helen Briggs, "Amazon Rainforest Reaching Tipping Point, Researchers Say", BBC, 2022. 3. 8.

18 Nikki Forrester ed., 앞의 글(미주 2).

19 Michael Shellenberger, "An Interview with Earth Innovation Founder, Dan Nepstad", *Environmental Progress*, 2019. 8. 25. 참고.

20 Rhett A. Butler, "Michael Shellenberger's Sloppy Forbes Diatribe Deceives on Amazon Fires(Commentary)", *Mongabay*, 2019. 8. 27.

21 넵스태드의 2019년 9월 4일 트위터 멘션. twitter.com/dnepstad1/status/1168928541389590536

22 Alex Kasprak, "Shellenberger's Optimistic, Viral Take on Climate Future Challenged by Scientists He Cites", *Snopes*, 2020. 8. 4. 참고.

23 Gerardo Ceballos, Paul R. Ehrlich, Anthony D. Barnosky, Andrés García, Robert M. Pringle and Robert M. Pringle, "Accelerated Modern Human-Induced Species Losses: Entering the Sixth Mass Extinction", *Science Advances*, vol. 1, no. 5, 2015, e1400253 참고.

24 Fangliang He and Stephen P. Hubbell, "Species-Area Relationships Always Overestimate Extinction Rates from Habitat Loss", *Nature*, vol. 473, no. 7347, 2011, pp.368~371 참고.

25 Dov F. Sax, Steven D. Gaines and James H. Brown, "Species Invasions Exceed Extinctions on Islands Worldwide: a Comparative

Study of Plants and Birds", *The American Naturalist*, vol. 160 no. 6, 2002, pp.766~783 참고.

26   Alex Kasprak, 앞의 글(미주 22). 괄호 부분은 저자가 추가.

27   Anthony D. Barnosky, Nicholas Matzke, Susumu Tomiya, Guinevere O. U. Wogan, Brian Swartz, Tiago B. Quental, Charles Marshall, Jenny L. McGuire, Emily L. Lindsey and Kaitlin C. Maguire, "Has the Earth's Sixth Mass Extinction Already Arrived?", *Nature*, vol. 471, no. 7336, 2011, pp.51~57, p.52 참고.

28   Stuart L. Pimm, Gareth J. Russell, John L. Gittleman, Thomas M. Brooks, "The Future of Biodiversity", *Science*, vol. 269, no. 5222, pp.347~350; Gerardo Ceballos, et al., 앞의 글(미주 23) 참고.

29   Gerardo Ceballos, et al., 앞의 글(미주 23), Table S2 참고. 100년 동안 1만 종 중 2종의 배경멸종률에 비해 여덟 배에 이르는 것으로 계산하고 있다.

30   Gerardo Ceballos, et al., 앞의 글(미주 23), Table S2 참고. 보다 덜 보수적으로 추정한 결과는 53배에 이른다.

31   Gerardo Ceballos, Paul R. Ehrlich and Peter H. Raven, "Vertebrates on the Brink as Indicators of Biological Annihilation and the Sixth Mass Extinction", *Proceedings of the National Academy of Sciences*, vol. 117, no. 24, 2020, pp.13596~13602 참고.

32   위의 글 참고.

33   E. S. Brondizio, J. Settele, S. Díaz and H. T. Ngo eds., "Global Assessment Report on Biodiversity and Ecosystem Services of the Intergovernmental Science-Policy Platform on Biodiversity and

Ecosystem Services", *IPBES*, 2019 참고.

34   *IUCN Red List of Threatened Species Version 2022-2*, 2022. www.
      iucnredlist.org/statistics

35   Anthony D. Barnosky, Nicholas Matzke, Susumu Tomiya, Guinevere
      O. U. Wogan, Brian Swartz, Tiago B. Quental, Charles Marshall,
      Jenny L. McGuire, Emily L. Lindsey, Kaitlin C. Maguire, Ben Mersey
      and Elizabeth A. Ferrer, "Has the Earth's Sixth Mass Extinction
      Already Arrived?", *Nature*, vol. 471, no. 7336, 2011, pp.51~57 참고.

36   Robert H. Cowie, Philippe Bouchet and Benoît Fontaine, "The
      Sixth Mass Extinction: Fact, Fiction or Speculation?", *Biological Re-*
      views, vol. 97, no. 2, 2022, pp.640~663 참고.

37   위의 글 참고.

38   Will Steffen, Johan Rockström, Katherine Richardson, Timothy
      M. Lenton, Carl Folke, Diana Liverman, Colin P. Summerhayes,
      Anthony D. Barnosky, Sarah E. Cornell, Michel Crucifix, Jonathan
      F. Donges, Ingo Fetzer, Steven J. Lade, Marten Scheffer, Ricarda
      Winkelmann and Hans Joachim Schellnhuber, "Trajectories of the
      Earth System in the Anthropocene", *Proceedings of the National Acade-*
      my of Sciences, vol. 115, no. 33, 2018, pp.8252~8259 참고.

39   《지구를 위한다는 착각》, 49쪽. BBC Two 〈뉴스나이트〉에서 에마 바넷
      이 진행한 해당 인터뷰는 www.youtube.com/watch?v=BhVD5jWbaXs

40   《지구를 위한다는 착각》, 51쪽.

41   《지구를 위한다는 착각》, 52쪽.

42   Michael E. Mann, "The new climate war: The fight to take back our

·   planet", *Public Affairs*, 2021 참고.

43   Richard Betts, "Hothouse Earth: Here's What the Science Actually
      Does – and Doesn't – Say", *The Conversation*, 2018. 8. 9.

44   위의 글.

45   World Health Organization, *The State of Food Security and Nutri-
      tion in the World 2022: Repurposing Food and Agricultural Policies to
      Make Healthy Diets More Affordable*, vol. 2022, Food&Agriculture
      Organization, 2022 참고.

46   위의 글 참고.

47   위의 글 참고.

48   World Health Organization, *The State of Food Security and Nutrition in
      the World 2021: Transforming Food Systems for Food Security, Improved Nu-
      trition and Affordable Healthy Diets for All*, vol. 2021, Food&Agriculture
      Organization, 2021 참고.

결론

팩트 너머의 공동체

마이클 셸런버거의 주장에 대한 여러 과학자들의 지적이 우리에게 알려 주는 건, 팩트체크란 개별적이고 단편적인 팩트 이상으로 팩트를 둘러싼 맥락, 그러니까 사실관계, 팩트의 의미와 중요도를 평가할 만한 가치 기준, 문제와 목적 지향 따위를 요구하는 작업이라는 것이다. 언론학자 루카스 그레이브스Lucas Graves는 팩트체크 저널리즘이 이미 팩트의 이런 속성에서 비롯된 과제들을 대면하고 있다고 지적한다. "팩트체커들은 사실을 믿"지만 "필연적으로 (중략) 정치에서 사실이란 해석의 문제일 수 있다는 것을 인정"하며, "사실적 추론이 물질적 관행, 사회 관계, 가치체계에 뿌리를 두고 있다는 측면에 대해 대단히 선명한" 이해를 보여 주고 있다는 것이다.

팩트체크의 진정한 목표가 그저 팩트 하나의 진위만을 감별하는 데에 있는 것이라면 몰라도, 팩트의 의미를 해석하는 데에 필요한 가치 기준, 문제, 목적 등을 공유하는 일은 대단히 사회적이고 공동체적인 활동이다. 팩트체크를 통해 우리는 어떤 것을 문제로 인식할지를 결정하고, 그 문제에 어떻게 대응할지, 어떤 태도를 취할지를 결정한다. 신낙관주의자의 팩트들이(그 내용이 무엇이라

357

세계가 조직되어 있는 방식과 지배적인 개발 패러다임을 낙관하는 태도를 독자에게 심어 주는 역할을 수행했듯이 말이다. 스티븐 핑커가 국민소득은 "인간의 번영을 나타내는 모든 지표와 관련이 있다"며 "1인당 GDP가 수명, 건강, 영양과 관계가 있다"는[2] 팩트를 말할 때, 기실 그는 자본주의적 경제성장 본위의 개발 패러다임에 대한 지지를 독자에게 호소하고 있는 셈이다. 신낙관주의의 팩트들을 가장 적극적으로 퍼트려 온 이들 상당수가 동시에 자유시장 자본주의에 강한 이념적 편향을 드러내는 이들인 건 결코 우연이 아니다.

공동체적인 요소, 맥락 등이 제거된 팩트의 무분별한 유포는 실제로 의사 결정의 과정을 왜곡하는 데에 매우 효과적인 성능을 보여 왔다. 종-면적 모델이 틀렸다는 《지구를 위한다는 착각》의 팩트는 그 자체로서는 참일 수 있을지언정, 여섯 번째 대멸종을 부정하는 부적절한 맥락에 놓임으로써 오히려 생태계의 생물다양성 보전에 관한 공동체의 정확한 문제 인식을 어렵게 하는 예다. 아마존은 세계의 허파가 아니라는 팩트도 아마존 숲의 파괴가 우리의 이해와 어떻게 연결되어 있는지 정확히 이해할 수 있는 맥락을 누락함으로써 올바른 사실을 말하되 잘못된 메시지를 전하고 문제 인식을 방해하는 전형이라고 할 수 있다.

일베와 팩트물신주의

《지구를 위한다는 착각》의 사례가 팩트물신주의의 다소 점잖은 예라면, 한때 기승을 부렸던 극우 성향의 온라인 사이트 '일베'의 팩트주의는 그것이 반사회성 및 소수자 혐오 따위와 결합했을 때의 귀결을 극단적으로 예증하는 순수한 이념형ideal type과 같은 존재다. 연구자들은 탈맥락화된 팩트에 대한 집착과 자부심을 일베의 특징적 면모로 지적해 왔다. 이들의 팩트주의가 문제인 것은 그저 그들의 팩트가 틀렸기 때문은 아니다. 예를 들어, 성별 임금격차 이슈에 호출된 "여자 노동자는 남자 노동자에 비해 능력이 떨어진다"는 '팩트'는 기성세대의 많은 여성이 인적 자본과 직업 교육의 기회로부터 소외되었고, 그런 채로 우리나라의 조직 구조 및 노동시장 구조가 형성됐다는 큰 맥락을 문제에서 제외시킨다. 뿐만 아니라 확립된 팩트인 구조적 성차별로부터 기인한 저임금 현상까지도 여성의 탓으로 돌리는 효과를 수행하기 때문에 문제적이다.

공동체와 그 성원들의 커뮤니케이션이 건강하게 기능하지 못하고 정치적 전선을 따라 분열됐을 때, 그리고 팩트가 의미와 가치를 갖도록 하는 관련 사실관계, 그 팩트의 의미와 중요도를 평가할 만한 가치 기준, 문제와 목적 지향이 누락되거나 누군가의 입맛대로 편집되었을 때, 팩트라는 기표에 남는 성질은 결국 그것이 담지한다고 여겨지는 객관성의 아우라와 권위, 권력이다. 지지자들에게 잘못된 정보를 퍼트리며 가짜뉴스를 생산해 온 정치인으로 그 누구보다 잘 알려져 있는 도널드 트럼프도, 정작 자신에게 불리한 뉴스는 모두 "가짜뉴스"라고 하지 않던가. 복잡한 의미구조는 모두 생략된 그의 팩트는 결국 권력 효과를 갖는 기표일 따름이다. 이런 배경에서 미국 정치인 다니엘 패트릭 모이니한Daniel Patrick Moynihan의 발언 "당신은 당신의 의견을 가질 권리는 있다. 그러나 당신만의 팩트를 가질 권리는 없다"는 말을 떠올려 보면 팩트물신 세태에는 '당신'의 '권력'을 박탈코자 하는 내심의 정파적 욕망이 얼마간 숨어 있음을 깨닫게 된다. 모두가 지마다 자신이 진싸 팩트를 담지하고 있으며 상대가 틀렸다고, 곧 그가 그의 팩트를 가질 권리는 없다고 믿어 의심치 않는 것은 사실은 팩트를 둘러싼 문제에 대해서 합의할 공동체의 부재 혹은 분열을 증거한다. 그런 분열 속에 팩트는 결국 팩트폭력의 무기가 되어 버리는 것이다. 이렇게 무기화된 팩트는 그 선명함과 단순함에 기대어 사람들의 인식체계를 마비시킨다.

역사수정주의가 팩트라고 일컫는 것

팩트가 무기로서 활약해 온 하나의 주전장은 근대의 과오를 덮고자 하는 역사수정주의와 그 반대자들 사이의 논쟁의 장이었다. '뉴라이트'로 일컬어지는 한국의 역사수정주의자들은 매번 여론의 뭇매를 맞으면서도 "위안부는 매춘부"라는 "팩트"를 폭로하는 활동을 포기하지 않았다.

2004년 MBC 토론 프로그램 출연 후 위안부 피해자들을 찾아가 사과해야 했던 이영훈에서부터 저서 내용으로 고소당한《제국의 위안부》의 저자 박유하, 강의 중 발언으로 여론의 공격을 받았던 류석춘,《반일 종족주의》를 출간한 이영훈을 비롯한 낙성대경제연구소 소속 저자들, 비슷한 이유로 일련의 논란을 일으킨 미국하버드대학교 램지어까지, 위안부 문제를 둘러싼 한국의 대중 담론에서 위안부가 자발적 매춘이었는가 아닌가, 성노예였는가 아닌가 하는 쟁점은 십수 년째 반복되는 뜨거운 감자다. 적어도 한국의 대중 담론에서 위안부 역사 논쟁은 일본의 책임을 부정하는 부정론자들이 위안부는 매춘이었노라 말하면, 그 비판가들이 위안부는 매춘과 다르다고 주장하는 구도의 변주이기 일쑤였다.

이 반복되는 논쟁의 쟁점들, 그러니까 위안부가 자발적 매춘부였는가, 위안부가 피해자인가, 더 나아가 일본이 가해자인가 하는 문제에 대한 최종 심급은 과연 이것들이 기초하고 있는 사실이 참인가 거짓인가 따위일까? '자발성'이라든가, '피해', '가해' 같은 개념은 사실이라기보다 현상을 해석하는 해석자의 가치체계나 의미 기준과 깊이 연계돼 있다. 다시 말해, 이는 해석의 범주에 해당한다. 우리는 성적 서비스와 금품을 서로 주고받는 일종의 계약 관계라는 의미에서 위안부가 매춘(성매매) 여성이라는 사실과 그 사실을 둘러싼 제반의 사실관계를 인정하면서도, 오히려 그런 사실관계 때문에 위안부 여성이 성적 자기결정권을 누릴 자원과 역량을 박탈당했던 피해자라고 해석할 수도 있었다. 그러나 부정론자들을 비판하는 논자들은 위안부가 매춘, 공창, 혹은 성매매임을 공들여 부정하거나 또는 부정론자들의 주장이 실증주의에 물든 나쁜 역사관에 기초한다고 가변적으로 비판하는 데 그쳤다. 이런 식의 반박은 결과적으로 위안부가 매춘부, 공창, 성매매 당사자였다면 그것은 자발적 선택이며 그들은 성노예도 피해자도 아니라는 비판론자의 숨겨진 전제를 승인하는 효과를 낳았다.[3]

문제의 초점을 사실 여부에서 '자발'과 '가해', '피해'의 개념 및 해석 영역으로 옮겨 보자. 그러면 이른바 '위안부 망언'을 둘러싼 논란의 진짜 문제가 보인다. 매춘 혹은 성매매에 처하게 되는 여성의 성적 자기결정권, 자원과 기회를 어디까지 보호하고 보장할 것인가, 이들의 문제를 우리 사회의 윤리적 책임으로 인정할 것인가 하는 문제 말이다. 위안부 문제를 둘러싼 논쟁은 우리 사회에 이 문제에 관한 사회적 의식과 합의가 부재한다는 사실을 여실히 드러낸다.

우리는 근대 국민국가가 저지른 역사적 과오를 인정하고 책임지는 방식에 있어 독일과 일본을 곧잘 비교하고는 한다. 왜 독일은 과거를 인정하고 책임지며 사과하는 일에 국민 여론이 일치하는 반면, 일본에는 있던 팩트도 부정하며 피해자를 모욕하는 이들이 그다지도 많단 말인가? 독일 사람들이 일본보다 객관적 팩트를 인지하는 지적 능력이 더 뛰어나기 때문일까? 그보다는 일본이라는 국가 공동체가 과오를 어떻게 이해할 것인지 합의하지 못했기 때문일 것이다. 그렇다면 위안부 논쟁의 진짜 해법을 찾는 길도 사실의 진위 판정 이상으로, 어떻게 사회적 의식을 확립할 것인지에 관한 고민과 연결되어 있을 것이다. 그러므로 '탈진실'이 그저 무지몽매한 이들의 교육 수준이나 지성 문제라고만 생각한다면, 그건 아주 지독한 대중 혐오다. 모두가 저마다의 팩트를 가진 탈진실의 시대에 우리가 진실을 복원하기 위해 해야 할 일은 오히려 팩트 너머의 공동체를, 공동체를 결속시킬 보편적 가치와 목적 지향을 어떻게 조직하고 합의할 것인지 고민하는 것일 테다.

팩트에 관한 논의가 공동체와 가치에 대한 고민으로 이어져야 한다는 당면 사실이 객관성에 대한 믿음을 포기해야 함을 의미하지는 않는다. 철학자 리 매킨타이어Lee McIntyre는 과학 지식이 구성된다는 브루노 라투르 등의 발견이 지식의 객관성을 의심하는 '포스트모던'스러운 지향을 불러왔고, 이것이 탈진실의 유행에 기여했다고 지적한다.[4] 그러나 정작 라투르 자신은 "어떤 사실을 객관적이라고 성급하게 받아들이는 태도로부터 대중을 해방시키려던 것"이 자기 연구가 목표한 본의였다고 밝힌 바 있다.

우리의 정치사회 담론에서 자주 호출되는 팩트를 분석했던 이 책의 지향도 객관적 진실이란 없다는 식의 허무주의와는 거리가 멀다. 객관성은 분명 성취하기 힘든 목표지만, 여전히 우리가 추구해야 할 규범적 이상이다. 그 이상을 추구하기 위해 우리가 팩트라고 믿는 바를 의심해 보기를 촉구하는 것이다. "어떤 사실을 객관적이라고 성급하게 받아들이는 태도"는 이 이상으로부터 멀어지는 길이며, 오히려 공동체의 불건강을 예후하기 때문이다.

우리는 신낙관주의를 비평하기 위해 지금까지 여러 개념적 도구들을 살펴 왔다. 구성, 관련, 가치라는 도구들이었다. 라투르가 말한 성급함을 누그러뜨리기 위해 앞으로 우리는 바로 이 도구들에 기댈 수 있을 것이다. 팩트를 무기로 휘두르기 전에, 팩트가 우리에게 보증해 준다고 여겼던 객관성을 맹목적으로 믿는 일을 유보하자. 그리고 팩트가 구성되는 일련의 사회적 과정을 돌아보며 우리 사회가 어떤 목적 지향 속에서 그 팩트를 구성했는지 검토하고, 그것이 우리의 이해와 연결되는지를 생각해 보자. 그 모든 과정에 있어서 지금의 커뮤니케이션이 공동체의 가치를 위한 것인지도 고민해야 한다. 이로써 우리는 우리의 팩트가 정보 생산의 사회적 한계와 가치 지향으로부터 자유롭다는 착각을 반성할 수 있다. 동시에 객관성이라는 규범적 이상을 향해 한 발짝 다가갈 수 있다. 이것이 우리가 공동체의 가치를 위해 기울여야 할 노력이다.

결론 미주

1 Lucas Graves, *Deciding What's true: The Rise of Political Fact-Checking in American Journalism*, Columbia University Press, 13쪽 참고.

2 《지금 다시 계몽》, 156~157쪽 참고.

3 박정애는 논문 〈일본군 '위안부' 문제의 강제동원과 성노예 공창제 정쟁과 역사적 상상력의 빈곤〉(2019)에서 위안부 문제와 관련한 정쟁의 구도가 "'공창=자발 또는 비공창=강제' 사이의 양자택일"이 되었음을 지적하며, 여성주의적 관점의 결여가 그 기저에 있다는 핵심을 짚어 내고 있다.

4 리 매킨타이어, 《포스트트루스》, 김재경 옮김, 두리반, 2019, 6장 참고.

5 Lucas Graves, *Deciding What's True: The Rise Of Political Fact-Checking in American Journalism*, Columbia University Press, 13쪽 참고.

6 《지금 다시 계몽》, 156~157쪽 참고.

해제

승엽 씨, 놀랍습니다!

강양구(과학전문기자, 지식 큐레이터)

이 책의 초고를 읽자마자, 나는 한때 〈뉴욕타임스〉 기자였던 제이슨 블레어Jayson Blair를 떠올렸다. 블레어는 이라크에서 사망한 병사와 그 가족의 얘기를 다룬 머리기사로 많은 독자에게 '추악한 전쟁(이라크 전쟁)'의 실상을 폭로했다. 하지만 그 기사는 심각한 문제를 안고 있었다. 그는 해당 인터뷰 기사를 쓰면서 현장 취재를 하지 않았다.

블레어는 이미 여러 차례 직접 취재 현장에 가는 대신 자기 아파트에서 인터넷, 혹은 다른 매체를 통해서 자료를 수집하고 빈구석은 상상력으로 채워 넣으면서 '멋진' 기사를 써 낸 적이 있었다. 꼬리가 길면 잡히는 법. 결국 이 모든 사실이 드러나고 그는 2003년 5월 가짜뉴스 추문을 일으키고 언론계를 떠났다.

이렇게 겉만 놓고 보면, 블레어의 추문은 오만가지 가짜뉴스가

366

넘쳐나는 요즘의 세태를 예고하는 상징적인 사건이었다. 하지만 나는 프랑스 비평가 피에르 바야르**Pierre Bayard**의 《여행하지 않은 곳에 대해 말하는 법》을 읽고 나서 블레어 추문을 다른 각도에서 숙고하게 되었다. 바야르는 독자에게 이렇게 말한다.

> 그의 (기자) 동료들을 강박적으로 사로잡고 있는 문제, 그가 실제로 갔느냐 가지 않았느냐 하는 문제가 실은 작가라면 누구나 관심을 가질 다른 한 문제, 결코 중요하지 않다고 할 수 없는 다른 문제 하나를 완전히 덮어 버리고 있다. 즉, 그의 방문기가 신문 독자에게 이라크 파병 병사 가족들의 고통을 어느 정도로 이해시킬 수 있었는가 하는 문제 말이다.[1]

블레어가 기자로서의 직업윤리를 어겼고, 더 나아가 너무 많은 상상력을 발휘해 언어와 세계를 일치시키려는 기사의 목적을 배반한 것은 사실이다. 변명의 여지가 없는 가짜뉴스다. 하지만 바야르는 이 대목에서 좀 더 근본적인 질문을 던진다. 과연 블레어가 '세상의 진실'을 드러내려는 노력을 포기했는가?

만약 현장에 없었던, 나중에 이 추문을 계기로 정신질환 진단을

---

[1]   피에르 바야르, 《여행하지 않은 곳에 대해 말하는 법》, 김병욱 옮김, 여름언덕, 2012, 131쪽.

해제

받고서 병원 진료를 받는 환자가 되어야 했던 블레어가 현장에 있었던 동료 기자보다 이라크 파병 병사 가족의 고통을 더욱더 절실하게 전한 것이라면 어떨까? 그래서 수많은 팩트 속에서 길을 헤매는 독자가 세상의 진실과 만날 수 있도록 오히려 도왔다면?

공교롭게도 블레어가 언론계를 떠난 그 시점에 기자 생활을 시작해서 20년이 넘게 기사를 써 온 나는 바야르의 도발적인 질문에 고개를 끄덕일 수밖에 없다. 왜냐하면, '진실 보도' 같은 저널리즘의 이상적인 목표를 추구하는 데 있어서 꼼꼼한 취재를 통해서 팩트를 취하는 일은 필요조건이지, 충분조건이 아니기 때문이다.

나는 어느 순간부터 팩트 그 자체만을 맹신하는 언론계의 분위기를 강하게 회의하게 되었다. 세상에 팩트가 아닌 것은 없다. 기자에게 필요한 것은 팩트 자체가 아니라 어떤 팩트가 보도할 만한 가치가 있는지, 또 이 팩트를 보도했을 때의 효과가 무엇인지 가늠하는 능력이다.

이런 능력이 부재한 한국 기자에게 흔한 일이 바로 취재원이 던져 주는 팩트를 받아쓰거나, 혹은 사주 또는 데스크가 시키는 대로 쓰는 것이다. 이런 맥락을 염두에 두면, 지금 한국 저널리즘의 문제는 취재 능력의 결여라기보다는 팩트를 맥락에 맞게 배치하고 풍부하게 읽어 내는 해석 능력의 결핍이다.

과거와는 비교할 수 없을 정도로 많은 양의 팩트가 뉴스로 포장

돼 대중을 만나지만, 사람들은 정작 표피적 현상이 아니라 심층의 진실을 좇는 저널리즘은 위기에 처했다고 말한다. 가짜뉴스를 둘러싼 최근의 야단법석도 해석 부재의 저널리즘과 그것에 즉각적으로 반응해 온 독자의 반응이 화학 결합을 일으킨 결과라고 볼 수 있다.

이승엽 저자가 이게 팩트라고 독자를 홀리는 스티븐 핑커나 한스 로슬링을 비판하는 작업을 시작한 것도 같은 문제의식에서다. 굳이 저자의 설명을 참고하지 않더라도 핑커나 로슬링은 세상을 특정한 방식으로 해석하려는 아주 강한 이데올로기를 설파하는 선지자다(핑커나 로슬링이 평소 이데올로기에 질색하는 이들이라는 점에서 흥미롭다).

저자는 세계적인 화제작인 핑커나 로슬링의 책이 바로 그런 특정한 해석에 맞춘 팩트만 선별해서 나열해 놓은 아주 위험한 책이며, 그래서 비판적으로 읽는 일이 필수라고 설득력 있게 주장한다. 비판적 주장을 전개하는 과정에서 저자 역시 다양한 팩트를 나열한다. 이 과정에서 그가 보여 준 팩트 해석 능력은 핑커나 로슬링과 비교할 때 나으면 나았지 못하지 않다.

핑커나 로슬링의 책을 그들의 해박함에 압도당하면서 읽었던 독자라면, 저자의 안내를 통해 마치 영화 〈매트릭스〉에서 주인공

네오(키아누 리브스 분)가 파란 약 대신 빨간 약을 먹고 세상의 진실을 접하며 받은 충격을 겪을 수도 있을 테다. 나는 이 책《핑커씨, 사실인가요?》의 2장에서 절대 빈곤과 그 기준이 되는 빈곤선을 둘러싼 새로운 팩트와 해석을 읽고서 그랬다.

저자의 주장 가운데 두고두고 곱씹어 볼 만한 대목이 한둘이 아니지만, 이 글에서 더욱 강조하고 싶은 한 가지가 있다. 핑커나 로슬링은 과학기술 발전, 구체적으로는 근대 산업혁명 이후 기아나 절대 빈곤이 줄어들고 평균 수명이 연장된 사실을 인류의 삶이 나아졌고 앞으로도 나아질 중요한 증거로 본다. 그러나 이런 긍정적인 변화에서 증기기관 같은 과학기술 발전과 그에 따른 생산성 향상의 가능성은 필요조건일 뿐이었다. 이승엽 저자나《권력과 진보》같은 책이 주장하는 대로 인류의 빛나는 성취로 볼 만한 그런 일이 실제로 가능해지기 위해서는 참정권 운동에 헌신했던 사회운동가나 노동조합 활동가와 같은 노동운동가의 수많은 피, 땀, 눈물이 필요했다. 그건 지금도 마찬가지다.

(핑커나 로슬링의 책에 허점이 얼마나 많은지!) 워낙에 많은 내용을 책에 담으려다 보니 이 책이 미처 힘주어 언급하지 못한 대목도 하나 언급하자. 이승엽 저자만큼이나 핑커 등의 주장에 비판적인, 오히려 그들보다 훨씬 더 현실적인 일급의 역사학자 바츨라프 스밀Vaclav Smil은《대전환》에서 이렇게 일침을 놓았다.

(핑커 등의) 결정론은 우리 종의 진화와 우리 역사에 항상 있어 온 불연속성, 반전, 예측할 수 없는 변화의 여지를 거의 남겨 두지 않은 또 다른 신념 같아 보인다. 역사를 공부하는 학자라면 발전과 진보가 실재하기는 하지만, 순환은 항상 역사의 일부이며, '계속 강해지기만 하기보다 문명은 본질적으로 취약한 상태'라고 지적해야 한다.[2]

이 책에 실린 이승엽 저자의 해석 역시 유일한 진실은 아니다. 그러나 우리는 저자가 수고한 결과로 그 이데올로기적 편향과 허술한 해석에도 불구하고 과도한 권위를 행사해 온 핑커나 로슬링의 작업을 비판적으로 읽을 수 있는 좋은 가이드를 얻었다. 이제 꼼꼼히 이 책을 읽고서 또 다른 해석의 주석을 다는 일이야말로 나와 여러분 같은 독자의 몫이다.

사실 나도 핑커나 로슬링의 책을 읽고서 저자와 같은 문제의식으로 이곳저곳에서 글이나 말로 정리 안 된 비판을 늘어놓곤 했었다. 시간도 능력도 부족해서 감히 그런 비판을 한데 엮을 엄두를 못 냈는데, 그 어려운 작업을 해낸 저자에게 연대의 마음으로 감사 인사를 전하고 싶다.

개인적으로 흠모하는 사회학자 도로시 넬킨**Dorothy Nelkin**은 좋은

---

2 바츨라프 스밀, 《대전환》, 솝희 옮김, 처음북스, 2022

해제

기사의 조건으로 세 가지를 꼽았다. 철저한 취재, 대담한 해석, 비판적 탐구. 이 셋은 좋은 기사뿐만 아니라 좋은 연구, 좋은 저술의 조건으로도 삼을 만하다. 어쭙잖게 평하자면, 이 책은 오랜만에 이 셋을 모두 갖춘 좋은 결과물이다. 앞으로 저자를 응원하고 싶은 또 다른 이유다.

시각자료 출처

1장
우울장애 유병률
IHME, Global Burden of Disease(2020)-processed by Our World In Data. "Depressive disorders(share of population)-Sex: Both-Age: Age-standardized" [dataset]. IHME, Global Burden of Disease(2020) [original data]. ourworldindata.org/grapher/ depressive-disorders-prevalence-ihme

성인 비만율
WHO, Global Health Observatory(2022)-processed by Our World In Data. "Indicator: Prevalence of obesity among adults, BMI≥ 30(crude estimate)(%)- Sex: Both sexes" [dataset]. WHO, Global Health Observatory(2022) [original data]. ourworldindata.org/grapher/obesity-prevalence-adults-who-gho

긍정 경험 지수/부정 경험 지수
2006~2021년 데이터는 www.gallup.com/405494/indicator-global-emotional- wellbeing.aspx

2023년 데이터는 www.gallup.com/analytics/349280/gallup-global-emotions-report. aspx

민주주의 체제에 사는 인구
V-Dem(2023)-with major processing by Our World In Data. "people-living-in- democracies-autocracies.csv" [dataset]. V-Dem, "Democracy and Human rights, OWID based on Varieties of Democracy(v13) and Regimes of the World v13" [original data]. ourworldindata.org/grapher/people-living-in-democracies-autocracies

자유민주주의 지수
V-Dem(2023)-with major processing by Our World in Data. "Central estimate" [dataset]. V-Dem, "Democracy and Human rights, OWID based on Varieties of Democracy(v13) and Regimes of the World v13" [original data]. ourworldindata.org/ grapher/liberal-democracy-index-popw-vdem

세계 난민 수

세계은행이 제공하는 전 세계 난민 인구수 데이터와 전체 인구수 데이터

data.worldbank.org/indicator/SM.POP.REFG.OR

data.worldbank.org/indicator/SP.POP.TOTL

무장 분쟁

Uppsala Conflict Data Program(2023)-processed by Our World In Data. "Deaths in armed conflicts by region" [dataset]. Uppsala Conflict Data Program, "Georeferenced Event Dataset v23.1" [original data]. ourworldindata.org/grapher/deaths-in-armed-conflicts-by-region

생물다양성

World Wildlife Fund(WWF) and Zoological Society of London(2022)-processed by Our World In Data. "Central estimate-WWF and Zoological Society of London-Zoological Society of London" [dataset]. World Wildlife Fund(WWF) and Zoological Society of London, "Zoological Society of London" [original data]. ourworldindata.org/grapher/global-living-planet-index

멸종위기 생물종

1에서 Red List Index(0-1)를 빼서 계산.

BirdLife International and IUCN-processed by Our World In Data. "15.5.1-Red List Index-ER_RSK_LST" [dataset]. BirdLife International and IUCN [original data]. ourworldindata.org/grapher/red-list-index

2장

그림1

Extreme Poverty in absolute numbers-Ravallion (2016) updated with World Bank (2019)-processed by Our World In Data. "world-population-in-extreme-poverty-absolute.csv" [dataset].

Extreme Poverty in absolute numbers-Ravallion(2016) updated with World Bank(2019) [original data]. ourworldindata.org/extreme-history-methods

그림2

Sanjay G. Reddy and Rahul Lahoti, "$1.90 per Day: What Does It Say?", 2015. 10. 27.

ssrn.com/abstract=2685096. Table 7과 Table 8 이용.

그림3~그림5

World Bank(2023). Poverty and Inequality Platform (version 20230919_2011) [Data set]. World Bank Group. www.pip.worldbank.org. Accessed January, 2024.

R 패키지 'pipR'을 이용해 세계은행의 빈곤율 데이터를 내려받아 그래프 생성.

Tony Fujs, Aleksander Eilertsen, Ronak Shah and R. Andrés Castañeda(2022). pipr: Client for the PIP API. github.com/worldbank/pipr worldbank.github.io/pipr/

그림6

Michail Moatsos, "Global Extreme Poverty: Present and Past since 1820", *How was Life? Volume Ⅱ: New Perspectives on Well-Being and Global Inequality since 1820* (OECD ed.), OECD, 2021. Clio-Infra 웹사이트에서 세계은행의 방법론으로 생성된 데이터(clio-infra.eu/Indicators/GlobalExtremePovertyDollaraDay.html) 및 로버트 앨런과 미카일 모아소스가 소개하는 방법으로 생성된 데이터(clio-infra.eu/Indicators/GlobalExtremePovertyCostofBasicNeeds.html)를, OECD iLibrary를 통해 열람한 해당 논문(www.oecd-ilibrary.org/sites/3d96efc5-en/1/3/9/index.html?itemId=/content/publication/3d96efc5-en&_csp_=2c2e680562193998e9d20ed6a45a9242&itemIGO=oecd&itemContentType=book#)의 Figure 9.13 아래 제공되는 링크(stat.link/0ytwvi)에서 중국 빈곤율 데이터를, 갭마인더에서 인구 데이터(Free data from Gapminder.org, v7. gapm.io/dpop)를 내려받아 그래프 생성. 갭마인더의 인구 데이터는 UN Population Division World Population Prospects 2019와 CLIO Infra Project에 의해 생성된 Maddison 인구 데이터에 기초함.

그림7

Kentikelenis, A., & Stubbs, T.(2023). A Thousand Cuts: Social Protection in the Age of Austerity. Oxford University Press. imfmonitor.org/conditionality/

그림8

IMF 조건 데이터는 Kentikelenis, A., & Stubbs, T. (2023). A Thousand Cuts: Social Protection in the Age of Austerity. Oxford University Press. imfmonitor.org/conditionality/. 인구 데이터는 World Bank. 2023. Population, total. data.worldbank.org/indicator/SP.POP.TOTL

시각자료 출처

그림9

Michail Moatsos, "Global Extreme Poverty: Present and Past since 1820", *How was Life? Volume Ⅱ: New Perspectives on Well-Being and Global Inequality since 1820* (OECD ed.), OECD, 2021. OECD iLibrary를 통해 열람한 해당 논문(www.oecd-ilibrary.org/sites/3d96efc5-en/1/3/9/index.html?itemId=/content/publication/3d96efc5-en&_csp_=2c2e680562193998e9d20ed6a45a9242&itemIGO=oecd&itemContentType=book#)의 Figure 9.6 아래 제공되는 링크(stat.link/uwf1gq).

그림10

1995년 이후의 데이터는 Clio-Infra의 "Global Extreme Poverty Cost of Basic Needs (clio-infra.eu/Indicators/GlobalExtremePovertyCostofBasicNeeds.html)" 데이터 파일을, 1994년까지의 데이터는 OECD iLibrary로 열람한 2021년 Moatsos 논문 Figure 9.13 아래의 링크(stat.link/v1hey0)에서 제공되는 파일을 이용.

그림11

World Bank. 2023. Life expectancy at birth, total (years). data.worldbank.org/Indicator/SP.DYN.LE00.IN

그림12

OECD iLibrary를 통해 열람한 2021년 Moatsos 논문의 Figure 9.3 아래 링크(stat.link/6q543k)로 제공되는 파일.

그림13

Clio-Infra의 "Global Extreme Poverty Cost of Basic Needs (clio-infra.eu/Indicators/GlobalExtremePovertyCostofBasicNeeds.html)" 데이터 파일과 Robert C. Allen, "Poverty and the Labor Market: Today and Yesterday", *Annual Review of Economics*, vol. 12, 2020, 128쪽, Figure 9.

그림14

UN WPP(2022); HMD(2023); Zijdeman et al.(2015); Riley(2005) - with minor processing by Our World in Data. "Life expectancy at birth - Various sources - period tables" [dataset]. Human Mortality Database, "Human Mortality Database"; United Nations, "World Population Prospects 2022"; United Nations, "World Population Prospects"; Zijdeman et al., "Life Expectancy at birth 2"; James C. Riley, "Estimates of Regional and Global Life Expectancy, 1800~2001" [original data]. ourworldindata.org/grapher/life-expectancy

3장
그림1
Aloys Leo. Prinz, "Chocolate consumption and noble laureates." *Social Sciences&Humanities Open*, vol. 2, no. 1, 2020, 100082. doi.org/10.1016/j.ssaho.2020.100082 Table 1.
그림2, 그림11
세계은행의 데이터를 기초로 한다.
1인당 GDP
World Bank. 2023. GDP per capita, PPP(constant 2017 international $). data.worldbank.org/indicator/NY.GDP.PCAP.PP.KD.
수명
World Bank. 2023. Life expectancy at birth, total(years). data.worldbank.org/indicator/SP.DYN.LE00.IN.
인구
World Bank. 2023. Population, total. data.worldbank.org/indicator/SP.POP.TOTL.
그림3-그림6, 그림12
Our World In Data가 구축한 데이터셋을 기초로 한다.
수명
UN WPP (2022); HMD(2023); Zijdeman et al.(2015); Riley(2005)-with minor processing by Our World in Data. "Life expectancy at birth-Various sources-period tables" [dataset]. Human Mortality Database, "Human Mortality Database"; United Nations, "World Population Prospects 2022"; United Nations, "World Population Prospects"; Zijdeman et al., "Life Expectancy at birth 2"; James C. Riley, "Estimates of Regional and Global Life Expectancy, 1800~2001" [original data]. ourworldindata.org/grapher/life-expectancy
1인당 GDP
Maddison Project Database 2020(Bolt and van Zanden, 2020)-with minor processing

시각자료 출처

by Our World in Data. "GDP per capita – Maddison Project Database-Historical data" [dataset]. Bolt and van Zanden, "Maddison Project Database" [original data]. ourworldindata.org/grapher/gdp-per-capita-maddison

그림7-그림10, 표1~표2, 식1~식4

갭마인더의 데이터셋을 기초로 한다.

기대수명

Free data from Gapminder.org, v.12, gapm.io/dlex IHME의 Global Burden Disease 2019, World Population Prospects 2019, Mattias Lindgre가 구축한 갭마인더의 기대수명 데이터셋 version 7 등 데이터를 통합한 갭마인더의 version 12 데이터셋.

1인당 GDP

Free data from Gapminder.org, v.28, gapm.io/dgdpcap_cppp 세계은행의 GDP per capita constant PPP 2017 데이터와 Maddison Project database (MPD) V2020, Penn World Table v10.0, 주로 Maddison 데이터를 기초로 Mattias Lindgren가 구축했던 갭마인더의 이전 역사적 추정치 등을 통합한 갭마인더의 version 28 데이터셋.

인구

Free data from Gapminder.org, v7. gapm.io/dpop UN Population Division World Population Prospects 2019와 Clio Infra 프로젝트에 의해 관리되는 Angus Maddison의 인구 데이터에 기초해 Mattias Lindgren이 구축한 갭마인더의 인구 데이터셋 version 3 등 데이터를 통합한 갭마인더의 version 7 데이터셋.

영아사망률

Free dataset from Gapminder.org, v.4, www.gapminder.org/data/documentation/gd002/

4장

그림1~그림2

John F. Helliwell, Richard Layard, Jeffrey Sachs, and Jan-Emmanuel De Neve, eds. 2020. *World Happiness Report 2020*. New York: Sustainable Development Solutions Network. "Data for Figures 2.2, 2.3, and Appendix 2". worldhappiness.report/data/

그림4

Free data from Gapminder.org, v.28 gapm.io/dgdpcap_cppp.

그림5

Richard A. Easterlin, Kelsey J. O'Connor, "The Easterlin Paradox", *IZA Discussion Papers*, no. 13923, 2020. www.econstor.eu/handle/10419/232675. Appendix A(pp.32~36).

그림6-그림7

World Values Survey. "Online Data Analysis." Accessed January 2024. www.worldvaluessurvey.org/WVSOnline.jsp.

그림8

John F. Helliwell, John F., Richard Layard, Jeffrey Sachs and Jan-Emmanuel De Neve, eds. 2021. *World Happiness Report 2021*. New York: Sustainable Development Solutions Network. "Data Panel". worldhappiness.report/data/

5장

《선한 천사》그래프2-2

핑커가《선한 천사》그래프2-2를 그리는 데 이용한 자료들을 Our World In Data가 정리해 수정 업데이트한 데이터셋들에 기초해 생성. ourworldindata.org/ethnographic-and-archaeological-evidence-on-violent-deaths. 이 책의 논지에 따라 핑커가 범한 오류를 그대로 제시할 필요가 있을 때는 해당 데이터셋을 수정했다.

고고학 매장지

Bowles, S.(2009), Gat, A.(2008), Knauft, B. M. et al.(1987), Keeley, L. H.(1996), Pinker, S.(2011), and Walker, R. S., & Bailey, D. H.(2013)-processed by Our World in Data. "Share of violent deaths (prehistoric archeological sites)" [dataset]. Bowles, S.(2009), Gat, A.(2008), Knauft, B. M. et al.(1987), Keeley, L. H.(1996), Pinker, S.(2011) and Walker, R. S., & Bailey, D. H.(2013) [original data].

비국가사회

Bowles, S.(2009), Gat, A.(2008), Knauft, B. M. et al.(1987), Keeley, L. H.(1996), Pinker, S.(2011), and Walker, R. S., & Bailey, D. H.(2013)- processed by Our World in Data. "Share of violent deaths(non-state societies)" [dataset]. Bowles, S.(2009),

시각자료 출처

Gat, A.(2008), Knauft, B. M. et al.(1987), Keeley, L. H.(1996), Pinker, S.(2011) and Walker, R. S., & Bailey, D. H.(2013) [original data].

국가사회

Bowles, S.(2009), Gat, A.(2008), Knauft, B. M. et al.(1987), Keeley, L. H.(1996), Pinker, S.(2011), and Walker, R. S., & Bailey, D. H.(2013)-processed by Our World in Data. "Share of violent deaths (state societies)" [dataset]. Bowles, S.(2009), Gat, A.(2008), Knauft, B. M. et al.(1987), Keeley, L. H.(1996), Pinker, S.(2011) and Walker, R. S., & Bailey, D. H.(2013) [original data].

《지금 다시 계몽》(그림11.1)

Levy, Jack S. Levy, War in the modern great power system: 1495~1975, University Press of Kentucky, 1983. Table 3.1(pp.70~73).

그림1~그림7

Our World In Data의 데이터셋을 기초로 한다. 본문에 사용된 그래프들은 2023년 이전 Our World In Data에 접속하여 다운받은 deaths-in-conflicts-by-source.csv 파일에 기초하나, 2024년 현재는 해당 파일이 Our World In Data에 존재하지 않는다. 단, 아래 데이터들을 이용해 비슷한 그래프를 그리는 것은 가능하다. 본문의 그래프들을 현재 접근 가능한 아래의 데이터셋들로 재현하는 코드는 github.com/neinlee/factfulfake에서 확인할 수 있다.

분쟁 카탈로그

Brecke-Conflict Catalog(1999); Population based on various sources(2023)-with major processing by Our World in Data. "Global death rate in violent political conflicts over the long-run" [dataset]. Brecke, "Conflict Catalog"; Various sources, "Population" [original data]. Retrieved February 14, 2024 from ourworldindata.org/grapher/global-death-rate-in-violent-political-conflicts-over-the-long-run 혹은 brecke.inta.gatech.edu/research/conflict/에서 Brecke의 원 데이터 파일을 직접 다운로드 가능하다.

전쟁 상관자

Correlates of War-Wars(2020); Population based on various sources(2023)-with minor processing by Our World in Data. "death-rate-in-wars-correlate-of-war.csv" [dataset]. Correlates of War, "War Data v4.0"; Correlates of War, "War Data v5.1"; Various sources, "Population" [original data]. ourworldindata.org/grapher/death-rate-in-wars-correlates-of-war

그림8

Our World In Data가 제공하는 데이터셋에 기초해 그렸다. ourworldindata.org/ethnographic-and-archaeological-evidence-on-violent-deaths.

비국가 사회 폭력 사망률(전체 인구 10만 명당)

Bowles, S.(2009), Gat, A.(2008), Knauft, B. M. et al.(1987), Keeley, L. H.(1996), Pinker, S.(2011), and Walker, R. S., & Bailey, D. H.(2013)-processed by Our World in Data. "Rate of violent deaths(non-state societies)" [dataset]. Bowles, S.(2009), Gat, A.(2008), Knauft, B. M. et al.(1987), Keeley, L. H.(1996), Pinker, S.(2011) and Walker, R. S., & Bailey, D. H.(2013) [original data].

국가사회 폭력 사망률(전체 인구 10만 명당)

Bowles, S.(2009), Gat, A.(2008), Knauft, B. M. et al.(1987), Keeley, L. H.(1996), Pinker, S.(2011), and Walker, R. S., & Bailey, D. H. (2013)-processed by Our World in Data. "Rate of violent deaths(state societies)" [dataset]. Bowles, S.(2009), Gat, A.(2008), Knauft, B. M. et al.(1987), Keeley, L. H.(1996), Pinker, S.(2011) and Walker, R. S., & Bailey, D. H.(2013) [original data].

그림9~그림12

Harvard Dataverse에 게시된 브라우몰러의 코드와 데이터를 이용해 그렸다.

Braumoeller, Bear, 2020, "Only the Dead: The Persistence of War in the Modern Age", doi.org/10.7910/DVN/Q90FOB, Harvard Dataverse, V1, UNF:6:2FQMyleMo/HRjeW5+2zXOw== [fileUNF]

그림13~그림14

Our World In Data의 데이터셋을 기초로 한다.

V-Dem(2023)- with major processing by Our World in Data. "Central estimate" [dataset]. V-Dem, "Democracy and Human rights, OWID based on Varieties of Democracy(v13) and Regimes of the World v13" [original data]. ourworldindata.org/grapher/liberal-democracy-index

핑커 씨, 사실인가요?

Is that fact, Mr. Pinker?

©이승엽, Printed in Korea

1판 1쇄 2024년 4월 5일

ISBN 979-11-89385-48-4

지은이. 이승엽

펴낸이. 김정옥

편집. 김정옥, 눈씨

마케팅. 황은진

디자인. 나침반

종이. 한승지류유통 제작. 정민문화사 물류. 런닝북

펴낸곳. 도서출판 어떤책

주소. 03706 서울시 서대문구 성산로 253-4 402호

전화. 02-333-1395

팩스. 02-6442-1395

전자우편. acertainbook@naver.com

홈페이지. acertainbook.com 페이스북. www.fb.com/acertainbook

인스타그램. www.instagram.com/acertainbook_official

어떤책의 책들

25 **우리끼리도 잘 살아** 뜻밖에 생기발랄 가족 에세이 | 한소리
26 **그렇게 죽지 않는다** 무엇을 생각하든, 생각과는 다른 당신의 이야기 | 홍영아
27 **짧은 휴가** 아는 사람도, 어떤 전제도 없는 시간들의 기록 | 오성윤
28 **다크투어, 내 여행의 이름** 타인의 고통이, 떠나는 이유가 될 수도 있다 | 양재화
29 **외국어를 배워요, 영어는 아니고요** 좋아서 하는 외국어 공부의 맛 | 곽미성
30 **우울한 엄마들의 살롱** | 수미
31 **이토록 다정한 공부** 어른에게도 성교육이 필요하다 | 김항심
32 **핑커 씨, 사실인가요?** 베스트셀러 저자 스티븐 핑커와 한스 로슬링이 말하지 않은 사실들 | 이승엽

안녕하세요, 어떤책입니다. 여러분의 책 이야기가 궁금합니다.

홈페이지 acertainbook.com
페이스북 www.fb.com/acertainbook
인스타그램 www.instagram.com/acertainbook_official

점선을 따라 가위로 오려서 보내 주세요. 우표 없이 우체통에 넣으시면 됩니다. ✄

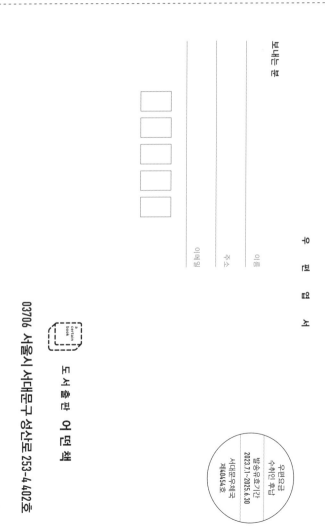

보내는분

이름

주소

이메일

받 는 요 시

우편요금
수취인 후납
발송유효기간
2023.7.1~2025.6.30
서대문우체국
제40454호

03706 서울시 서대문구 성산로 253-4 402호

도서출판 어떤책

저희 책을 읽어 주셔서 감사합니다. 독자엽서를 보내 주시면 지난 책을 돌아보고 새 책을 기획하는 데 참고하겠습니다.

1. 《핑거씨, 사실인가요?》를 구입하신 이유는 무엇인가요?

2. 구입하신 서점

3. 이 책에서 특별히 인상 깊은 부분이 있다면 무엇인가요?

4. 이승엽 작가에게 하고 싶은 말씀이 있다면 들려주세요. 대신 전해 드립니다

5. 출판사에 하고 싶은 말씀이 있다면 들려주세요.

보내 주신 내용은 어떤채 SNS에 무기명으로 인용될 수 있습니다. 이해 바랍니다.

점선을 따라 가위로 오려서 보내 주세요. 우표 없이 우체통에 넣으시면 됩니다. ✂